대한민국 징비록

# 대한민국 징비록

초판 1쇄 발행 2019년 10월 5일
초판 6쇄 발행 2023년 4월 20일

지은이 | 박종인

발행인 | 유영준
편집팀 | 한주희, 권민지
마케팅 | 이운섭
디자인 | 김윤남
인쇄 | 두성P&L
발행처 | 와이즈맵
출판신고 | 제2017-000130호(2017년 1월 11일)

주소 | 서울 강남구 봉은사로16길 14, 나우빌딩 4층 쉐어원오피스 (우편번호 06124)
전화 | (02)554-2948
팩스 | (02)554-2949
홈페이지 | www.wisemap.co.kr

ISBN 979-11-89328-21-4 (03910)

이 책은 방일영문화재단의 지원을 받아 저술·출판되었습니다.

역사가 던지는 뼈아픈 경고장

# 대한민국
# 징비록

박종인 지음

와이즈맵

## 일러두기

1. 본문 뒤쪽 '주석'에는 인용한 내용의 출처를 명기했습니다. 출처가 필요한 독자는 참고하면 됩니다.
   단, 주석 114, 217, 292, 372, 428, 503는 본문 맥락과 상관없으나 의미 있는 내용이니 참고하십시오.
2. 1차 사료, 논문, 단행본 등 참고문헌 목록은 따로 게시하지 않았습니다. '주석'을 참고하십시오.
3. 조선과 관련된 날짜들은 별도로 표시하지 않은 한 모두 음력입니다. 문맥상 필요한 부분에는 음력도 '음력'이라고 명기했습니다. 양력 날짜는 따로 '양력'이라고 표기했습니다.
4. 인명과 지명은 외래어표기법을 따랐으나, 일부는 관용적으로 쓰는 발음을 따랐습니다.
5. 필자가 촬영한 사진은 출처를 밝히지 않았습니다. 저작권이 소멸된 위키미디어 사진도 마찬가지입니다.

# 미래를 위한 불쾌한 반성

"우리나라 서적 중에《징비록》,《고사촬요》,《여지승람》은 이미 들어왔다 하고《병학지남》,《통문관지》가 새로 일본에 들어왔다고 한다. 다 왜관에 있는 조선 관리들이 뇌물을 받고서 구해 준 것들이다. 국법을 두려워하지 않고 농간하는 폐단이 이러하니, 몹시 통분하다."(1748년 조선통신사 조명채,《봉사일본시문견록》, 건乾 4월 13일)

《징비록》은 류성룡이 쓴 임진왜란 보고서다.《고사촬요》는 조선 관습백과사전이고《여지승람》은 조선 지리서다.《병학지남》은 조선 군사 훈련서이고《통문관지》는 조선의 외교실무서다. 위 글은 1748년 영조 24년에 일본으로 떠난 조선통신사 조명채가 쓴 글이다. 일본에 가보니 이러저러한 책들이 암암리에 유통되고 있어 분하다는 말이다.

정신이 똑바로 틀어박힌 외교관이라면, 이런 책이 일본에 유통되는 사실이 아니라 일본 병서와 일본 풍습백과가 조선에 없다는 사실에 분노했어야 했다. 조선 지식인은 일본에 대해 알려 하지 않았다. 조선 집권층은 일본에 대해 오랑캐라는 비난으로 일관하며 일본에 문을 닫고 살았다. 그 결과가 무엇이었나.

조선이 망했다. 일본은 흥했다. 흥한 일본이 조선을 망가뜨렸다. 500년을 이어가던 조선이 갑자기 망했다. 총 한 번 쏘지 않고, 전쟁 한 번 치르지 않고 도장 몇 번 찍어주고 망해버렸다. 도·대·체·왜.

교과서에 적혀 있는 대로라면 조선왕국은 지금도 찬란하게 역사를 선도하며 생존해 있어야 한다. 우리는 왜 조선이 망했는지, 알지를 못한다. 학교에서 가르쳐주지 않았으니까. 그래서 착한 조선이 어느 날 악한 일본에 억울하게 망하고 말았다고 알고, 그리 살고 있다. 그래서 좋은가. 그래서 앞으로 어떻게 살 것인가. 또 망할 것인가. 18세기 외교관 조명채처럼 통분하며 살 것인가. 아니면 일본을 쪽발이라 비하하며 통쾌한 정신 승리를 구가하며 살 것인가.

정의가 언제나 이긴다면 굳이 역사를 공부할 이유가 없다. 그냥 살면 그게 정의다. 하지만 역사는 절대 정의롭지 않다. 언제나 힘 센 놈이 이긴다. 그래서 역사를 감시해야 하는 것이다. 기억해야 하고 학습해야 한다. 후손들이 그런 황당한 삶을 살지 않기 위해 서애 류성룡이 쓴 책이《징비록懲毖錄》이었다. 미래에 환난이 없도록 조심하기 위해 지난 잘못을 징계하려고 쓴 책이《징비록》이다. 다시 말해, '실패에 관한 보고서'다.

500년 동안 조선 지배집단, 권력집단이 어떤 방식으로 잘못된 선택과 판단으로 나라를 망가뜨려갔는지, 그 경로를 짚어봤다. 스스로를 정의의 화신으로 규정해 힘과 도덕과 돈을 독점했던, 그리하여 감시할 주체 없이 완벽하게 권력을 구가하며 공동체를 허물어뜨린 지식독재의 화장을 지워보았다. 그 경로에서 이웃나라 일본과 마주쳤던 방식도 샅샅이 구경해보았다.

그래서 독자를 불쾌하게 만드는 기분 나쁜 책을 썼다. 대한국인大韓國人이 읽었으면 하는 '21세기 징비록'이다. 따라서 이 글을 읽는 당신도 기분이 더러울 것이다. 우리는 찬란한 역사에 대하여 배웠다. 훈민정음과 고려청자와 금속활자와 성리 철학과 애민정신으로 무장한 정치와 슬기로운 성왕들에 대해 배웠다. 실패사는 배우지 않았다. 조선 망국사를 분석하지 않으면, 또 우리는 패배한다. 똑같은 패턴으로 또 패망한다.

세 가지 기준을 염두에 두고 긴장하며 글을 썼다. 내가 하는 비판이 정당한가. 내가 하는 비판이 그 시대의 시대정신과 한계를 넘지는 않았나. 그리고 같은 시대 이웃 나라, 이웃 문명체와 제대로 비교를 했는가.

21세기 잣대로 500년 전 행위를 비난할 수는 없다. 당연하다. 그렇다면 500년 전 과거인의 행동과 판단이 바로 그 시대 자신들이 세운 기준에는 벗어나지 않았나를 살폈다. 마지막으로, 같은 시대 다른 나라는 그 시대를 어떻게 운영하며 살았나를 비교했다. 공평하고 정의로운 판단을 위해서다. 그래서 내린 결론은 이러했다.

'눈 뜬 놈이 이긴다.'

눈 뜬 놈이 센 놈이다. 남보다 앞서 눈을 뜨고 각성한 놈이 힘센 놈이다. 그 놈이 만드는 게 역사다. 정의가 이긴다면, 도덕공부나 하고 살면 된다. 우리가 원하는, 보고 싶어 하는 그대로 역사를 바라보면, 역사는 그저 정의롭다. 그러면 일찌감치 눈을 떠 힘을 키운 놈이 우리 역사를 압살해버린다. 늘 그랬다.

인과응보의 법칙은 1밀리미터도 오차가 없다. 어제의 결과가 오늘의 원인이 되고 오늘의 결과는 내일의 원인이 된다. 2019년 한일 관계는 2020년 한일 관계를 결정짓는 역사다. 1밀리미터만 발을 헛디디면 우리는 까마득한 낭떠러지 아래로 추락한다.

2019년이다. 독도 상공 위를 중국과 러시아 비행기가 들락거리고 북한은 매일같이 최신 미사일을 쏴댄다. 일본은 한국을 압살하기 위해 비축했던 무기들을 주도면밀하게 꺼내고 있다. 주인이 없는 땅처럼 개나 소나 다 달려들고, 철썩 같이 믿었던 미국은 그 꼬라지를 맥주 홀짝이며 구경하는 중이다. 200년 전 조선 국제관계와 소름끼칠 정도로 똑같다.

지도자들은 어떤가. 깨어 있는가. 힘은 센가. 200년 전 눈 감고 있던 조선은 각성한 일본에게 망했다. 지금 대한민국 지도자들은 200년, 아니 400년 전과 똑같이 세상을 외면하고 자만하며 무사안일하게 나라를 이끌고 있지는 않은가.

조선 왕조 500년 동안 지도자들이 한 행태를 저들 대한민국 지도자들이 버리지 않는 한 대한민국은 망한다. 찬란한 문화전통과 애민정신으로 무장한 성리철학과 슬기로운 성왕이 조선을 지배했는데, 그 조선이 망했다.

틀림없이 이유가 있을 것이다. 조선은, 1밀리미터도 오차가 없는 인과의 법칙에 따라 망한 것이다. 두 번 망하지 않기 위해, 200년 아니 500년 전부터 이 나라 지도자들이 헛디딘 땅들을 찾아 징비懲毖를 해볼 작정이다. 미래를 위해서, 불쾌하기 짝이 없지만.

# 서기 1543년 3월 21일 유럽
## 지동설地動說 발표

— ● —

# 서기 1543년 9월 23일 일본
## 철포鐵砲 전래

— ● —

# 서기 1543년 날짜 미상 조선
## 서원書院 설립

# 1543년, 세상의 문이 열리다

역사는 복잡하다. 숱한 이름과 숱한 연대기와 숱한 사건, 사고가 교직하면서 사람을 헷갈리게 만든다. 역대 대한민국 대입 시험에서 가장 인기 없는 과목이 역사였다. 앞으로도 역사는 출세를 위해서는 그리 도움되지 않는 학문이 될 것이다. 그런데 역사는 물처럼 소중하다. 없으면 대지는 메마르고 생명은 사멸한다. '지금'과 '여기'를 규정하는 존재가 역사다. 이 글을 쓰고 있는 이 순간에도 시간이 흐른다. 그 시간 속에 기억이 추억이 되고, 추억은 역사가 된다. 역사는 세상을 규정한다. 나는, 역사다.

역사는 단순하다. 복잡한 숫자와 인명을 없애버리면 지구상에서 벌어진 사건과 사고는 유사한 패턴을 반복해왔다. 패턴은 진화와 발전이다. 인류사는 발전을 저해하는 세력과 투쟁하며 진화해왔다. 동서고금을 막론하고 인류는 자유를 신장해왔고, 사적 재산권을 확대해왔다. 그 과정에서 자유와 재산을 침해하거나 방해하는 세력과 끊임없이 싸워왔다. 진화

속도는 싸움의 강도에 좌우됐다. 식민지시대와 전쟁, 전후시대를 거쳐 대한민국이 21세기로 옮겨온 과정 또한 진화를 방해하는 세력과 충돌해온 과정이다. 역사는 물과 같아서, 소중하기 그지없다. 역사는 또 물과 같아서, 자세히 느끼지 않으면 보이지 않는다. 나는, 역사다.

이제 500년 시간여행을 해본다. 여행 시작점은 서기 1543년이다. 끝점은 1910년이다. 1907년 대한제국 황제 고종이 권좌를 아들 이척李坧에게 물려줬다. 3년 뒤인 1910년 대한제국은 역사에서 사라졌다.

왜 1543년인가. 바로 그 해에 유럽과 일본과 조선에서 벌어진 상징적인 세 가지 사건이 1910년의 참사로 이끈 결정적인 변수다. 앞으로 조목조목 이 골목과 저 골목을 누비며 알게 되겠지만, 단체 여행을 떠나기 전 여행 일정에 대해 브리핑을 하듯 서글프고, 황당하고, 화나는 우리네 여행 일정을 미리 설명해둬야겠다.

15세기 유럽은 대항해 시대였다. 포르투갈과 스페인이 경쟁적으로 동과 서로 배를 띄워 무역로를 개척했다. 목표는 부귀영화다. 험한 바다를 개척한 이유가 있다. 지중해를 통해 육로를 거쳐 중국과 교역하던 유럽 상인들은, 오스만제국이 동로마를 함락시키며 그 교역로에서 퇴출됐다. 유럽에서 오지에 속한 포르투갈인들이 이 위기를 기회로 전환했다. 대서양으로 간 것이다.

유럽 세력의 진출은 집요했고 광대했다. 그 덕에 세계는 연결되고 있었다. 많은 경우 그 연결은 폭력적이었다.

16세기가 왔다. 서기 1543년 3월 21일, 1000년 유럽 지성사를 억누르던 천동설이 파괴됐다. 파괴자이자 신천지를 창조한 사람 이름은 니콜라우스 코페르니쿠스Nicolaus Copernicus다. 그로 인하여 인간에 의한, 인간의 지적 탐구와 탐험의 시대가 도래했다.

　1543년 9월 23일 동아시아의 끝, 일본에 마침내 유럽인이 상륙했다. 일본은 그들로부터 철포鐵砲를 손에 넣었다. 일본은 철포를 얻었고, 유럽은 일본을 얻었다. 정확하게는 시장을 얻었다. 철포를 시작으로 동과 서가 드디어 교류를 하기 시작한 것이다.

　지구는 고속으로 돌고 있었다. 그 지구 위에서, 같은 1543년 날짜 미상인 어느 날 조선에서는 성리학 교육기관이자 사대부 정치의 본산, 서원이 설립됐다. 이 모든 일이 같은 해 몇 달 차이로 벌어졌으니, 서기 1543

왼쪽 위부터 시계방향으로 지동설을 주장한 니콜라우스 코페르니쿠스 동상(폴란드 토룬), 조선 최초 성리학 교육기관인 소수서원(경북 영주), 포르투갈에서 만든 16세기 일본 지도, 그리고 포르투갈의 철포를 국산화하고 있는 일본 대장장이 야이타 긴베에 동상(일본 다네가시마). 모두 서기 1543년 몇 달 차이로 벌어진 일이다. 가운데는 코페르니쿠스의 〈천구의 회전에 관하여〉 논문.

년이다. 이후 20세기까지 유럽, 일본과 조선 역사는 다른 길을 걸었다.

### 지구가 움직이기 시작했다

1543년 3월 어느 날, 유럽 발트해에 맞닿아 있는 폴란드 북쪽 작은 도시 프롬보르크Frombork에서, 프롬보르크성당 사제 니콜라우스 코페르니쿠스는 죽음을 기다리고 있었다. 한 해 전 겨울 뇌출혈로 오른쪽 몸이 마비된 상태였다. 의식도 없었다.[1] 그의 제자 예르지 레티크Jerzy Retyk가 3월 21일 독일 뉘른베르크에서 출판한 논문이 프롬보르크에 배달됐다. 제목은 《천구의 회전에 관하여De revolutionibus orbium coelestium》다. 저자는 코페르니쿠스 자신이다.

라틴어로 쓴 논문 서문에 코페르니쿠스는 이렇게 썼다. '그들이 아무리 제 연구에 대해 비난하고 트집을 잡더라도 저는 개의치 않을 것이며, 오히려 그들의 무모한 비판을 경멸할 것입니다.' 비난을 예상하고도 그가 내뱉은 주장은 '지구는 돈다'였다. 이미 의식을 잃은 코페르니쿠스는 자기 논문을 보지 못했다. 5월 24일 코페르니쿠스가 죽었다.

지구가 돈다! 신이 지배하던 중세 1000년 동안 감히 입 밖으로 꺼내지 못한 주장이었다. 저자가 죽고 73년이 지난 1616년 논문은 교황청 금서 목록에 올랐다. 불과 4년 뒤 논문은 금서에서 해제됐다. 그리고 1839년 2월 19일, 코페르니쿠스가 태어난 폴란드 토룬 시청 앞 광장에 그를 기리는 동상이 건립됐다. 동상에는 이렇게 새겨져 있다. 'Terrae Motor Solis Caeli Que Stator'. 독일 과학자 알렉산더 훔볼트가 썼다. 뜻은 이러했다.

'지구를 움직이고 태양과 하늘을 멈춘 사람'

바티칸은, 세상은, 지구가 돈다는 사실을 더 이상 감출 수가 없었다. 더 이상 인간은 신에 속박되지 않았다. 지구가 움직이기 시작했다. 아니, 인류가 움직이기 시작했다.

## 철포 그리고 서원

코페르니쿠스가 논문을 발표하고 여섯 달, 그가 죽고 넉 달 뒤 명나라 상선 한 척이 일본에 도착했다. 1543년 9월 23일이다. 일본 가고시마 남쪽에 있는 다네가시마種子島라는 작은 섬이었다. 선장 이름은 명나라 사람 오봉五峯이고, 100명이 넘는 선원은 모두 외모도 다르고 말도 달랐다. 오봉은 이들이 '서남만인西南蠻人'이라고 했다. 남만이 남아시아 오랑캐를 뜻하니, 서남만인은 동남아시아보다 더 서쪽, 유럽에서 왔다는 뜻이다. 다네가시마 도주島主, 다네가시마 도키타카種子島時堯는 이들이 가지고 있는 물건에 호기심을 보였다. 도키타카는 열다섯 살이었다.

포르투갈 사람 프란시스코 제이모토와 안토니오 다 모타가 속이 뚫려 있는 두세 척ᴿ짜리 막대기를 꺼냈다. 흰 술잔 하나를 멀찍이 바위에 놓고 막대기 끝에 불을 붙이니 번개 같은 빛이 터지고 천둥소리가 나면서 술잔이 박살났다. 은산銀山도 부수고 철벽鐵壁에 구멍을 낼 수 있을 정도였다.[2] 사람들은 이를 '철포鐵砲'라고 불렀다.

며칠 뒤 도주 도키타카는 거금을 주고 철포 2자루를 샀다. 한 자루는 대장장이 야이타 긴베에八板金兵衛가 역설계해 1년 만에 국산화에 성공했다. 한 자루는 당시 무로마치 막부에 헌상했다. 또 1년 뒤 도주 도키타카는 오사카에서 온 상인에게 철포 제조법을 공개했다. 철포는 삽시간에 일본 전역으로 퍼져나갔다.

1555년 음력 5월 21일, 왜인 평장친平長親이 총통銃筒 한 자루를 들고 부산으로 와 귀화를 요청했다. 그 정교함과 파괴력을 본 대신들이 "낡은 종을 녹여 총통을 제작하자"고 왕에게 건의했다. 그때 동대문에는 세조 때

흥천사에서 주조한 대종이 뒹굴고 있었다. 13대 조선 국왕 명종은 "옛 물건은 신령한 힘이 있다"며 거부했다. 이 종은 1865년 대원군이 경복궁을 복원할 때 한성 주민 600명이 썰매로 옮겨 광화문 문루에 매달았다.[3] 1589년 대마도 사람들이 철포를 가지고 오자, 선조는 철포를 무기고에 보관시키고 잊어버렸다.

유럽에서 신과 인간이 위치를 바꾸고, 이웃 일본은 그 세상과 접촉하고 있던 1543년 어느 날이었다. 날짜는 기록에 없다. 조선 영주 풍기군수 주세붕周世鵬이 서원書院을 세웠다. 서원은 성리학 성현을 제사하는 사당이며 선비를 가르치는 교육기관이다. 고려 때 성리학 서적을 원나라로부터 수입해온 학자가 안향이었는데, 풍기는 안향이 나고 죽은 고향이었다. 서원 이름은 송나라 주희朱熹가 세운 백록동서원 이름을 따서 '백운동서원'이라 했다.

서원을 세운 날은 부임한 지 2년째, 흉년이 내리 3년 지속되던 날이었다. 그리 좋지 않아 보이는 오프닝데이를 놓고 누군가가 물었다. "학교가 있는데 어찌 서원을 세울 필요가 있으며, 흉년을 당하였으니 너무 지나치지 않은가." 주세붕이 이리 대답했다.

"주희가 살던 그 당시엔 금나라가 중국을 함락하여 천하가 피비린내로 가득하였고, 남강지방은 계속된 큰 흉년으로 벼슬을 팔아 곡식으로 바꿔 굶주린 백성을 구제하였다. 위태로움과 곤궁함이 그토록 심하였는데도 그가 세운 서원과 사당이 한둘이 아니었던 것은 무엇 때문인가? 하늘이 뭇 백성들을 낳으니, 사람이 사람다운 이유는 바로 교육이 있기 때문이다. 교육은 난리를 막고 기근을 구제하는 것보다 급하다."[4]

천하가 난리통이고 세상이 흉년이 들었어도 무식한 백성을 계도하기 위해서는 서원 설립을 미룰 수 없었다는 말이었다.

1590년 철포로 무장한 도요토미 히데요시豊臣秀吉 세력이 일본을 통일했다. 히데요시는 다네가시마에서 전파된 철포를 대량 제작해, 조총부대를 앞세워 1592년 음력 4월 13일 조선을 침략했다. '임진왜란'이라 불리는 이 7년 전쟁 초기, 개인화포로 무장한 조총부대 앞에서 조선은 불바다가 됐다. 다네가시마 도키타카의 아들 히사토키久時도 참전했다. 이순신이 없었다면 그때 조선은 멸망했다. 그 도륙屠戮의 현장을 포르투갈에서 온 종군 신부들은 빠짐없이 기록했다. 지구는 격렬하게 회전 중이었다. 조선은 그 격렬한 우주적 현장에서 주도권을 상실했다.

이후 조선은 성리학의 조선이 되었다. 주자의 조선이 되었다. 성리학은 나날이 발전하여 조선 정신문화는 찬란하게 꽃을 피웠다. 대신 주자와 성리학에 반하는 학문은 어둠에 잠겼다. 자기 발로 걸어온 철포를 팽개쳤고 예고된 전쟁에 손을 놓았다. 하늘이어야 할 백성의 경제활동을 탐욕이라고 규정하며 상업과 공업을 억압하고 조선 팔도에 널린 금·은광을 폐쇄했다. 대신 중국을 하늘로 섬겼다.

'왜놈' 일본은 조선에서 도입한 은 제련법으로 세계 1위 은銀 생산국이되었다. 유럽 학문을 수용해 강병하고 부유한 나라가 되었다. 그동안 지구는 전속력으로 광대무변한 우주를 날아갔다. 유럽도, 일본도 목적지는 부국강병이었다. 성리학에 찌든 조선 권력층은 그 사이 태평성대를 구가했다. 그 마지막, 태평성대라는 착각 속에 살던 대한제국 황제 고종에게 조선 통감 이토 히로부미가 이렇게 말했다.

"저항하려면 대놓고 저항하시라. 기꺼이 우리가 적수가 되어드리겠다."

그날이 1907년 7월 4일이었다. 조롱거리는 히로부미 앞에서 고종에게는, 대한제국 떨거지 권력자들에게는, 대놓고 저항할 돈도 총도 사람도 없었다. 1910년 경술년 8월 29일 나라는 사라졌다.

　유럽은 세계를 지배했고, 조선은 망했고, 일본은 홍했다. 반복돼서는 안 될, 쓰린 역사다. 여기까지가 우리가 함께 해야 할 불쾌한 여정이다.

**차례**

**프롤로그**_ 미래를 위한 불쾌한 반성 5
**브리핑**_ 1543년, 세상의 문이 열리다 10


# 1부 / 운명의 1543년

## 1장 | 탐욕의 대륙 유럽

**대항해 시대** —— 24
화기의 탄생 26 | 유대인의 추방과 욕망의 분열 28

## 2장 | 모든 것은 그 해에 시작되었다

**1543년 코페르니쿠스, 지구를 움직이다** —— 32
여호수아의 명령 32 | 대항해의 시대와 코페르니쿠스 34 | 깜깜한 세상, 회전, 혁명 36 | 지
동설 출판과 반발 38 | 그가 지구를 움직인 이유는 39 | 혁명가의 나라, 폴란드 40

**1543년 일본, 지구를 돌아온 철포 두 자루** —— 44
상선의 좌초와 철포의 전래 44 | 철포를 따라 들어온 문명 50 | 조선을 스쳐간 철포 50 | 조
총을 만든 선조, 이를 비난한 사관 54 | 우주선 하야부사의 귀환 56

**1543년 조선, 서원을 설립하다** —— 61
신임 군수의 교육지표 61 | 토지신이 선물한 학교 건립 비용 63 | 소 잡기를 일삼다 65 | '빽'
이 난무한 공무원 조직 66 | 정치 투쟁과 연산군의 폭정 67 | 백운동서원, 소수서원이 되다
69 | 서원, 정치를 개판으로 만들다 70 | 지방대를 위한 특별고시 72 | 성리학에 갇혀버린 지
식사회 74


# 2부 / 닫아버린 눈과 귀

## 3장 | 불길한 징조

**실종된 세종의 과학시대** —— 78
세종의 신무기 시스템 구축 78 | 농업 진흥, 역법과 천문기구 79 | 칠정산역법의 탄생 80 |
앙부일구에서 흠경각까지 80 | 성리학이 질식시킨 과학 82 | 멸종된 과학 85 | 일본, 조용히

움직이다 88

### 일본으로 간 조선의 은 —— 91
첨단 은 제련법, '회취법' 91 | 대항해 시대와 이와미 은광 92 | 조선인 기술자 종단과 계수 94 | 세종의 은광 폐쇄령 96 | 잡아보지도 못한 기회들 98 | 은의 역습 101

### 로마로 간 아이들과 히데요시의 근거 있는 광기 —— 103
신, 일본에 상륙하다 103 | 1591년 3월 3일 히데요시 저택 107 | 유럽으로 떠난 아이들 108 | 조선만 몰랐던 전쟁 113 | 소년들이 떠날 때 이미 망가진 조선 115 | 문명사가 충돌한 임진왜란 116

## 4장 | 요동치는 천하

### 일본의 비상구 데지마 —— 122
명의 몰락과 청의 등장 122 | 기이하고 어이없는 하멜 표류기 123 | 해적의 시대, 쇄국의 시대 126 | 영국인 사무라이, 미우라 안진 126 | 쇄국, 그리고 데지마의 개항 129 | 란가쿠와 열린 지성 130 | '요 임금 창자냐 폭군 걸 창자냐' 132 | 근대화의 서막, 해체신서 133 | 개혁군주 정조의 지식독점 136

### 비상구 없는 조선과 일본의 역전 —— 138
조선통신사와 란가쿠 138 | 조선 중화와 쇄국 140 | 일본의 정보원 데지마 풍설서 141 | "왜 명나라 옷을 입었는가" 142 | "공자를 죽인다" "교화가 필요" 144 | 란가쿠 의사와 조선 의사 147 | "부귀영화를 어찌하여 오랑캐가 누린다는 말인가!" 149

## 5장 | 뒷걸음친 천하

### 폐기된 이데올로기, 성리학 —— 152
조선을 암흑으로 내몬, 성리학 152 | 하루 세 번 공부한 조선 국왕 154 | 명청 교체기와 주변국가 156

### 외교: 망해버린 명나라에 사대하다 —— 158
1637년 남한산성 158 | 송시열과 만동묘 160 | 북벌 군주 효종이 송시열을 만난 이유 161 | 북벌을 거부한 송시열 163 | 정치 논리에 실종된 북벌 165 | 만동묘, 북벌론의 종언 166 | 대보단과 정신승리 167 | 비겁한 대보단 170 | '개혁군주' 정조, 그리고 대보단 172

### 정치: 지식독재와 사문난적 —— 173
지식권력과 지식독재 173 | 송시열의 시작과 끝, 주자 174 | 사문난적 윤휴 175 | 송시열, 벗을 버리다 177 | 이경석 신도비와 삼전도비 179 | 이경석 장수 축하파티와 송시열 180 | 노론과 소론 갈라지다 183 | 사문난적과 박세당 184

**학문: 억압된 자유 —— 187**

'이학의 금'과 코페르니쿠스 187 | 만천명월주인옹 188 | 주자 말씀 담은 책 190 | 바티칸도 놀랄 금서 정책 190 | 지식권력의 완성체, 정조 191 | '거중기'는 기록에 남기지 말라 192 | 빛 보지 못한 실학 196 | 1906년 고종 "성균관을 부활시켜라" 197

# 3부 / 근대의 시작, 종말의 서막

## 6장 | 아편전쟁과 실종된 조선 도공

**1840년 아편전쟁 —— 200**

네덜란드 그리고 아편전쟁 200 | 아편전쟁과 천하의 붕괴 204 | 나가사키와 막부의 정보력 206 | 적에게서 배운다 209 | "문자는 같은 줄 알았네" 210

**일본의 부국강병과 히젠의 요괴 —— 214**

히젠의 요괴 나베시마 나오마사 214 | 난벽 영주 시마즈 나리아키라의 개혁 219 | 또 적에게서 배운다 220

**요괴들의 돈보따리, 조선 백자 —— 225**

혼마루역사관의 대포와 대은인 225 | 끌려간 조선 도공 227 | 3만 8,717명의 귀, 산 사람 80명 227 | 신이 된 조선의 도공 228 | 일본 자기의 혁신 231 | 군함을 만든 조선 도공의 기술 233

**돌아오지 않은 도공들 —— 236**

황제의 하사품, 청화백자 236 | 퇴화하는 백자 기술 237 | 영조의 검약 정치 238 | 무본억말과 굶어죽은 도공들 240 | 지식권력의 위선_책가도와 송절차와 노비 243 | 일본으로 돌아간 도공들 248

## 7장 | 일어서는 일본

**근대에 대처했던 두 나라의 자세 —— 252**

**목숨을 건 개국, 목숨을 건 쇄국 —— 256**

척화비와 이와쿠라 사절단 256 | "본디 우리는 외교가 없으니" 257 | 권력 유지를 위한 천주교 탄압 257 | 매국, 망국, 위국 258 | "일본이여 조심하시게" 260 | 장엄하고 처참했던 신미양요 261 | 근대국가의 문, 이와쿠라사절단 263 | 사활을 건 근대화 264

**메이지유신과 목숨을 건 혁명가들 —— 268**

시골 서당 쇼카손주쿠 동창생들 268 | 260년을 기다린 복수극 270 | 조슈번의 큰 그림, 존

왕양이와 국가주의 272 | 다카스기의 각성 273 | 조슈 5걸의 밀항 274 | 쇼카손주쿠의 사내들과 조선 275 | 다카스기의 헌신과 회천 거병 276 | 목숨을 건 혁명가들 277 | 풍운아 사카모토 료마 278 | 료마와 사쓰마−조슈의 연합 279 | 선공후사의 희생, 가쓰 가이슈 281

**유학생들의 대결투, 청일전쟁** —— 284
영국의 조공과 건륭제의 거부 284 | 1876년 이홍장과 모리의 대화 286 | 조기유학 프로젝트 '유미유동' 288 | 써먹지도 못한 기술 290 | 유학생의 전쟁 1편_청일전쟁 291 | 유학생의 전쟁 2편_시모노세키 292 | 죽어서 끝난 다카스기 신사쿠의 회천 295

## 8장 | 붕괴되는 조선

**서점 없는 나라 조선** —— 298
훈민정음의 탄생 299 | 훈민정음으로 낸 책들 300 | 국가가 독점한 출판과 유통 302 | 책쾌들의 대학살 304 | 부활한 책쾌와 책 대여점 306 | 서점 있는 나라와 문명의 진보 306 | 서점 없는 나라와 무서운 백성 308

**갑신년 겨울의 녹슨 총, 조선 혁명가들의 최후** —— 311
민란과 이양선의 시대 311 | 동래 난출−왜관을 뛰쳐나온 외교관 312 | 고종 친정과 운요호 사건 313 | 초점 빗나간 근대화 317 | 왕십리의 반란, 임오군란 318 | 반동의 역사, 식민 조선 320 | 목숨을 건 조선의 혁명가들 321 | 5년을 앞당긴 약속 322 | 무기고 속의 녹슨 총 324 | 혁명가들의 최후 327 | 도해포적사 지운영 328

**껍데기 대한제국** —— 331
절멸된 개화파, 멸종된 인재 331 | 살해된 민비와 아관에서의 1년 332 | 대한제국 선포와 원구단 333 | 폭풍 속 조선, 천제를 올리다 335 | "군복은 외제로" 336 | 가난한 제국, 갑부 황제 336 | 독립협회의 붕괴와 좌절된 대중의 각성 340 | 황제의, 오직 황제를 위한 343 | 강제 중단된 연명치료 344

**명품 고물 군함 양무호와 허세의 군주** —— 346
황태자, 생일잔치를 청하다 346 | 황제, 즉위 기념식을 명하다 348 | 파티 메들리 348 | 평양행궁과 기념비각 350 | 칭경 40주년 기념식 352 | 창궐한 콜레라, 나랏돈 100만 원 353 | 군함 양무호 354 | 명품으로 치장한 군함 356

## 9장 | 옹졸한 멸망

에필로그_ 개방과 각성 374
주석 385

1부

# 운명의 1543년

1장

탐욕의 대륙 유럽

# 대항해 시대

서기 1453년 5월 29일, 오스만제국 술탄 메흐메트 2세가 동로마 콘스탄티노플에 입성했다. 술탄은 537년 유스티니아누스가 만든 아야소피아 사원에 들어가며 흙을 쥐고서 자기 어깨 뒤로 뿌렸다. 기둥 하나 없는 거대한 건축물을 만든 그 지혜에 경배한 것이다. 이로써 서기 330년 유럽과 아시아 변경에 건국돼 바티칸과 함께 서방 기독교 세계를 유지했던 동로마제국은 멸망했다. 한 문명에 의해 한 문명이 사라졌다. 흔하지는 않지만 역사적으로 드문 일은 아니었다.

지구에는 경제적으로 더 큰 일이 터진 날이었다. 유럽으로 중국 도자기와 비단을 싣고 오던 무역로가 이슬람에게 차단된, 어마어마한 일이 터진 것이다. 베네치아 같은 지중해 도시와 스페인의 아라곤왕국은 이 무역으로 재미를 보면서 살고 있었다. 이제, 밥줄이 끊긴 것이다. 어찌해야 하는가.

한번 맛본 재물과 부귀의 맛은 사람을 환장하게 만든다. 환장한 유럽 부자와 권력자들은 그 맛을 잊으려 하지 않았다. 그 맛의 꼬리를 붙잡기 위해, 사람들은 바다를 택했다. 수평선 끝에는 바닥없는 구렁텅이, 무저 갱無低坑을 향한 절벽이 있다고 아무리 교회에서 얘기를 해도, 사람들은 말을 듣지 않았다. 죽을 때 죽더라도 황금과 비단을 향한 새로운 길을 걷기라도 해보겠다는 허황된 꿈이 바다를 가득 채웠다.

그 꿈을 처음 부추긴 사람은 포르투갈의 엔히크 왕자였다. 애당초 유럽 서쪽 끝 이베리아반도, 그곳에서도 또 서쪽 변경 대서양을 보며 살던 포르투갈이라 지중해를 통해 무역을 할 방법이 없던 나라였다. 그래서 엔히크는 1420년부터 아프리카로 탐험대를 보냈다. 왕이 된 적 없지만 그는 '항해왕'이라고 불린다. 그가 죽고 28년이 지난 1488년 바르톨로메우 디아스가 아프리카 최남단 희망봉을 발견했다. 그리고 1498년 마침내 바스쿠 다 가마가 인도양을 돌아 인도 캘리컷에 도착해 식민지를 세웠다. 1500년 남아메리카 브라질이 포르투갈 식민지가 되었다. 21년 뒤 포르투갈에서 태어난 뱃사람 마젤란은 스페인 함대를 끌고 지구를 돌아 필리핀에 도착했다. 지구가 포르투갈과 스페인 전쟁터로 변했다.

1494년 6월 7일 교황 알렉산데르 6세는 지구를 동반구와 서반구 절반씩 두 나라에 공평하게 나눠줬다. 토르데시야스 조약이라는 이 허황된 조약을 통해 두 나라는 지구의 동반구와 서반구를 신으로부터 물려받았다. 신의 명령은 인간들끼리 벌이는 탐욕 전쟁을 막지 못했다. 욕망이 해방된 유럽 인류는 무한대로 폭력적인 경쟁을 벌여나갔다. 메흐메트 2세가 어깨 너머로 뿌린 흙에 그런 예언은 담겨 있지 않았다. 하지만 유럽 변경에서 빌빌대던 포르투갈이 세계를 휘젓기 시작하게 된 계기가 바로 동로마제국 함락이었다.

평면이었던 행성 지구가 구형으로 바뀌고, 거칠기 짝이 없고 탐욕스러운 유럽 사내들이 그 행성 위를 거침없이 돌아다녔다. 그 시대를 사람들은 '대항해 시대'라 불렀다. 훗날 무사히 고향으로 돌아온 사내들이 회고하건대, 수평선 끝에 무저갱은 없었다. 남자들을 노래와 미모로 현혹해 잡아먹는 벌거벗은 마녀 사이렌도 없었다. 대신 수평선 너머 악천후 속에서 황금과 향료가 가득한 새로운 땅을 만났다고 했다. 가끔은 배보다 큰 오징어를 만나 살점이 뜯겨나가며 죽는 동료들을 목격했다는 과장된 공포담도 들려주곤 했고, 더 훗날 해양생물학자들은 그 공포담이 과장이 아니었음을 입증하기도 했다.

포르투갈에 이어 스페인이, 네덜란드가, 영국과 프랑스가 대서양과 태평양으로 배를 띄워나갔다. 유럽과 비유럽은 이를 통해 여러 형식으로 대면접촉을 하게 되었다. 만남이 잦아질수록 접촉방식은 폭력적으로 변해갔다.

### 화기火技의 탄생

1605년 미겔 데 세르반테스Miguel de Cervantes가 발표한 소설《라만차의 비범한 이달고 돈 키호테El ingenioso hidalgo Don Quixote de la Mancha》주인공 돈 키호테는 기사였다. "길거리에서 혼자 기괴하고 우스꽝스럽게 있는 놈은 미친놈 아니면 돈키호테 읽는 놈"이라고 할 만큼 베스트셀러였다.[5]

소설 속에서 돈 키호테가 산초를 데리고 원정을 떠났을 때, 그가 가진 무기는 기다란 랜스 창과 칼이었다. 몸은 20킬로그램이 넘는 무거운 갑옷으로 무장하고 있었다. 소설이 가지고 있는 문학적, 역사적 의미는 논외로 치자. 그때 이미 돈키호테는 낡은 사람이었다는 사실이 중요하다. 영주에게 충성과 절개와 의무를 다하는 기사는 이미 16세기에 소멸한 존재들이었다.

열정과 패기로 뭉친 기사들은 파비아 전투 때 허무할 정도로 완벽하게

스페인 마드리드에 있는 돈 키호테와 산초 동상. 늙은 말과 랜스 창은 몰락한 기사를 상징한다.

멸종됐다. 1525년 2월 24일, 신성로마제국과 프랑스가 이탈리아 파비아에서 이탈리아 패권을 놓고 맞붙었다. 프랑스에게는 열정과 패기와 충성심으로 충만했던 용맹한 스위스 기사들이 있었다. 신성로마제국 소속 스페인 아쿼버스 부대원들은 화승 꾸러미에 불을 붙이는 데는 일가견이 있었다. 충성스러운 스위스 기사단은 전멸했다. 화기가 냉기를 압도하고 기술이 열정을 압도한 전투였다.

대항해 시대 어느 무렵부터 전사戰士들은 총을 들고 전쟁을 치르고 있었다. 전사들은 슬프고 고통스러운 표정을 볼 필요 없이 원거리에서 적을 무감각하게 죽일 수 있었다. 타인의 죽음을 냉혹한 얼굴과 승리를 향한 열정으로 근엄하게 무시하는 냉기冷技의 시대는 갔다. 칼, 창과 화살은 차갑게 식었고 활줄은 끊어졌다.

대신 화기火技의 시대가 왔다. 열정은 필요하지 않았다. 약한 심장의 소유자도 살인을 저지를 수 있는 총의 시대가 왔다. 실크로드를 따라 중국에서 유럽으로 전파된 화약은 죄의식 없이 간편하게 사람을 죽이는 무기로 진화했다. 고귀한 기사 생명을 지켜주던 은빛 갑옷은 쓸데없이 무거운 쇳덩이로 전락했다. 랜스 창 또한 전투 수행을 방해하거나 오히려 적에게 과녁이 되는 간첩 같은 존재로 변했다. 더 이상 세상은 열정과 패기만으로 싸울 수 있는 시대가 아니었다.

화기는 유럽 전역에서 동시다발적으로 사용되기 시작했다. 총신 앞으로 총알을 집어넣고 약실에 연결된 도화선에 불을 붙여 탄알을 발사하는 단발식 화승총火繩銃, 아쿼버스arquebus다. 이후 소총은 연발식, 자동식으로 진화하면서 인류가 다른 인류를 탐욕으로부터 지키고, 자기의 탐욕을 실현시키는 데 지대한 공헌을 했다.

바다로 향하는 사내들 허리춤에는 권총이, 갑판에는 대포가, 무기고에는 소총이 가득했다. 가슴 속은 욕망이 가득했다. 돈키호테에게 남은 것은 늙은 말 로시난테와 로시난테가 감당 못할 무거운 갑옷뿐이었다.

### 유대인의 추방과 욕망의 분열

1492년 1월 2일, 스페인이 이슬람왕국 그라나다를 함락시켰다. 그때 스페인은 이베리아반도에 공존하던 카스티야왕국과 아라곤왕국이 통합된 통일 카스티야왕국이었다. 통일 왕국의 공동 국왕이자 부부인 이사벨과 페르난도 2세는 서기 711년 이래 781년 만에 유럽에 마지막 남은 이슬람 세력을 몰아내는 데 성공했다. 가톨릭세계와 비교될 수 없는 고도의 과학과 문화를 가진 이슬람은 지중해 건너 아프리카 땅으로 복귀했다. 작게는 스페인, 크게는 기독교문명이 옛 영토를 되찾은 이 사건을 사람들은 '레콩키스타Reconquista'라 부른다. '재정복'이라는 뜻이다.

그리고 3월 31일 스페인 정부는 알람브라칙령을 발표했다.

'우리의 주님 예수 그리스도가 탄생하신 지 1492년째가 되는 해의 3월 31일, 우리의 도시 그라나다에서 이 교서를 반포하노라. 유대인들은 빈부와 귀천, 남녀노소, 거주 지역, 현지 출생 여부를 불문하고 모두 떠나라.'

이베리아반도에 살고 있던 유대인 추방령이었다. 레콩키스타 전쟁 동안 바닥난 재정을 보충하고 어지러운 민심을 추스르겠다는 의도였다.

예수의 시대, 로마제국이 유대를 멸망시킬 때 랍비들은 '새로운 약속의 땅'으로 스페인을 선택했다. 스페인이라는 나라는 아직 없었다. 하지만 랍비들은 그때 스페인이 있던 지역을 희망의 땅 '스바랏Sepharad'이라고 백성들에게 선포해버렸다. 서기 2세기 무렵 흩어져 살던 많은 유대인들이 환상의 스바랏으로 몰려들었다. 훗날 이베리아반도를 차지한 이슬람 세력은 유대인을 차별하지 않고 관용으로 대우했다. 이슬람 코르도바 왕국 때는 고위관료직도 유대인에게 개방돼 있었고 유대인이 그라나다군 사령관을 지낸 적도 있었다. 유대인이 소유한 지적 능력과 전문성은 유대인집단에게 부귀를 선물했다. 스페인 지역 유대인은 유럽 내 그 어떤 유대인보다 부유했다.[6]

그런데 그 유대인을 하루아침에 추방하겠다는 교서가 내려진 것이다. 주어진 시간은 3월 31일부터 7월 말까지 넉 달이었다. 칙령은 유대인들로 하여금 모든 재산을 처분해 가지고 가도록 허락했다. 단, 금과 은과 현금은 예외였다. 즉 처분권만 있을 뿐, 그 재산을 가져갈 방법이 없는 허무맹랑한 법이었다. 기독교 순혈 제국을 만들겠다는 의지였고, 레콩키스타를 후원해준 유대인에 대한 배신이었다. 유대인들은 부동산을 급매로 처분하고 대부업으로 저당 잡아놓은 보석을 숨겨서 스페인을 떠났다. 많은 이들이 유대인을 수용하는 포르투갈과 이슬람 국가로 이민을 갔다. 또 많은 사람들이 보석을 챙겨 안트베르펜과 암스테르담에 정착했다.

8월 2일, 마지막으로 추방되는 유대인 무리가 배에 탑승하는 동안 또 다른 배 세 척이 옆에서 출항을 준비하고 있었다. 스페인 왕실 후원 속에 대서양으로의 출항을 기다리는 이탈리아 사람 크리스토퍼 콜럼버스 선단이었다.[7] 금고에는 유대인들로부터 압수한 자금이 가득했다. 이로써 기독교 문명은 800년 만에 순혈로 채워졌다. 그 영역은 악마가 없다는 사실이 입증된 바다로 확장하기 시작했다.

아무도 몰랐다. 레콩키스타가 유대인 추방으로 이어지고, 유대인으로부터 강탈한 돈으로 콜럼버스가 대서양을 횡단하게 될 줄은. 아주 먼 훗날 엉뚱하게도 늪지대 가득한 소국 네덜란드를 초강대국으로 만들더니 마침내 극동의 섬나라 일본을 세계를 깜짝 놀라게 할 대국으로 만들게 될 줄은. 정말 아무도 몰랐다. 1543년까지는.

## 2장

## 모든 것은 그 해에 시작되었다

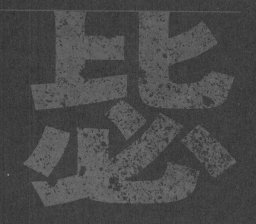

# 1543년 코페르니쿠스,
# 지구를 움직이다

세상 사람이 별들이 지구 주위를 돈다고 우기던 그때,
바보 하나가 언덕 위에 서서 지구가 돈다고 선언하고 죽었다.
때가 이르러 대지大地가 움직였으니,
바보 이름은 니콜라우스 코페르니쿠스다.
하지만 쉽게 움직인 것은 아니었다. 지구를 움직이고 죽은 그 바보 이야기.

### 여호수아의 명령

기원전 15세기 중반 이집트에서 노예생활을 하던 유대인을 이끌고 모세가 탈출했다. 홍해를 갈라 사람들을 무사히 피신시키고 정신을 차려보니 광야였다. 물 한 방울 풀 한 포기 없는 사막이었다. 어느덧 굶주리고 목마른 사람들이 그에게 항의하고 애원하자 그가 이리 말한다.

"반역한 너희여 들으라. 우리가 너희를 위하여 이 반석에서 물을 내리랴."

모세가 지팡이로 반석을 두 번 치니 물이 솟아 백성과 가축들이 목을 축였다. 기특하고 영웅적인 행동이었으나, 신은 생각이 달랐다. "너희가 나를 믿지 아니하고 이스라엘 자손의 목전에서 내 거룩함을 나타내지 아니한 고로 너희는 이 회중을 내가 그들에게 준 땅으로 인도하여 들이지 못하리라."[8]

그러니까 유대의 신 야훼의 이름으로 행한 기적이 아니라 모세 스스로의 초능력을 발휘했다는 비판이었다. 결국 모세와 형 아론은 젖과 꿀이 흐르는 가나안으로 가지 못했다. 아론은 일찍 죽었고 모세는 가나안이 내려다보이는 느보산에서 죽었다. 승천했다는 말도 있다. 단 한 번의 짜증과 분노에 신의 거룩함을 앞세워야 한다는 사실을 까먹은 대가다.

그 모세를 이어 유대인을 이끌고 광야 방랑 40년을 끝내고 가나안으로 들어간 사람이 여호수아였다. 여호수아가 가나안에서 토착민 연합군과 정복전쟁을 벌일 때 우리가 사는 태양계 운명이 결정됐다. 야훼 신은 가나안에 사는 전 족속을 진멸殄滅하라고 명했다. 야훼 스스로도 도주하는 적들에게 큰 덩어리 우박을 퍼부어 도륙전을 도왔다. 유대인의 칼에 죽은 자보다 우박에 죽은 자가 더 많았으니[9] 토착 세력에게는 그런 지옥도 없었을 것이다.

그 명령 수행과정에서 어느 하루 여호수아가 태양과 달을 멈춰버린 것이다. 모세처럼 징벌을 당하지 않기 위해 여호수아는 극도로 조심했다. 여호수아는 신에게 먼저 허락을 구한 후 태양에게 멈추라고 명령했다.

여호수아가 여호와께 아뢰어 이스라엘의 목전에서 이르되 태양아 너는 기브온 위에 머무르라 달아 너도 아얄론 골짜기에서 그리할지어다.[10]

전투는 여호수아부대가 대승했다. 이후 신과 신의 대리인이 또다시 해와 달을 좌지우지했다는 기록은 보이지 않는다. 하지만 2000년 넘도록 과학자들은 이 짧은 기록 하나 때문에 갖은 고초를 겪어야 했다.

태양을 멈추게 하는 여호수아. /귀스타브 도레(1866)

### 대항해의 시대와 코페르니쿠스

1473년 2월 19일 오전 4시 48분 폴란드 북부 상업도시 토룬Torun에 사는 부유한 상인 코페르니크Kopernik 집안에 네 번째 아들이 태어났다. 아버지 이름을 따서 이름은 미코와이Mikotaji라 지었다. '코페르니크'는 구리업자라는 뜻이다. 훗날 대학교에 들어가면서 미코와이는 라틴어로 이름을 바꿨다. 니콜라우스 코페르니쿠스Nicolaus Copernicus라고 했다.

세상은 격변 중이었다. 그가 태어나고 15년 뒤 바르톨로메우 디아스가 이끄는 포르투갈 함대가 아프리카 최남단 희망봉에 도착했다. 또 10년이 지난 1498년 바스쿠 다 가마 함대가 인도에 도착했다. 1453년 동로마제국을 멸망시킨 오스만제국이 지중해 동쪽 무역로를 장악했다. 유럽 땅끝 나라 포르투갈은 일찌감치 대서양 항로를 찾아 나섰고, 스페인을 비롯한 여타 제국도 대서양으로 배를 띄웠다. 속칭 대항해 시대였다. 목적은 돈, 부귀영화였다. 한 세기 전 시작된 르네상스 덕에 사람들은 지구가 둥글다는 사실을 알고 있었다. 르네상스는 중세기 잊혔던 고대 그리스·로마 문화의 부활이라는 뜻이다.

1450년 독일 마인츠의 인쇄업자 요하네스 구텐베르크가 금속활자를 사용해 책을 인쇄하는 데 성공했다. 인쇄기는 포도주를 짜는 압착기를 개조해 만들었다. 손으로 써내려간 값비싼 양피지 책보다 싸고 대량 인쇄가 가능했다. 구텐베르크는 "이 종이를 사면 죄를 용서받고 천당 간다"며 교회에서 신도에게 팔던 '면죄부免罪符'도 대량으로 찍었다. 황당무계한 마녀사냥 방법을 조목조목 설명한 책자들도 구텐베르크 인쇄기로 찍었다. 유럽을 바꾼 금속활자 인쇄술이지만, 그에게 세상은 깜깜했다. 구텐베르크는 동업자와의 불화로 스트레스를 받고 눈이 멀어 죽었다. (구텐베르크 인쇄술은 1372년에 고려가 내놓은 직지심체요절에 시대가 뒤지는 금속활자 인쇄술이다. 그 상관관계에 대해서는 뒤에서 다시 이야기하기로 하자.) 1517년 독일 성직자 마르틴 루터가 면죄부를 팔아치우는 교회를 비판하며 종교개혁을 선언했다. 루터의 선언문 또한 구텐베르크 인쇄술로 2주 만에 유럽 전역으로 전파됐다.

그 요동치는 역사 속에서 상인 아들 미코와이는 공부를 했다. 폴란드 크라쿠프, 이탈리아 볼로냐,

니콜라우스 코페르니쿠스(1473~1543). 프랑스 알사스 스트라스부르 성당 천문시계에 있는 초상화(1570년대)를 1989년 복원한 그림이다. 자화상을 토대로 그린 가장 오래된 초상화다. /토룬 코페르니쿠스박물관

파도바, 페라라대학에서 공부했다. 신학과 법학, 천문학과 수학, 의학을 공부했다. 대학에 입학하며 라틴식 이름 니콜라우스로 스스로 개명했다. 공부를 하다 보니, 뭔가 이상한 것이다.

### 깜깜한 세상, 회전, 혁명

대학에서 그는 아리스토텔레스를 배웠다. 신이 부여한 질서에 따라 우주가 움직이고 신이 그 우주를 관리한다고 배웠다. 예술도 철학도 천문학도 아리스토텔레스가 만든 성채 속에 완성돼 있었다. 교수가 아리스토텔레스를 가르치면 학생들은 그 주석을 달았다.

대학에서는 또 프톨레마이오스 천문학을 배웠다. 아리스토텔레스를 이어받은 프톨레마이오스는 지구를 중심으로 우주가 돈다고 주장했다. 하느님이 창조한 세계를 표현하는 데 최적의 우주관이었다. 천동설은 중세 이래 유럽 지성이 허용하는 유일한 우주관이며 세계관이었다. 기독교 성경 〈전도서〉 1장 4절에는 '땅은 영원히 있도다Terra autem in aeternum'라고 기록돼 있다. 성경에 오류는 있을 수 없다. 전도서 저자로 추정되는 솔로몬은 우주 지혜를 갖춘 철학자였다. 무엇보다 2000년 전 여호수아가 신에게 의지해 회전하는 우주를 멈추지 않았는가. 학문과 지성의 자유는 거기까지였다. 모든 학문은 성경과 아리스토텔레스 원전原典과 그 주석註釋의 합을 넘어서지 못했다.

그런데 이 상인의 아들이 밤하늘을 관찰하니, 별들이 천동설대로 움직이지 않는 것이다. 화성은 왜 가끔 진행 방향을 바꾸는 것이며, 왜 수성과 금성은 항상 태양 가까이 있는 것인가. 프톨레마이오스는 이런 이상한 일들을 '별들의 운동은 저마다 중심이 다르다'고 해석했다. 그런데 별마다 운동방식을 따로 산출하려니 설명이 너무나도 구차했고, 설명할 수 없는 일들이 너무 많았다. 무엇보다 신이 만들었다고 보기에는 너무 복잡했다. 게다가 기원전 45년 천동설에 근거해 만든 율리우스 달력은 이미 현실과 열흘 차이가 나 있었다.[11]

그리하여 코페르니쿠스는 "(아리스토텔레스의) 동심원만으로도, (프톨레마이오스의) 이심원으로도 별들의 운동을 완전히 증명할 수 없다"고 선언했다.[12] 죽을 때까지 성직자였던 그는 이렇게 말했다.

> "철학자들은 세상만사에 면밀하기 짝이 없는 사람들이다. 그런 자들이 창조주가 인간을 위해 만든 우주의 작동방식에 일치된 이론이 없다는 사실에 구역질이 난다."[13]

하여, 코페르니쿠스는 땅과 하늘의 자리를 바꿔버렸다. 지구를 움직이게 하면 모든 천체 현상이 신의 섭리에 맞게 너무나도 간단하게 설명이 됐다.

'회전'을 뜻했던 'revolutionibus'가 '혁명'으로 쓰이게 된 시점이 이때였다. 인간은 광대무변한 자연 속에 내팽개쳐진 존재이며, 따라서 인간의 운명은 스스로 개척해 나가야 한다는 사실을 사람들은 깨달았다. 더이상 인류는 신에게 보호를 받고, 신을 섬기며, 섬김과 보호를 거부할 때 돌아올 혹독한 징벌을 두려워하는 존재가 아니었다. 인류의 주인은 인류였다! 이후 탐험과 과학으로 무장한 유럽은 세계사를 주도하기 시작했다. 하늘과 지구 위치를 바꿔버리고 세계사 흐름을 바꾼 이 대담하고 획기적인 발상을 사람들은 '코페르니쿠스 혁명'이라고 부른다.

1510년 폴란드 북부 프롬보르크성당 행정관으로 일할 때 코페르니쿠스는 이 같은 생각을 정리한 40페이지짜리 '짧은 해설서Commentariolus'를 동료 지식인들에게 돌렸다. 지구가 우주 중심이 아니라는, 그렇게 해야만 단순하고 아름다운 우주가 된다는 그 생각에 많은 지식인이 호응했다.

1533년 교황청 추기경 폰 쉰베르크는 이 시골 신부에게 편지를 보내 출판을 재촉하기도 했다. 완성된 논문《천구의 회전에 관하여De revolutionibus orbium coelestium》는 10년 뒤인 1543년에 나왔다. '짧은 해설서'를 읽은 천문학자 예르지 레티크Jerzy Retyk가 강력하게 진행해 가능했다.

1542년 10월, 코페르니쿠스는 갑자기 뇌출혈을 일으키고 의식을 잃었다. 책은 독일 뉘른베르크에 있는 금속활자 인쇄소에서 인쇄됐다. 인쇄는 3월 21일쯤 완료됐다. 코페르니쿠스는 책을 보지 못하고 5월 24일 프롬보르크에서 죽었다. 유해는 성당 기둥 아래 묻혔다.

## 지동설 출판과 반발

중간에 교정을 맡았던 루터파 목사 안드레아스 오시안더Andreas Osiander는 저자 허락 없이 원제목《세계의 회전에 관하여De revolutionibus orbium mundi》의 '세계orbium mundi'를 '천구orbium coelestium'로 바꿔버렸다. 또 코페르니쿠스가 쓴 서문 앞에 익명으로 서문을 하나 더 작성하고 "이 책은 수많은 가설 중 하나일 뿐"이라고 적어놓았다. 친구인 코페르니쿠스가 위험에 빠지지 않을까 하는 염려였음이 분명하지만, 분노한 제자 레티크는 자기가 받은 책 표지 제목 '천구'를 붉은 잉크로 칠해버렸다. 이 책은 스웨덴 웁살라대학에 보관돼 있다.[14]

1571년 교황청은 금서성禁書省을 설립했다. 들불처럼 번지는 권위에의 도전을 막기 위해서였다. 1948년 32판까지 나온

오시안더가 임의로 추가한 지동설 서문.

금서목록에는 4,000권이 넘는 책이 실려 있다. 하지만 이미 지구는 움직이고 있었다. 책을 없앤다고 될 일이 아니었다. 1966년 6월 14일, 교황청은 결국 금서목록을 '도덕적 목록에 불과하다'고 선언했다. 목록에는 개신교 성경, 루소, 스피노자, 칸트, 볼테르의 책이 있고 다윈의 책, 마르크스의 책, 히틀러의 책은 없었다. 《천구의 회전에 관하여》는 몇 군데 교정을 거친 뒤 4년 만에 금서 목록에서 풀렸다. 혁명가 코페르니쿠스의 벗이자 심약한 신학자요 무례한 교정 책임자 오시안더는 참으로 신의 한수를 뒀음이 분명하다. '많은 가설 가운데 하나'라고 발을 빼놓은 덕택에 책이 살아남은 것이다.

### 그가 지구를 움직인 이유는

2005년 프롬보르크성당 기둥 아래에서 부서진 해골이 발견됐다. 유럽 전역에서 모든 분야 과학자가 총집합해 첨단 과학기술로 그 유골 주인이 코페르니쿠스임을 밝혀냈다. 과학 혁명의 씨앗을 뿌리고 사라진 선배를 후배들이 찾아낸 것이다. 2010년 5월 22일, 코페르니쿠스는 죽은 지 467년 만에 성대히 장례식을 치르고 땅으로 돌아갔다. 자기가 지구를 움직인 이유를 코페르니쿠스는 스스로 증명했다.

후배들이 찾아낸 것은 유해만이 아니었다. 2017년 10월 1일, 영국 케임브리지대학 연구팀은 여호수아가 태양을 멈춘 날짜가 기원전 1207년 10월 30일 오후라고 선언했다. 또 여호수아가 신의 허락을 받고 한 작업은 태양을 멈춘 게 아니라 태양이 원래 하던 일인 '빛남'을 멈추게 한 것이며, 따라서 그날 천구에서 벌어진 일은 다름 아닌 일식, 그것도 금환일식이라고 주장했다.[15]

이들은 유대인이 이집트를 탈출한 시기는 기원전 1500년에서 1207년 사이이며 이 기간 이스라엘 가나안 지역에 금환일식이 벌어진 날은 기원

폴란드 프롬보르크성당에 있는 코페르니쿠스 무덤(왼쪽 검은 기둥 앞바닥). 지난 2005년 발견돼 사후 467년 만인 2010년 5월 22일 정식으로 장례식이 치러졌다. 유해 발굴과 신원 파악에는 그가 씨앗을 뿌렸던 과학기술이 총동원됐다.

전 1207년 10월 30일 오후 3시 27분에서 4시 53분까지라고 계산해냈다. 이 같은 주장은 태양을 멈추게 한 여호수아의 유대인 후배, 이스라엘 벤 구리온대학 연구팀에 의해 2017년 1월 처음 제기됐으니 코페르니쿠스가 던진 혁명의 불씨가 온천지를 한 데 묶어놓은 덕분이었다.

### 혁명가의 나라, 폴란드

코페르니쿠스가 태어난 폴란드는 한국과 닮았다. 강대국 틈에 끼어 이리저리 치여 살던 그 삶이 닮았다. 바르샤바 국제공항의 공식 명칭은 바르샤바 쇼팽 공항이다. 1849년 이 천재 작곡가 프레데릭 쇼팽Frederic

Francois Chopin이 프랑스 파리에서 죽을 때, 쇼팽은 자기 심장을 적출해 조국 폴란드에 가져가달라고 유언했다. 폴란드는 러시아제국과 프로이센, 합스부르크 왕가에 찢겨 사라지고 없었다. 1838년 바르샤바가 함락되자 파리에 있던 쇼팽은 에뛰드 〈혁명〉을 작곡했다. 작곡가는 그 고향에 자기 영혼이 안식하기를 원했다.

애국심도 작용했지만, 더 큰 원인은 쇼팽이 앓고 있던 생매장 공포증 taphephobia이었다. 19세기에는 많은 사람들이 생매장 공포증을 앓았다. 노벨상을 만든 알프레드 노벨도 그 환자였다. 당시 장의사들이 만든 관 내부에는 만의 하나 시체가 뒤늦게 살아나 자기가 부활했다는 소식을 바깥에 알릴 벨이 장착돼 있었다. 쇼팽은 부활을 원하지 않았다. 대신 그는 여동생 루드비카에게 이런 유언을 남겼다.

"산 채로 묻히기 싫어. 내 심장을 도려내줘."[16]

1849년 10월 17일, 자정이 지나 쇼팽이 죽었다. 39세였다. 그 달 30일 파리 마들렌성당에서 장례 미사가 열렸다. 미사에는 모차르트 레퀴엠이 연주됐다. 페레 라셰즈 공동묘지 무덤가에서는 쇼팽의 소나타 2번 장례 행진곡이 연주됐다. 사망 직후 적출됐던 심장은 루드비카가 이듬해 바르샤바로 가져왔다.

1882년 심장은 그가 다녔던 바르샤바대학 맞은편 크라코프스키 거리 성십자가교회 기둥에 안치됐다. 크라코프스키 거리 끝에는 구도심이 있다. 구도심은 2차 세계대전 때 나치독일 포격에 허허벌판이 됐던 곳이다.

성십자가교회 정면에서 왼쪽으로 폴란드사회과학원이 있다. 과학원 앞에 코페르니쿠스가 앉아 있다. 구도심에는 마리아 스크워도프스카 퀴리Maria Skłodowska-Curie 박물관이 있다. 'C'로 시작하는 성씨를 가진 폴란

코페르니쿠스 고향인 폴란드 토룬 시청(사진 오른쪽) 앞에는 그를 기리는 동상이 서 있다. 시청은 박물관으로 바뀌었고, 세상은 혁명적으로 변했다. 1543년 그가 내놓은 논문 한 편이 지구를 움직였고, 탐험과 과학기술로 무장한 유럽이 중세의 암흑기를 뛰쳐나와 세계사를 주도하기 시작했다.

드 세 영웅이, 완벽하게 복원된 구도심 양쪽 입구에서 음악과 과학을 떠받친다.

1812년 프랑스 황제 보나파르트 나폴레옹이 러시아 원정 길에 코페르니쿠스가 태어난 토룬에 들렀다. 그때 그가 찾은 곳이 코페르니쿠스 생가였다. 틀림없이 황제는 '혁명Revolutionibus'을 떠올렸을 것이다. 1839년 2월 19일 토룬 시청 앞 광장에 그를 기리는 동상이 건립됐다. 동상에는 이렇게 새겨져 있다.

'Terrae Motor Solis Caelique Stator'

독일 과학자 알렉산더 훔볼트가 썼다. '지구를 움직이고 태양과 하늘

대한민국 징비록

'땅은 영원히 있도다(Terra autem in aeternum)'라는 기독교 성경 구절(전도서 1장 4절)에 묶였던 유럽은 코페르니 쿠스로 인해 해방됐다(왼쪽). 토룬에 있는 그의 동상 기단에는 '토룬의 사나이, 지구를 움직이고 태양과 하늘을 멈춘 사람(Thorunensis Terrae motor solis caelique stator)'이라고 새겨져 있다(오른쪽).

을 멈춘 사람'이라는 뜻이다.

혁명가가 지동설을 완성한 프롬보르크는 토룬에서 북쪽으로 2시간 차를 몰면 나온다. 발트해에 붙어 있는 한적한 시골이다. 읍내 작은 광장 벤치에도, 프롬보르크 성당 뒤쪽 광장에도 그가 있다. 벤치에 앉은 코페르니쿠스는 그가 작성한 천체도를 만지고 있고 성당 뒤에 서 있는 그는 눈을 감고 있다.

코페르니쿠스가 죽었다. 여호수아도 죽었고 루터도 죽었다. 그 위로 태양이 뱅글뱅글 끝없이 돌고 있는데, 알고 보니 하늘이 아니라 인류가 돈 것이었다.

혁명가가 죽고 다섯 달 뒤 아시아 동쪽 끝 일본에 유럽 서쪽 끝 포르투갈인이 상륙했다. 세상은 또 다른 혁명을 준비하고 있었다.

# 1543년 일본,
# 지구를 돌아온 철포 두 자루

은으로 만든 산을 무너뜨리고 쇠로 만든 벽을 뚫을 만하더라
– 다네가시마 히사토키種子島久時, 《철포기鐵砲記》 –

 

1543년 5월 24일, 폴란드 시골 신부 코페르니쿠스가 죽었다. 지구는 급속도로 회전하기 시작했다. 4개월 뒤 유럽 기준으로 지구의 동쪽 끝 일본에 유럽인이 상륙했다. 국적은 포르투갈이고 이들이 상륙한 곳은 일본 가고시마 본토 남쪽 작은 섬 다네가시마種子島였다. 가고시마 항구에서 페리선으로 3시간 걸리는 섬이다. 이후 동아시아 역사는 '전적으로' '완전히' 다른 방향으로 전개됐다.

### 상선의 좌초와 철포의 전래

1543년 9월 23일부터 며칠 간 다네가시마에서 벌어진 일은 이러했다.

큰 배 한 척이 들어왔다. 선원만 100명이 넘었다. 생김새도 기이했고 말도 통하지 않았다. 동승했던 명나라 유생 오봉五峯은 이들이 서남만인西南蠻人

상인들이라 했다. 이틀 뒤 도주 다네가시마 도키타카種子島時堯가 이들을 만났다. 이 가운데 모랑숙사牟良叔舍와 희리지다타맹태喜利志多侘孟太가 인사를 했다. 이들 손에는 두세 자짜리 작대기가 들려 있었다. 작대기는 가운데가 뚫려 있었다. 바위 위에 술잔을 놓고 그 작대기에 눈을 대고 겨누니 번개가 번쩍이고 천둥소리가 나며 잔이 박살났다. 은으로 만든 산도 무너뜨리고 쇠로 만든 벽도 뚫을 것 같았다. 도키타카는 "보기 드문 보물이로다"라며 거금을 주고 두 자루를 사고 화약 제조법도 배워 가보로 삼았다. 이름은 철포鐵砲라 했는데, 누가 지은 이름인지는 알 수 없다. 열다섯 살인 도키타카는 "모든 이가 원하는 것이니 내 어찌 이를 혼자 숨겨두겠는가"라며 기슈紀州에 있는 승병 장군 스노기노보杉坊에게 보냈다. 한 자루는 대장장이인 야이타 긴베에八板金兵衛에게 하사해 역설계를 명했다.[17]

이들이 들고 온 작대기는 100년 전 유럽에서 동시다발적으로 개발된 화승총, 아쿼버스였다. 마흔한 살 먹은 대장장이 야이타는 도주 도키타카가 명한 대로 철포를 분해해 국산화 작업에 들어갔다. 문제는 나사였다. 화약 폭발력에 탄환이 발사되도록 총열 뒤를 막아야 하는데, 아무리 쇠를 불로 녹여 구멍을 막아도 터져버리곤 했다. 두꺼운 뚜껑에 나사산을 파서 단단하게 결합시켜야 했지만, 일본은 나사라는 부품에 대해 무지했다.

야이타 가문 전승에 따르면 그때 포르투갈인 제이모토가 외동딸 와카若狹를 각시로 주면 기술을 전수하겠다고 제안했다. 야이타는 와카와 부둥켜

철포를 받아들인 다네가시마 14대 도주 다네가시마 도키타카. 다네가시마 철포박물관 앞에는 칼을 차고 총을 손에 쥔 도키타카의 동상이 서 있다.

대장장이 딸 와카의 무덤(사진 한가운데 돌).

안고 며칠 밤을 울었다. 결론은 전형적인 아시아 효녀와 충신 이야기로
귀결됐다. 와카는 "다이묘(大名, 영주)에게 충성을 바치시라"는 당부와 함
께 제이모토를 따라 포르투갈로 떠났다. 국제결혼을 한 첫 일본 여자였
다. 사위 제이모토는 이듬해 각시와 함께 돌아와 장인에게 나사산을 파
는 기술과 이를 고정하는 방법을 알려줬다. 와카는 귀국 며칠 후 죽었다.

　효녀는 지금 다네가시마 공동묘지 왼쪽 언덕에 잠들어 있다. 복잡하고
험한 세월 속에 와카 유골함 위에 서 있던 비석은 파손돼 자연석처럼 보
인다. 커다란 소철 두 그루가 와카 비석을 호위하며 서 있다.《철포기鐵砲
記》에는 없는 이야기이고, 야이타 문중에 구전되는 이야기다.《철포기》에
는 '이듬해 돌아온 만종蠻種 상인에게 나사 제조술을 배워 제작에 성공했
다'고 돼 있다.

　'도키타카는 아름다운 장식이 아니라 실전 효용可用之於行軍을 원했다. 사
격술을 배운 이들 가운데 백발백중인 자가 셀 수 없었다. 이후 이즈미(和

泉, 현 오사카) 상인이 와서 기술을 배워 간 이래 기나이(畿內, 교토 주변)까지 철포가 퍼져나갔다.'[18] 철포라고도 했고 그저 '다네가시마'라 부르기도 했다.

불과 2~3년 사이에 철포 수백 정이 생산됐다. 1556년에는 이미 일본 전역에 있는 철포가 30만 정이 넘었다.[19] 그때 일본에 와 있던 포르투갈 군인 핀투는 《동방편력기》에 이렇게 기록했다.

우리가 다섯 달 정도 일본에 머물다 떠날 때쯤 이미 일본인들은 철포를 600정이나 제작해놓았다. 그리고 1556년 우리는 오토모 요시시게大友義鎭 다이묘가 있는 분고국豊後國 수도 푸체오豊前를 다시 찾았다. 그때 덕망 높은 상인이 푸체오에 철포가 3만 정이 있다고 해서 깜짝 놀랐다. 그는 일본 전역에 30만 정이 넘고 이미 류큐 왕국에 2만 5,000정을 판매했다고 말했다. 그 짧은 기간 그렇게 많은 총이 만들어진 건 믿을 수 없는 일이다.[20]

30만 정은 당시 유럽대륙 전체가 소유한 소총보다 많은 숫자다. 핀투가 믿을 수 없는 일이라고 했지만, 사실일 확률이 높다. 1693년 신경申炅이 쓴 《재조번방지再造藩邦志》에 '30만 정'이라는 숫자가 나온다. 일본에 살고 있던 명나라 사람 허의후가 명나라 지방군 사령관에게 보낸 임진왜란 첩보 편지다.

일본의 새 관백 평수길이 8개 나라를 합병하고 오직 관동關東만 항복 받지 못하고 있었는데, 1590년 정월 8일에 여러 장수들을 궁전 앞에 모아 놓고 10만 군사를 거느리고 관동 지방을 치라고 명하면서 "성을 겹겹으로 에워싸고 사방에 성을 쌓아서 지켜라. 나는 곧 바다를 건너 명나라를 침략하겠다" 하고, 비전 태수肥前太守에게 명해 배를 만들라고 했다. (중략) 관백의 친병親兵 50만 명을 더하여 합계 100만 명, 대장이 150명, 전마戰馬가 5만 필, 대서大鋤 5,000자루, 참도斬刀 10만 개, 장창長槍 10만 개, 도끼 10만 개, 작시도斫柴刀 50만 개, 조총鳥銃 30만 자루이며, 삼척장검三尺長劒은 사람마다 몸에 차게 했다.[21]

검술에 유파가 있듯, 새로 들어온 무기에 매혹된 대장장이들은 저마다 유파를 만들어 철포를 제작했다. 사카이堺가 유명했고 구니토모國友도 유명한 철포 생산지였다.

때는 전국戰國시대였다. 다이묘와 무사들은 권력을 향해 무한 혈투를 벌이고 있었다. 창과 활과 칼로 싸우던 그 악다구니판에 철포가 들어왔다. 《구니토모 철포기國友鐵砲記》에 따르면 1549년 열다섯 살이 된 미래의 영웅 오다 노부나가織田信長가 구니토모 철포 장인으로부터 철포 500자루를 구입했다. 1575년 6월 29일 노부나가와 도쿠가와 이에야스 연합군이 나가시노에서 다케다 가쓰요리 부대를 전멸시켰다. 노부나가 병력 7만 가운데 3,000명이 철포부대였다.

아사노 요시나가淺野吉長라는 다이묘는 또 다른 전쟁터에서 적에게 포위돼 곤경에 빠졌다. 요시나가는 아버지에게 원군을 요청하는 편지를 보냈다. "아무것도 필요 없습니다. 닥치는 대로 총을 보내주십시오. 사무라이도 칼 대신 총을 가져오라고 엄히 하명하십시오."[22]

1582년 암투 속에 오다 노부나가가 자살했다. 이미 그 무렵 막강한 다이묘가 소유한 부대는 3분의 1이 철포로 무장하고 있었다.

중국은 창이고 조선은 활이며 일본은 칼이다. 동아시아 3국이 전통적으로 강세를 보인 무기 분야다. 화약을 쓰지 않는 차가운 무기, 냉기冷技가 세 나라 주력 무기였다.

창과 활과 칼은 각자 무시무시하고 잔인하고 끔찍한 무기다. 유럽에서 사용된 지 100년밖에 되지 않은 철포는 단점이 많았다. 적중률이 떨어지는데다 화약을 채운 뒤 탄환을 총신 앞으로 집어넣고 화승에 불을 붙여 격발할 때까지 시간도 많이 걸렸다. 하지만 일단 적의 몸에 맞은 탄환은 살 속 깊숙이 파고들어가 뼈를 부수거나 장기를 꿰뚫었다. 어디에 박혀 있는지 웬만한 외과의사가 아니면 찾을 수가 없었다. 그래서 일단 명중하면, 적은 대개 치명상을 입고 전투력을 상실하거나 죽었다.

중국과 조선은 화기火技에도 강했다. 다만 개인 화기가 아니라 들고 다니기에는 무거운 총통류였다. 그런데 1543년 그 날, 사람 손에서 불을 뿜는 개인 화기가 저벅저벅 걸어서 제발로 일본에 들어온 것이다. 일본은 즉시 화기를 택했다.

1525년 2월 24일, 이탈리아에서 벌어진 파비아 전투에서 칼과 랜스 창을 든 중세 기사단은 아쿼버스 부대에 몰락했다. 18년 뒤 그 아쿼버스가 일본에 상륙했다. 1590년 전국통일을 앞두고 도요토미 히데요시가 호조 우지나오北條氏直와 최후 결전을 벌였다. 우지나오는 오다와라성小田原

다네가시마 철포박물관에 전시된 각종 총포들. 모두 일본 국산이다.

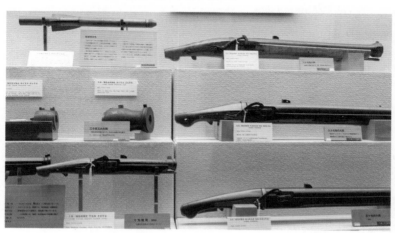

<sup>城</sup> 성루에 각각 대포 1문과 철포 3정을 배치했고, 히데요시는 그 성을 향해 철포 수만 발을 퍼부었다. 철포 다이묘 히데요시가 전국을 통일했다.[23] 칼을 놓지 않은 자는 패했다. 총을 쥔 자는 이겼다.

## 철포를 따라 들어온 문명

철포 2정이 창조해낸 세상은 단순한 무기 거래 시장 이상이었다. 일본은 철포를 발견했고 유럽은 일본을 발견했다. 유사 이래 처음으로 동과 서가 대등한 수준으로 교류를 시작됐다.

교류는 양방향적인 행위다. 유럽은 어마어마한 구매력을 가진 시장을 알게 되었다. 명나라처럼 머리를 숙이고 복잡한 절차를 거쳐 황제가 허락하는 물량만 주고받거나 밀무역으로 거래해야 하는 시장이 아니었다. 욕망이 명령하는 바에 따라 적극적으로 자유롭게 상품을 사고 팔 수 있는 개방된 시장이었다. 17세기 이후 동서 교류 주역은 욕망을 분출할 시장을 찾던 유럽과 시장과 구매력을 가지고 있던 일본이었다.

일본 권력자들은 대량살상을 너무나도 쉽게 가능케 하는 무기를 습득했다. 권력자는 권력을 더 강력하게 유지할 수 있었고, 사무라이들은 유럽 중세 기사들처럼 몰락의 길을 걸어갔다.

서기 1543년 9월 23일, 위계질서로 정교하게 설계돼 있던 천하<sup>天下</sup>가 파괴되고 지구가 세계<sup>世界</sup>로 재편되기 시작했다. 천하를 고집하던 나라들은 이후 각도를 달리하며 흐르는 역사에 질질 끌려갔다.

## 조선을 스쳐간 철포

조선도 그 중 하나였다. 일본이 철포를 얻은 지 12년이 지난 1555년 5월 21일, 비변사가 명종에게 보고했다. "왜인<sup>倭人</sup> 평장친<sup>平長親</sup>이 가지고 온 총통<sup>銃筒</sup>이 지극히 정교하고 제조한 화약 또한 맹렬합니다. 당상의 직을 제수함이 어떻겠습니까?" 하니 왕이 아뢴 대로 하라고 답했다.[24] 대마도 사람 평장친은 그때 동래에 와서 자기를 조선이 받아주면 총통 만드는 법을 전수하겠다고 했다. '조총'이라는 단어는 임진왜란 이후 생긴 말이니, 이 때 '총통'은 바로 철포를 뜻한다.

다음날 사간원이 명종에게 "총통을 주조해야 하는데 철재가 없으므로 버려둔 큰 종으로 총통을 주조하게 해 달라"고 건의했다. 그때 남대문과 동대문 문루에는 만들어놓고 설치하지 않은 종이 뒹굴고 있었다. 사간원은 이 종을 녹여 총을 만들자고 한 것이다. 전날 왜인에게 벼슬을 주고 총통 제작을 허락했던 명종은 마음을 싹 바꿨다.

"이미 철재를 사들이도록 했으므로 윤허하지 않는다." 사간원이 "철재를 시장에서 사들이게 하니 원망과 한탄이 이루 말할 수 없다"고 해도 듣지 않았고, 비변사와 홍문관까지 철포 제작 허가를 청했지만 요지부동이었다. 그리고 명종은 이렇게 답했다.

"어진 장수가 있어 잘 조치한다면 적들이 멋대로 날뛰지는 못할 일이다."

500년 전에도 지금도, 소위 '갑질' 상사가 상투적으로 내놓는 대책이 바로 이 '열심히 하라'라는 대안이다.

이에 세 정승이 "조선이 가지고 있는 중화기 천자天字 총통, 지자地字 총통 또한 잡철로는 만들 수 없다"고 거들었다. 명종이 딱 부러지게 답했다. "오래된 물건은 신령스러우니 예로부터 전해 내려오는 물건을 부수어서 쓰는 것은 옳지 못하다."[25] 스스로 억지임을 알았는지, 명종은 "이 말은 삭제함이 옳겠다"고 사관에게 일렀다. 사관 또한 어이가 없었는지 '삭제함이 옳겠다'는 말까지 실록에 기록해버렸다.

명종은 불교 신봉자였다. 문정왕후와 함께 왕실 사찰인 봉은사 주지 보우를 고문으로 두고 나라를 다스리던 임금이었다. 그 지도자에게는 신령한 힘을 쓰지도 못하고 나뒹구는 종이 국가 안위보다 더 중했다.

한가하게 논쟁을 벌일 수 있는 태평성대가 아니었다. 왜구가 호남을 침략해 영암, 장흥, 강진, 진도 일대를 휩쓴 전쟁급 왜변, 을묘왜변이 벌어진 때였다.

1589년 7월 1일, 대마도 사람들이 조선 경복궁을 방문해 선조에게 조총을 바쳤다. '대마도주 평의지平義智 등이 조총 수삼 정을 바친 것이다. 조총은 군기시軍器寺에 보관하도록 명하였다. 우리나라가 조총이 있게 된 것은 이때부터다.'[26] 이 '조총'이 일본에서 국산화에 성공한 철포다.

그날 평의지는 공작새 한 마리도 선물했다. 조선 정부는 공작새는 남쪽 바다 섬에 풀어주고 조총은 무기고에 집어넣었다. 그 총으로 사격을 했고 분해를 했고 청소를 했다는 기록은 없다. 그냥, 아무도 모르게 무기고에 집어넣었다.《재조번방지》를 쓴 신경은 이날 풍경을 이렇게 평했다.

그때 왜적의 사정은 전날과 달랐으나, 조정에서는 전혀 유의하지 않았다.[27]

3년 뒤인 1592년 임진년, 도요토미의 철포 부대가 조선을 짓밟았다. 동래 상륙 20일 만에 일본군은 수도 서울까지 진격했고, 선조는 대신들과 함께 의주로 도망갔다. 다네가시마 도키타카의 아들 히사토키도 참전했다. 전쟁 초기 조선 육군은 조총 소리에 혼비백산해 도주하기 급급했으니, 조선의 은산은 죄다 무너지고 쇠로 만든 벽이란 벽은 죄다 뚫린 대참패의 연속이었다. 참혹했다. 적이 제 손으로 신무기를 거듭 바쳤음에도 알아보지 못한 결과였다. 류성룡은《징비록》에 이렇게 기록했다.

한 달 사이에 도성을 잃고 팔방이 와해됐다. 실은 왜적이 조총이라는 좋은 병기를 가지고 수백 보 밖에까지 미치고, 맞히면 관통할 수 있고, 총알 날아오는 것이 마치 바람을 탄 우박과 같으니, 활과 화살은 감히 비교해 볼 수조차 없었다. 조선은 매양 "우리나라가 본래 훌륭한 기술을 가지고 있는데 어찌 다른 기술에 기대하겠는가"라고 하다가 참극을 맞았다.[28]

류성룡은 "무기가 불리하면 그 졸개를 적에게 주는 것"이라고 한탄했다. 전쟁 100년 전까지 조선은 무기가 부족하지 않았다. 화약도 만들고 화기도 만들어 왜구를 경계하는 그런 나라였다. 1479년 일본에 통신사를 보낼 때 '화약 장인을 동행시키면 이를 배워 노략질에 쓸 터이니 동행을 금한다'[29]며 기술 유출을 경계했던 첨단 군사 국가였다. 하지만 조선은 이후 무기에 대해 무심했고, 그 사이 일본은 유럽으로부터 화약과 철포를 수입해 국산화에 성공하고 대량생산을 하고 무장을 했다. 도대체 왜 이런 역전이 벌어졌는가. 능력 부족이 아니었다. 뇌에 들어 있는 발상이 문제였다.

우선 신립. 신립은 임진왜란 초기 충주에서 일본군 선봉부대 저지 임무를 맡은 조선 육군 사령관이다. 일본군 사령관 고니시 유키나가가 그리 두려워했던 문경새재를 버리고 달천변 진흙탕에 배수진을 쳤다가 탄금대에서 투신자살한 군인이다. 본인은 물론 8,000여 정예부대원이 몰살했다. 자살을 했다는 이유만으로 탄금대에는 그를 기리는 기념탑이 서 있다. 잘못돼도 한참 잘못됐다. 그로 인해 조선이 상실한 병력이 1만이 넘고, 조선이 덮어쓴 낭패감과 상실한 전의는 추산 자체가 불가능하다. 용장勇將일 수는 있어도 덕장이나 지장은 절대 될 수 없는 패전 사령관에 불과하다.

임진왜란 직전인 4월 초, 신립이 류성룡을 찾아갔다. 류성룡이 그에게 물었다.

"머지않아 변고가 있으면 공이 마땅히 일을 맡아야 할 터인데, 공의 생각은 어떠하오."

신립은 대단히 가볍게 여겨, "걱정할 것이 없습니다"라고 했다. 류성룡이 되물었다.

"그렇지 않소. 그전에는 왜적이 다만 칼과 창만 믿고 있었지만 지금은 조총과 같은 장기長技까지도 있으니 가벼이 볼 수는 없을 것이오." 그러자 신립이 대답했다.

"비록 조총이 있다고 하더라도 어찌 쏠 때마다 다 맞힐 수가 있겠습니까?"

류성룡에 따르면, 신립은 '도무지 반성하거나 깨닫지 않고 가버렸다.'[30] 자기 용맹을 과신하고 신무기에 대해 파악하려는 노력도 하지 않은 대가가 부대원 몰살과 국가 패망이었다. 무장이 그러하건대, 문신들의 황당함은 말할 나위가 없었다.

### 조총을 만든 선조, 이를 비난한 사관

전쟁 외중인 1593년 11월 12일, 선조가 류성룡에게 명을 내렸다.

"조총은 천하에 신기한 무기인데 다만 화약을 장진하기가 쉽지 않다. 선線이 끊어지면 적의 화살에 맞아 죽게 될 것이다. 내가 이를 염려하다가 우연히 이런 총을 만들었는데, 한 사람은 조종하여 쏘고 한 사람은 화약을 장진하여 돌려가면서 다시 넣는다면 탄환이 한없이 나가게 될 것이다. 다만 처음 만든 것이라 제작이 정교하지는 못하다. 지금 경에게 보내니 비치해 놓고 한번 웃기[哂] 바란다."[31]

선조는 이기적이긴 했지만 바보는 아니었다. 영민하기까지 했다. 그런 선조가 적으로부터 입수한 조총을 역설계해 총을 만든 것이다. 선조는 류성룡에게 자기가 만든 총을 주며 '우연히' 만들었으니 한번 테스트해보고 비판해달라고 주문했다. '웃기(哂, 조롱하여 웃을 신) 바란다'는 말은 진짜 웃어넘기라는 뜻이 아니었으리라.

선조는 화승총이 가진 단점인 '장전에서 격발까지' 걸리는 시간을 줄이기 위해 사격과 장진을 교대로 하는 사격 시스템까지 고안해냈다. '돌려가며 다시 넣는다'는 말은 사격 소요 시간을 상쇄하기 위해 조총수가 교대를 하며 사격한다는 뜻이니, 1575년 6월 29일, 오다 노부나가와 도쿠가와 이에야스 연합군이 나가시노 전투 때 2열 횡대로 철포병을 배치하고 교대로 사격을 한 바로 그 사격술이었다.

이 엄청난 사건을 두고 실록 사관은 이렇게 평했다.

옛부터 중흥한 임금들은 영웅을 맞아들이는 것과 민심을 기쁘게 하는 것을 급선무로 여겼고 무기를 정교하게 갖추기에는 구구히 마음 쓰지 않았다. 조총이 적을 막는 데 관계가 있는 것이기는 하지만 임금 자신이 무기의 공졸工拙을 논하게 된다면 도리의 앞뒤에 어두운 일이 아니겠는가? 더구나 천하에 위엄을 보이는 것은 병혁兵革으로 하는 것이 아니지 않는가. 오늘날 급무는 진실로 여기에 있지 않은데도 대신이 임금의 뜻에 아첨하여 그대로 순응하느라 묵묵히 한마디 말도 없었으니 통탄스럽다.[32]

무기 연구소 연구원들이 손 놓고 있는 작업을 최고지도자가 대신 해

췄으니 눈물을 흘리며 감사해도 모자랄 일인데, 사관은 '통탄스럽다'고 했다. 실록은 왕이 죽고 난 다음에 사초를 모아 엮는 책이다. 선조실록은 1610년 완성됐다. 전쟁이 끝나고 광해군이 등극하고 2년 만이다. 궁성도 불타버려 광해군이 창덕궁에 살며 나라를 재건하고 있던 때였다. 그 황량한 때에 실록을 쓴 사관은 저따위로 군주의 실용적 조치를 힐난했다.

그 사관 눈에 재산을 털어 무기를 산 열다섯 먹은 일본 지도자는 어떤 사람으로 보였을 것인가. 바로 그 한심함이 군사강국을 나약함으로 몰아넣었다.

앞에서 아버지에게 "다른 거 다 필요 없고 총 든 사무라이를 보내 달라"고 애원한 일본 장군 아사노 요시나가가 편지를 보낸 때는 정유재란 마지막 육전인 울산왜성 전투였다. 일본군은 바다처럼 밀려드는 조-명 연합군에 포위돼 말을 죽여 피와 살로 갈증과 굶주림을 달래고 있었다. 그 지옥에서 요시나가가 매달린 동아줄이 바로 '철포'였다. 그 덕에 울산 왜성 전투에서 일본군은 겨우 목숨을 건지고 탈출에 성공했다. 그 퇴각하는 무리에게 결정타를 날리고 조선 해군 사령관 이순신은 철포에 맞아 전사했다. 전쟁은 그렇게 끝났다.

### 우주선 하야부사의 귀환

다네가시마에는 철포를 수입하고, 이를 국산화하고, 일본 전역에 무상 공개한 다네가시마 도키타카 동상이 서 있다. 항구에서는 영주가 시킨 일을 완성해낸 성실한 대장장이 야이타 긴베에와 조수가 총신을 두드리고 있다.

도키다카 허리춤에는 칼 한 자루와 철포 한 자루가 채워져 있다. 냉기의 장점을 폐기하지 않고 화기의 장점을 취한 젊은 지도자가 언덕 위에서 바다를 바라본다. 도키타카가 서 있는 언덕 아래에는 철포관이 있다.

일본 가고시마 남쪽 작은 섬 다네가시마 시내에 서 있는 대장장이 야이타 긴베에의 동상. 코페르니쿠스가 지동설을
발표한 1543년 다네가시마에 상륙한 포르투갈인이 소총을 일본에 판매했다. 다네가시마 도주 도키타카는 소총 2정
을 구입했고 대장장이 야이타는 이를 국산화했다. 이후 동아시아 역사는 너무나도 다르게 흘러갔다.

벽면에는 에도시대에 만든 시대별 철포가 가득하다. 단발식 소총에서 연
발식 소총, 피스톨, 대포처럼 큼직한 총 등등 '메이드 인 재팬' 무기들이
다. 눈앞 이득과 편의성만 생각하고 그저 외제 화승총 수입에 만족했다
면 있을 수 없는 일들이 눈앞에 전시돼 있다.

 1853년 페리 제독이 지휘하는 미 해군이 도쿄 앞바다에서 포격 시위
를 벌였다. 그 어마어마한 군사력에 질린 일본은 이듬해 가나가와 조약
을 맺고 나라 문을 열었다. 2년 뒤 1855년 1월 어느날 존 로저스 제독이
이끄는 미국 포함 빈센스Vincennes호가 다네가시마에 기항했다. 오봉의 상
선이 표착한 그 자리였다. 빈센스호에는 대포가 18문 장착돼 있었다. 로
저스는 그 페리의 외손자였다.

1월 9일 로저스는 부대원 몇 명과 함께 섬에 상륙해 물품을 사러 마을에 들렀다. 이들은 일본어를 몰랐고 주머니에는 영-중 사전 하나밖에 없었다. 여기저기 기웃대던 로저스는 깜짝 놀랐다. 19세기 유럽과 미국 그 누구라도 알 수 있는 무기, 총에 대해 섬 주민들은 전혀 아는 바가 없던 것이다.

우리 중 누군가가 일본어로 '총'에 해당하는 단어를 그곳 지식인에게 보여줬다. 그 사람은 주위 사람에게 자기가 안다고 자랑했다. 어릴 적부터 총 쏘기 장난을 하고 놀았던 우리 미국인에게 놀라운 일이었다. 원시적인 이 상황에서나 있을 수 있는 비정상적인 무식함이었다.[33]

임진왜란 후 권력을 잡은 도쿠가와 이에야스가 에도막부 시대를 연 이래 막부는 철포 제조를 정부 허가제로 제한했다. 평화가 지속되면서 막부 주문량도 지속적으로 감소시켰다.[34] 각 번의 무력을 해체하는 방향으로 군사정책이 이뤄진 것이니, 본토에서 멀리 떨어진 작은 섬 다네가시마는 아무리 철포의 원산지라 하더라도 더 이상 총기에 익숙하지 않았던 것이다.

하지만 본질적으로 무식한 사람은 로저스였다. 1853년 외할아버지 페리가 도쿄 앞 우라가 항에서 함포로 불꽃놀이를 펼치고 있을 때, 다네가시마가 속한 사쓰마번과 북쪽 사가번은 철포는 물론 용광로를 만들어 대포와 함선을 제작하고 있었다.

로저스는 자기 목격담을 스스로 믿지 못하며 섬을 떠났다. 그리고 16년 뒤 신미년 1871년 로저스 함대는 조선 강화도 염하에 나타나 강화도를 함포로 쑥대밭으로 만들고 유유히 사라졌다. 이게 신미양요다. 조선 정부는 퇴각하는 서양 오랑캐를 보며 척화비를 세웠다.

2010년 6월 13일 오후 11시 7분 일본 무인우주선 '하야부사'(隼, 송골매)가 호주 우메라 사막에 착륙했다. 발사 7년 만이었다. 하야부사는 소행성 이토카와 시료를 채취하러 발사됐다가 계기 고장이 연속되면서 우주 미아가 됐다. 세상 모두가 포기했지만, 일본 우주항공연구개발기구 JAXA는 그 7년 동안 원격 수리를 계속해 만신창이가 된 하야부사를 부활시켰다.

　　7년 만에, 세상이 포기했던 하야부사는 60억 킬로미터를 날아와 시료 캡슐을 사막에 떨어뜨리고 산화했다. 캄캄한 대기권에서 알을 낳듯 캡슐을 던지고 사라지는 하야부사 영상을 보며 많은 사람들이 환호했고 많은 사람들이 울었다. 사람들은 고난과 역경을 딛고 불사신처럼 일어나 목숨을 걸고 임무를 완수하는 영화 속 사무라이를 떠올렸다.

다네가시마 일본 우주항공연구개발기구
(JAXA)의 우주선 발사 장면. /JAXA

그 하야부사를 발사한 JAXA의 발사기지가 가고시마 본토와 이곳 다네가시마에 있다. 1543년 맹렬하게 회전하는 지구에서 유럽과 일본이 연결된, 신문물이 동양에 상륙한 그 섬이다.

도키타카 동상과 대장장이 동상, 그리고 대장장이 딸의 무덤과 하야부사의 장렬한 산화. 남의 나라 장점을 취해 자기 것으로 만든 장엄하고 속쓰리고 위대하고 가슴 아프고 화가 나는 섬에 나는 틈입했다. 장엄함과 위대함은 철포 수입과 국산화를 결정하고 실천한 젊은 지도자와 철포 장인에 대한 감정이었다. 속쓰림과 분노는 일본의 침략을 방치해버린 조선 권력집단의 무지몽매한 위선에 관한 것이었다. 이후로도 개선 가능성이 없었던 그 이기적 위선에 관한 감정이었다. 조선을 침략한 일본과 관련된 적개심은 오히려 적었다.

이제 묻는다. 왜 이순신은 나라를 살리고 철포에 목숨을 잃었나. 그 이유 또한 1543년에 있다.

# 1543년 조선,
# 서원을 설립하다

가뭄 구제보다 급한 일이 교화로다!
- 주세붕, 《죽계지竹溪誌》 서문 -

가고시마 남단 다네가시마의 15세 지도자가 받아들인 신무기는 100년이 못 돼 동아시아 역사를 바꿔버렸다. 바로 그 1543년 조선은 서원書院을 설립했다. 설립자는 풍기군수 주세붕이다. 서원은 성리학 교육기관이다. 날짜는 미상이다.

## 신임 군수의 교육 지표

1542년 풍기에 부임한 군수 주세붕이 부임 사흘 만에 죽계竹溪 계곡으로 나들이를 했다. 숙수사宿水寺라는 절이 있던 곳이다. 때는 가뭄이 연거푸 들어 계곡물은 말랐으나, 신임 군수 눈에는 이리 보였다.

안향 선생이 노래했네, 신령스러운 거북이가 산봉우리에 앉아 있고 시냇가에는 백 척 누각 우뚝하다고 실로 산수가 중국 여산廬山에 못하지 않아,

골짜기에 흰 구름이 가득하구나.[35]

지금도 죽계계곡은 맑은 물을 찾아 많은 사람들이 몰려온다. 바위에
는 그 옛날 사람들이 새겨놓은 옛 글귀들도 눈에 띈다. 하지만 아는 사람
은 다 알겠지만, 신령한 거북이가 앉아 있는 산봉우리는 보이지 않고 누
각이 서 있을 만한 백 척 절벽도 없다. 눈에 뭐가 씌면 그리 보인다. 주세
붕 또한 그랬다. 그래서 주세붕은 흰 구름 가득한 이 골짜기를 백운동白雲
洞이라 이름 짓고 안향을 기리는 사당을 지었다.

안향은 1289년 고려 때 원나라에서 성리학을 들여온 학자 겸 관료였
다. 충주목사 안위는 안향의 11세손이다. 위 내용은 안위에게 보낸 편지
에 나오는 글이다. 죽계계곡이 있는 순흥은 안향 고향이다. 여산廬山은 중
국에 있는 명산이고 그곳에 있는 지명 가운데 하나는 백록동白鹿洞이다.
백록동은 송나라 유학자 주희가 여산에 세운 중국 최초 서원 이름이다.
성리학을 세운 중국 성현과 동방으로 들여온 대학자를 대칭시키기 위해
주세붕은 보이지 않는 백 척 누각과 신령한 거북이를 상상해낸 것이다.

해가 지나고 서기 1543년 주세붕은 백운동에 조선 첫 서원을 세웠다.
산수山水는 여산과 같고 이름은 백록동을 좇았다. 게다가 동방 성리학 원
조 안향이 태어난 고향이었으니 딱이었다. 이름은 '백운동서원'이라 지
었다. 그 전해 주세붕이 만든 곳은 안향을 모시는 사당이었고, 1543년에
세운 기관은 '서원書院'이다. 성현에 대한 제사는 물론 성리학을 체계적으
로 공부하는 사립대학교다. 이로써 조선 개국 151년 만에 개국 이념인
성리학이 민간 레벨까지 체계적으로 침투하는 문이 열렸다.

## 토지신이 선물한 학교 건립 비용

사당을 세울 때 신임 군수는 토지신에게 제사를 올렸다. 하늘이 도왔는지 땅을 파자 한 자尺도 못 돼 놋쇠 120근이 나왔다. 이듬해 이를 팔아 《사서삼경》과 《주자대전》, 《통감강목》 따위 서적을 샀다. 군수는 민간이 불법으로 쓰고 있는 국유지를 회수해 서원 경비를 조달했다. 백운동서원은 7년 뒤 개명을 하는데 그 서원이 지금 우리가 알고 있는 소수서원紹修書院이다.

주세붕이 서원을 만들 무렵 세상은 심상치 않았다. '겨울에 천둥이 치고 여름에 서리가 내리며 지진이 일어나고 가뭄이 심하니 재변이 이처럼 심한 적이 없었다.'[36] 1542년부터 1543년까지 《중종실록》에는 '가뭄'에 관한 기록이 51번이나 나온다. 굶어죽을 정도인 '기근'은 32번이다. 지금도 국가에 이러저러 변고가 있을 때 한가한 정책이 튀어나오면 우려와 비난의 사태가 난다. 여론은 지금이나 그때나 똑같다. "흉년을 당하였으니 그럴 시기가 아니며, 군수 주제에 이런 일을 하니 사람들이 믿지 않을 것"이라고 주위에서 비난이 들끓었다. 주세붕은 이렇게 답했다.

"실로 난리를 막고 가뭄 구제보다 급한 게 교화로다."

그래도 힐난이 거듭되자 주세붕은 격하게 대답했다.

"아, 회옹晦翁이 어찌 나를 속이겠는가!"[37]

회옹은 성리학 창시자이자 여산에 서원을 세운 주희다. 송나라가 망하고 피비린내 나던 금나라 피지배 시절에 주희가 서원을 지었으니, 그를 본받아 흉년에 서원을 만들어도 틀림이 없다는 뜻이었다. 주세붕은 이렇게 말했다.

"당시엔 금나라가 중국을 함락하여 천하가 피비린내로 가득했고, 남강 지방은 계속된 큰 흉년으로 벼슬을 팔아 곡식으로 바꿔 굶주린 백성을 겨우 구제했다. 위태로움과 곤궁함이 그토록 심했는데도 주자가 세운 서원과 사당이 한둘이 아니었다. 왜? 하늘이 뭇 백성들을 낳음에 사람이 사람다운 이유는 바로 교육이 있기 때문이다. 사람에게 교육이 없었다면, 아비는 아비답지 못하고 자식은 자식답지 못하고 지아비는 지아비답지 못하고 지어미는 지어미답지 못하고 어른은 어른답지 못하고 어린이는 어린이답지 못하게 되어, 삼강三綱과 구법九法이 없어져서 인류는 오래 전에 멸망하고 말았을 것이다."**38**

전란으로 도처에 시체가 나뒹굴고 마트에 식품이 동이 나 국민이 굶주

서기 1543년 경상도 풍기군수 주세붕은 자기 임지이자 고려 때 성리학을 도입한 학자 안향의 고향 영주 풍기에 백운동 서원을 세웠다. 7년 뒤 명종이 백운동서원을 소수서원으로 사액하면서 본격적인 성리학 정치, 교육 시스템이 가동됐다. 타락한 정치와 교육이 낳은 서원은 이후 조선 정치를 분열시키는 후방 기지 역할을 했다. 사진 가운데 있는 현판 '紹修書院(소수서원)'은 명종이 쓴 친필이다.

린다고 했다. 그 난리판에 아이는 아이답고 어른은 어른답게 만들어 인류 멸망을 막겠다며 대한민국 군수가 구호 예산을 전용한다면 무슨 일이 터지겠는가. 그래도 비난이 거듭되자 "옛날에도 그런 케이스가 있었어!" 하고 몇 백 년 전 외국 교육자를 들먹인다면.

신임 군수는 빗발치는 반대 여론을 무시하고 상상 속 거북이와 상상 속 흰 구름, 상상 속 백 척 누각 한 가운데에 학교 설립을 강행했다. 그리고 이 모든 과정을 세세하게 기록해 《죽계지竹溪誌》라는 문집까지 만들어 놓았다. 앞에 나온 비난들도, 토지신이 선물한 놋쇠 이야기도 모두 이 책에 나온 내용들이다. 비난을 전혀 비난으로 생각하지 않았다는 뜻이다.

시기만 적절했더라면 주세붕 군수가 내뱉은 변명은 억지가 아닐 수도 있었다. 주 군수가 무리하게 학교 설립을 강행할 정도로 당시 조선왕조 공교육은 상태가 심각했다.


## 소 잡기를 일삼다

조선왕조실록에는 '살우위사(殺牛爲事, 소 잡기를 일삼다)'라는 문장이 두 번 나온다. 한번은 성종 때 소 잡기를 업으로 하는 백정을 설명할 때[39], 한번은 중종 때다. 백정은 소 잡는 게 일이니 당연한 표현이다. 하지만 중종 때 소 잡기 일삼은 이야기는 조금 충격적이다.

> 사학四學 관원들이 교회敎誨하는 데 뜻이 없어 유생이 모이지 않아 학사가 늘 비기 때문에, 노비들이 소 잡기를 일삼아[殺牛爲事] 뼈가 구릉처럼 쌓였나이다.[40]

'사학'은 조선 건국 후 한성에 만든 4개 중등학교다. 상급 교육기관은 성균관이다. 지방에는 향교鄕校가 있었다. 그런데 학교 선생들은 가르칠 뜻이 없고 학생이 없다 보니 학교에서 소를 잡아먹어 소뼈가 언덕처럼 쌓였다는 충격적인 보고였다. 이미지를 21세기 대한민국 서울에 있는 어느 중학교 교실과 중첩시키면 몇 달을 신문과 방송에 도배질 당할 일이다. 교실이 도살장으로 변한 이 어이없는 실태가 이듬해 주세붕이 사립대학인 서원을 만든 첫째 동기였다.

### '빽'이 난무한 공무원 조직

공교육이 완전히 망가진 근본 원인은 '정치'였다. 학문과 덕치의 상징, 성군 세종이 등극하고 10년이 지났다. 대사헌 조계생이 이렇게 상소했다.

서로 청하고 부탁해 벼슬에 제수되면 부임하자마자 여러 핑계로 사표를 내고는 또 권세가에 부탁해 승진하기를 거듭한다. 아무도 공부를 하려 하지 않는다.[41]

학교 선생 또한 '가르치고 기를 일은 생각지도 않고 함부로 빨리 벼슬에 나아가고자 하여' 나라 학문이 점점 쇠잔해간다고 했다. 폐해를 한참 열거한 뒤 조계생이 이렇게 건의했다.

"과거 응시자는 반드시 성균관 출석부[圓點, 원점]를 제출하게 하사이다."

세종이 이를 안건으로 올리니 의정부 세 정승은 물론 육조판서까지 빠진 사람 없이 죄다 말하기를 "옳지 않습니다" 하였다.[42]

공부고 나발이고 필요 없고 빽을 써서 공무원이 되면 그만이니, 공생 관계에 있는 장관들이 죄다 출석부 체크를 거부했다는 기록이다. 또 있었다.

1445년 7월 18일 세종은 '충순위忠順衛' 부대를 창설했다. 3품 이상 고위직 아들이 입대해 복무가 끝나면 타 부서로 전직할 수 있는 부대였다. 말이 부대지, 군역을 가장한 특권이었다.

특권부대 창설 석 달 만에 '학생들이 책을 버리고 다투어 활 쏘고 말 타는 것을 익히는 자가 몇 천인지 알지 못하고, 성균관에 머물러 있는 자는 수십 명밖에 안 되는' 일이 벌어졌다.[43]

학업은 출세를 위한 수단으로 전락했고 그나마 과거를 통하지 않는 출세가 횡행했으니, 어느 누가 시간과 공을 들여 학교에서 책을 읽을 것인가. 학교는 텅 비었고 교육은 쇠락했다. 지방도 마찬가지였다. 그로부터 100년이 지난 1548년 '향교 훈도訓導들은 용렬하여 가르칠 줄을 모르며 학생들은 군역을 피하려는 무뢰한들이라 학교는 헛된 기구가 되었다.'[44]

평천하平天下를 하기 위해 치국治國을 해야 하고 나라를 다스리기 위해 제가齊家를 해야 하며 가족을 다스리기에 앞서 자기 몸을 닦아야 한다고 가르치는 학문이 성리학이다. 그 성리학을 이념으로 건국된 나라가 세속적인 지저분함이 판을 치는 잡배의 나라로 변해버린 것이다.

## 정치 투쟁과 연산군의 폭정

1456년 6월 2일, 쿠데타로 권력을 잡은 세조에게 집현전 학자들이 반역을 꾸미다 적발됐다. 사육신 사건이다. 나흘 뒤 세조는 집현전을 폐지했다. 집현전은 고려 때부터 있었던 왕실 학문연구기관이다. 세조는 반역자들 재산을 몰수해 쿠데타 동지들에게 나눠줬다. 세조 정권은 권력의 불법성을 부국강병책으로 덮었다. 세조 본인은 불교에 심취했다. 성리학을 기반으로 하는 조선의 철학적 전통은 불교나 부국강병책과 어울리지 않았다.

세조 후임인 예종이 요절하고 성종이 뒤를 이었다. 성종에게는 세조 쿠데타 세력을 견제할 또 다른 세력이 필요했다. 그리하여 촉망받는 젊은 학자 김종직이 중앙에 진출했다. 김종직은 공신들 부패상을 틈틈이 지적질해대는 사림士林을 대표하는 인물이니, 세조 쿠데타 공신들을 견제하는 데 적합한 인사조치였다.

하지만 곧이어 닥친 연산군 시대는 암흑기였다. 1498년부터 무오·갑자·기묘사화에 성리학을 주장했던 사림세력이 집단으로 처형되거나 숙청됐다. 폭주하는 왕권을 견제한다는 명분은 왕실파에 밀렸다. 연산군은 귀에 쓴소리를 하는 신하들에게는 무자비한 지도자였다. 왕권에 항명하는 자들에게 연산군이 내린 조치는 가혹했다. 학문을 금한 것이다.

'왕이 문신文臣을 베어 죽이고 내쫓아 거의 다 한 뒤에 독서와 교류를 법으로 금하니 사대부 집에서는 그 자손들에게 배우지 못하도록 경계하게 되었고',[45] '성균관은 활쏘기 경연장과 기생 파티장이 되었다.'[46] 성균관은 결국 폐지됐다. '왕은 종친들과 옛 성균관에서 활쏘기를 하며, 기생 풍악을 베풀어 아주 즐겁게 놀았다.'[47]

1506년 사림세력은 연산군을 몰아내고 중종을 옹립했다. 스스로 공신 대열에 오른 사림은 학문 진흥책을 여럿 내놨다. 연산군이 없애버린 성균관을 복원하고 사학에 경제적 지원책을 내놓았다. 하지만 유명무실했다. 한번 끊긴 학문의 길은 회복되지 않았다.

결국 19년 뒤 선생 없이 학생만 달랑 4명 있는 향교가 나오더니[48], 성균관이 도살장으로 변하는 참담한 교육현실이 닥치고야 말았다.

학궁(學宮, 성균관)이 텅 비어 소를 도살하는 곳으로 쓰게까지 하여 지극히 해괴하고 놀랍다.[49]

중등학교인 사학이 아니라 왕립대학인 성균관마저 도살장으로 쓰였다는 사실이 밝혀진 것이다.

요즘 말하는, 인문학을 경시한 출세 지향적 교육과 부패한 정치가 서로 어깨동무하고 만든 아수라장이었다. 하여 이후 왕들은 허물어져버린 공교육(官學, 관학) 대신 새로이 일어나는 사림의 학교, 서원을 적극 후원하게 되었다.[50] 개판 일보 직전이었던 교육과 정치가 '서기 1543년' '성리학을 가르치는' '사립학교' 서원이 등장한 이유였다.

### 백운동서원, 소수서원이 되다

그때 등장한 집단이 사림士林이었다. 여말선초 왕조 교체를 반대하고 초야에 묻힌 유학자 후손들이다. 연산군 때 벌어진 사화로 정계 진출이 막힌 사이 고향에서 경전을 읽은 사람들이다. 주세붕이 만든 서원은 조선 성리학 시조 안향을 제사하고 피폐한 성리학을 가르치는 기관이었다.

백운동서원 설립 6년 뒤인 1549년 후임 풍기군수 이황이 경상감찰사 심통원에게 편지를 썼다. 때는 1545년 을사사화로 사림 출신 정치가들이 집단으로 숙청된 이후였다.

"(서원) 이름이 역사에 수록되지 않는다면 오래도록 전해지지 못하게 될까 걱정스럽다."[51]

백운동서원을 국가가 공인해 지원해달라는 편지였다. 이듬해 2월 11일 어전회의에서 좌의정 심연원이 백운동서원 이야기를 꺼냈다. 심연원은 경상감사 심통원의 친형이다.

"이황이 서원 이름과 책, 땅과 노비를 내려달라 했는데, 땅과 노비는 있으니 이름과 책을 하사하시라."[52]

이듬해 좌의정 동생을 통한 소원 수리가 전격 결재됐다. 1550년 명종은 '소수紹修'라는 이름과 책을 백운동에 하사했으니, 이게 영주에 있는 조선 최초의 사액(賜額, 왕이 현판을 내림) 서원, 소수서원이다. '소수'는 '무너진 유학을 이어 닦는다'는 뜻이다.

마침내 국가가 사림의 사설 교육기관인 서원을 공인했다. 도살장으로 변한 학교를 학생으로 충만하게 하고 무너진 삼강오륜을 다시 세운다는 중차대한 임무를 공교육이 아닌 사립대학에 맡긴 것이다. 이후 사액서원 토지에는 세금이 면제되고 서적과 노비가 하사되는 관행이 법제화됐다.

이게 문제였다.

### 서원, 정치를 개판으로 만들다

제사와 교육을 목적으로 시작한 서원은 100년이 안 돼 신흥 정치세력인 사림의 정치 본거지로 변했다. 국가로부터 공식 지원을 받은 사액서원은 물론 일반 서원도 지역민으로부터 원납(願納, 자발적인 기부)한 경제적 특권을 누렸다. 지식을 무기로 권력을 독점한 사림이 그 내부에서 분열해 투쟁을 벌였다. 서원은 그 투쟁 본부였다. 당쟁 소굴로 변했다는 뜻이다. 당쟁에서 패한 사림은 서원으로 돌아와 회합을 하며 정권 참여 기회를 노렸다.[53]

정치꾼 소굴로 변했으니, 교육 기능은 두 말 할 나위가 없었다. '덕을 숭상하는 의리가 사당私黨으로 바뀌고 사문(斯文, 아름다운 학문)은 더욱 침체해졌다.'[54] '향교를 업신여기며 문文을 숭상하는 뜻을 헛되게 하고 백성을 마음대로 부리고 조석으로 자기들끼리 원수가 되곤 하며 사치가 심했다.'[55] 학교는 향리 자제들이 술과 고기를 다투어 빼앗는 장소로 변했다.

또 '군적軍籍에서 이름을 빼는 곳으로 악용되니 교화에 아무런 도움도 주지 못하고 정치에도 해가 됨이 이보다 심한 것이 없었다.'[56]

마치 지방정권인 양 행동하는 서원도 나왔다. 숙종 이후 권력을 잡은 노론계 화양서원이 대표적이다. 1695년 설립된 화양서원은 노론 당수 송시열을 제사 지내는 서원이다. 화양서원이 발행한 문서 〈화양묵패華陽墨牌〉는 지방 수령도 거역 못하는 공인된 착취 도구였다. 화양묵패에는 '서원에 제사 비용이 필요하니 아무 날 아무 시간까지 얼마를 납부하라'는 문구와 검은 도장이 찍혀 있었다. 화양서원의 힘이 막강해지면서 묵패는 착취와 토색질에 쓰여 힘없고 가난한 서민들을 괴롭혔다. 묵패를 받게 되면 민간이든 관가든 논밭을 팔아서라도 재물을 바쳐야 했고, 지시를 어기면 서원으로 끌려가 감금당하거나 사형私刑을 당해야 했다.[57] 봄, 가을이면 서원에서 제사가 벌어졌다. 팔도에서 몰려든 사대부를 위해 서원 앞에는 음식과 술을 파는 복주촌福酒村이 생겨났다. 서원 지정 맛집거리다. 이 복주촌까지 국가가 씌우는 각종 공역에서 면제돼 말썽을 부리는가 하면 화양서원을 등에 업고 전라도까지 가서 재물을 강탈하기도 했다.

화양서원은 명나라 황제를 제사하는 '만동묘萬東廟'를 만들어 국가 권력에 도전했다. 황제에 대한 제사는 제후만 할 수 있는 권리다. 그런데 제후에 충성해야 하는 사대부가 감히 그 권리를 행사한 것이다. 고종 때까지 공식적으로 파악된 서원 수는 모두 909개로 한 읍당 3개꼴이었다.[58]

결국 1714년 숙종은 비공인 서원에 대해 철폐령을 내렸다.(갑오정식) 1741년 영조는 갑오정식 이후 설립된 모든 서원에 또 한 번 철폐령을 내렸고, 130년 뒤 고종 때 흥선대원군은 사액서원 47개를 제외한 모든 서원을 없애버렸다. 하지만 노론당의 구심점인 만동묘는 3년 뒤 괴력을 발휘해 귀신처럼 부활했다.

충북 화양동계곡에 있는 만동묘. 노론계 서원인 화양동서원과 만동묘는 당쟁의 상징이었다.

### 지방대를 위한 특별고시

1792년 음력 3월 25일, 경북 도산서원 옆 소나무 숲에서 특별과거시험이 벌어졌다. 소수서원 사액을 받아낸 퇴계 이황이 사거한 지 222년째 되던 날이었다. 퇴계는 1570년 12월 8일(양력 1571년 1월 3일) 죽었다. 제사는 이듬해 3월 치러졌다. 퇴계가 제자들을 기른 서당은 1573년 선조로부터 '도산서원'이라는 사액을 받고 서원이 되었다.

1792년 3월 24일, 서원에서 퇴계 제사가 치러졌다. 당시 임금인 정조가 지은 제문으로 제사를 치렀다. 다음날 백사장에서 시험이 치러졌다. 원래 서원 뜰에서 치르기로 했으나 응시자가 너무 많아 낙동강변 모래밭으로 장소를 바꿨다. 모두 7,228명이 응시했고, 제출된 답안지는 3,632장이었다. 서울로 운송된 답안지는 정조가 직접 채점했다.[59] 정조는 이들 가운데 두 사람을 발탁해서 급제시켰다.[60]

이날 시험은 이황의 업적을 기리는 특별시험이다. 그래서 시험 이름도

경북 안동에 있는 도산서원. 이 또한 선조가 사액한 서원이었다.

도산별과陶山別科였다. 지방에 있는 한 사립대학 설립자를 기리는 특이한 고등고시가 그 학교에서 치러진 것이다.

4년 뒤 이 특별시험을 기념하는 석비도 건립됐다. 정조가 보낸 과거 제목을 내걸었던 자리다. 당시 영의정 채제공이 쓴 비문에는 '지금 영남 선비들은 사학邪學에 물들지 않았으니, 참으로 어질다'라고 적혀 있다.

사학이 무엇인가. 천주교로 대표되는 서양 학문이다. 때는 18세기 말이었다. 바야흐로 서양 학문이 조선을 물들이고 있으나 영남만은 한 사람도 오염되지 않았으니, 정조가 이게 퇴계 이황이 남긴 교화 덕분이라며 그를 제사지내고 과거를 치른다는 내용이다.[61] 세상은 동과 서가 연결되며 융합된 지식이 조선에 들어오고 있는 시대였다. 그 시대에 1000년 전 송나라 때 나왔다가 폐기된 학문 성리학에서 한 걸음도 벗어나기를 거부한 자들의 잔치였다.

그 비석이 있는 자리가 도산서원에서 강 건너 보이는 '시사단試士壇'이다. 안동댐 건설로 수몰될 뻔했던 시사단은 1974년 안동 유생들에 의해 더 높은 단을 쌓고 강변으로 옮겨졌다.

## 성리학에 갇혀버린 지식사회

서원 설립은 조선을 성리학을 제외한 모든 학문을 억압하는 지식 독재와 학문 탄압의 나라로 만든 신호탄이었다.

송나라 주희가 꺼낸 성리학에는 군사학도 없었고 재정학도 없었고 세무학도 없었고 외교와 경제에 대한 각론 따위도 보이지 않았다. 주세붕이 백운동서원을 세울 때 이미 대륙에서는 주자학을 폐기하고 실용적인 양명학이 지식사회와 관료사회를 지배하고 있었다. 조선은 그 폐기된 철학을 조선 정치에 도입해 500년 동안 통치이념으로 삼은 것이다.

조선 지식인은 서원에서 공부한 성리학으로 과거를 치러 관료가 되었고, 관료는 성리학을 통해 자기 권력을 넓혀 정치인이 되었다. 정치인은 고도로 세련된 어법으로 고차원적이되 너무나도 비현실적인 논쟁을 벌이며 권력을 유지했다. 어법은 세련됐으되 어법 속에 품고 있는 논리에는 자기와 다른 의견을 향한 살기殺氣를 품고 있었다.

그 살기가 점잖은 어법을 뚫고 벌인 일이 붕당이었고, 사문난적 처단이었다. 그 살기를 합리화하기 위해 나온 논리가 '사대事大'와 '중화'였다. 지식을 통해 권력을 잡고, 권력 유지와 강화를 위해 지식을 독점한 참 특이한 정치체제가 성리학에 의해 잉태된 것이다. 한 문명에서는 인간과 신이 자리를 바꿨다. 한 문명세계에서는 무기에 이어 새로운 문명이 들어왔다. 조선에서는 모든 조선적인 가치를 옭아매는 철학, 성리학이 깊게 뿌리를 내렸다. 그 모든 것이 1543년, 그 해에 시작되었다.

1792년 도산서원 앞에서 치러진 특별시험 '도산별과'를 기념하는 '시사단'.

2부

# 닫아버린 눈과 귀

3장

불길한 징조

# 실종된 세종의 과학시대

조선은 찬란했다. 1392년 개국한 신생왕국 조선에서는
50년 만에 찬란한 과학의 시대가 꽃피었다.
천재 집단이 창조한 시대였다. 지도자도 천재였고 그 조직원도 천재들이었다.
15세기 세종과 그 학자들 이야기다.
1543년 코페르니쿠스가 세상을 뒤집어엎기 100년 전 일이었다.

## 세종의 신무기 시스템 구축

각 지방 육해군 사령관(절제사節制使와 처치사處置使)에게 문서 한 권을 보낸
다. 무기 주조 방식과 화약 사용법이 세밀하게 기록돼 있다. 군국軍國에 관
한 비밀의 그릇이다. 항상 비밀히 감추고 하급 관리 손에 맡기지 말라. 임
무 교대 때는 이 문서를 직접 인수인계하라.[62]

집권한 지 만 30년 한 달 되는 1448년 음력 9월 13일, 조선 4대 군주
세종은 신무기 시스템 구축 완성을 선언했다. 3년 전 넷째 아들 임영대군
이구 감독 하에 진행해온 군사 프로젝트였다. 육군과 해군에 전달된 문
서 이름은 〈총통등록銃筒謄錄〉이다. 화약 제조법과 화살과 탄환을 쏘는 화
약무기 제작법을 담은 기밀문서다.

등극 14년째인 1432년 한 번에 화살 두 개를 쏘는 쌍전화포雙箭火砲를 시작으로 세종은 꾸준히 무기 개량 작업을 벌여왔다. 이미 그 3년 전에도 개량된 무기들은 소비되는 화약 양은 동일하고 사정거리는 두 배가 될 정도며 적중률도 만족스러웠다. 그때 세종은 "이제는 옛 무기가 우스운 일[可笑, 가소]임을 알게 되었다"며 옛 무기들을 모두 파기하라고 지시했다.[63] 이후 개량작업이 이어져 이날 완성을 본 것이다. 그 사이 최장 900보步였던 사정거리는 1,500보까지 늘어났다. 건국 56년 만이었다.

고려 말에 도입된 화약무기를 계승 발전시킨 신무기 시스템은 15세기 조선을 강병의 시대로 진입시켰다. '총통등록'을 육해군에 전달한 것은 지방에서도 중화기를 제작하라는 의미였다. 여진족과 대마도를 정벌한 군사력은 이 같은 강병 기술이 기초가 됐다.

### 농업 진흥, 역법과 천문기구

국부國富와 민생을 위한 정책은 과학이었다. 주된 산업인 농업에는 천문과 기후 측정이 필수적이었다. 이를 위해 세종은 이슬람과 원나라 첨단 과학을 계승한 역법과 천문 관측기구를 만들었다.

15세기 유럽에 다 빈치가 있었다면 조선에는 세종과 천재 집단이 있었다. 이순지李純之, 김담金淡, 장영실蔣英實이 그들이다. 세종 본인 또한. 대표적인 산물은 '칠정산역법'과 '일성정시의'와 '옥루'와 '측우기'다. 칠정산역법은 원나라와 이슬람 역법을 응용한 역법이며 일성정시의는 해와 별을 통해 낮밤으로 시각을 알 수 있는 시계요, 옥루는 온갖 꽃들과 인형들이 튀어나와 소리로 시각을 알리는 물시계였다. 대륙의 신흥제국 명나라에도 없고, 일본에도 없던 첨단 기구들이었다.

이제 이들의 생멸을 본다. 탄생은 장엄하였고, 멸망 과정은 괴담怪談이었다.

### 칠정산역법의 탄생

칠정산七政算역법은 세종 14년부터 10년 동안 연구해 나온 작품이다. 명나라로부터 받아오던 역서가 조선과 차이가 나 각종 행사나 농사 시기 조절에 쓰기 위해 자체 제작한 조선의 역서다. 내외편으로 구성된 이 역법은 일곱 별(해, 달, 수성, 금성, 화성, 목성, 토성)의 운항, 일식과 월식 원리를 수학 계산으로 정리했다. 내편은 정인지가, 외편 제작은 산술에 통달한 이순지와 후배 김담이 맡았다.

칠정산에 따르면 한 해 길이는 365일 5시간 48분 45초다. 현대 역법에 1초 모자란다. 당시 세계 최고였던 원나라와 아라비아 역법을 참고로 한 15세기 역법의 결정판이요, 조선왕조가 세종실록 부록에 실을 정도로 자랑스러워한 최고의 산물이었다. 실록에는 이런 평이 붙어 있다.

역법에 더 아쉬움이 없다 하겠다.[64]

세종이 이끄는 천재 집단은 이 역법과 함께 구체적인 천문관측기구를 속속 창안해냈다. 단순한 지적호기심 차원이 아니라 '위로는 천시天時를 받들고 아래로는 민사民事에 부지런하겠다'는[65] 의지였다.

### 앙부일구에서 흠경각까지

1437년 4월 15일 과학 프로젝트팀이 세종에게 '일성정시의日星定時儀' 완성을 보고했다. 일성정시의는 이름 그대로 낮에는 해를, 밤에는 별을 관측해 시각을 정하는 천문시계다. 하나는 고정식, 셋은 이동식이다. 장영실이 실무 기술을 맡은 이 시계는 고정식은 궁궐에, 이동식은 기상청인 서운관과 함길도, 평안도 군부대에 배치했다. 또 군 작전 시 이동에 편하도록 작은 일성정시의도 만들어 배치했다.[66]

이보다 3년 전 프로젝트팀은 물시계 '자격루<sub>自擊漏</sub>'와 해시계 '앙부일구<sub>仰釜日晷</sub>'를 만들었다. 자격루는 복잡하고 거대했고 앙부일구는 밤에는 무용지물이라, 이를 보완한 전천후 시계가 일성정시의였다. 바로 이날 신생 조선왕국은 국가 표준시 측정을 위한 표준 기구 소유국이 되었다.

'앙부일구'는 백성을 위한 해시계였다. 세종은 앙부일구를 혜정교(현서울 광화문우체국 옆)와 종묘 앞에 놓고 백성이 시각을 알 수 있도록 했다.[67] '시각이 정확하고 해 그림자가 명백하다. 길가에 놓아두니 구경꾼이 모여든다. 백성도 만들 줄 알게 되었다[民知作也].'[68]

'民知作也 민지작야'

제작 기술을 공개했다는 뜻이다. 아무나 그 시계를 보고 제작해 자기 집이나 마을에 비치해놓고 생활에 사용할 수 있었다는 뜻이다.

7년 뒤인 1441년 제작한 측우기 또한 백성의 생업을 위한 기구였다. 일성정시의 완성 이듬해 나온 흠경각<sub>欽敬閣</sub>은 걸작 중의 걸작이었다. 감독은 김돈<sub>金墩</sub>이었고, 실질적인 제작은 장영실이 맡았다.

정확하게 말하면 흠경각에 설치된 물시계 '옥루<sub>玉漏</sub>'는 자격루를 개량한 물시계였다. 옥루는 정확성은 물론 귀신과 옥녀와 무사, 십이지신이 사계절 동서남북 산속 기화요초<sub>琪花瑤草</sub> 사이를 들락거리며 시각을 눈과 귀로 알려주는 기계였다. 그 신묘함이 어찌나 대단했는지, 총감독이었던 김돈은 한자 482자로 옥루와 흠경각을 기똥차게 묘사해놓았다.[69] 흠경각은 세종 침전인 경복궁 강녕전 옆에 설치됐다. 15세기 동아시아 최고의 원나라 과학과 유럽을 포함한 서반구 최고 아라비아 과학이 조선 왕실 한복판에서 융합된 것이다. 세종부터 이순지, 김담, 장영실까지 의지가 강한 천재 과학자며 공학자 집단의 성과였다.

이제부터, 괴담怪談이다.

## 성리학이 질식시킨 과학

역법 연구 목적 가운데 하나는 농사를 제대로 지어 백성을 편하게 하려는 의도도 있었다. 하지만 또 다른, 어쩌면 더 큰 목적은 '사대事大'였다.

"역법을 교정한 이후 중국 역서와 비교할 때 털끝만큼도 틀리지 아니하니 내 매우 기뻐하였노라."[70]

세종 때 역법을 연구한 이유다. 독자적인 조선역법이 아니라 중국 역법에 맞는 역법이 목적이었다. 1442년 12월 16일 세종은 경회루 옆에 있던 천문대를 궐 북쪽으로 옮기게 했다. 머뭇대며 해를 넘기자 이듬해 1월 사헌부 관리 윤사윤이 이유를 물었다.

좌헌납 윤사윤이 아뢰기를, "이제 간의대簡儀臺를 헐고 후궁後宮을 세우시려 하시니, 어찌 마지못해 하는 일이 있겠습니까. 하지만 신 등은 일이 얼마나 급한지 알지 못하옵니다. 이 역사를 정지하시기를 비옵니다" 하니, 임금이 말하기를,
"이 간의대가 경회루에 세워져 있어 중국 사신 눈에 띄게 할 수 없으므로 내 본래부터 옮겨 지으려 하였다. 또 연희궁과 낙천정이 모두 멀리 떨어져 있어서 내 이 궁에 있은 지가 16년이나 되었는데, 창덕궁도 오히려 멀어져 폐가 없지 않으므로, 내 자손 만세를 위한 계략으로 이 궁을 지으려 하는 것이다" 하였다.[71]

중국 사신이 보지 못하게 하려 한다. 명나라에 대한 사대는 천하의 세

종도 파괴하지 못한 금기였다. 중국에 버금가는 독자적인 역법 체계와 천문대가 조선에 있다는 사실이 들키면 좋을 일이 없다는 뜻이다. 과학을 경시한 태도도 성리학에 연유한 태도이고, 사대를 완벽하게 하려는 태도 또한 성리학이 가진 고질적인 증상이었다. 임진왜란 직후인 1598년 12월 22일 선조는 "명나라에서 알면 화가 미치니 우리나라에서 만든 역서는 사용하지 말라"고 명했다.[72]

그리하여 선조의 명이 있은 지 50년이 지나자 당시 기상청인 관상감 그 누구도 칠정산역법을 이해하는 사람이 없었다. 결국 관상감은 "칠정산역법을 미처 전수해 배우지 못하였으므로 청에 가서 청나라 새 역법을 배워오겠다"고 왕에게 청했다.[73]

1550년 11월 흠경각 수리공사가 있었다. 물을 받는 그릇 하나가 문제였다. 관상감 책임자 이기李芑가 공사를 마치고 명종에게 보고했다. "(이 그릇은) 옛날 성인들이 권계勸戒하던 기구이니 언제나 옆에 두고 물을 부으며 살피고 반성하는 것이 좋겠나이다."[74] 명종은 "그리 하겠다"고 답했다.

때는 7년 전 주세붕이 세운 백운동서원을 소수서원이라고 사액한 지 8개월 뒤였다. 물그릇에 빗물이 고이듯, 어느 틈에 실용을 목적으로 만든 기계가 '덕목 수행[勸戒]'용으로 용도 변경이 된 것이다.

같은 시대 지구 반대편 가톨릭 사제 코페르니쿠스의 주장이 유럽과 인류사를 주도할 수 있었던 이유는 그를 따르는 학문적 후배들이 있었기 때문이었다. 추종자를 용인하는 지적 관용과 포용력이 있었기에 가능했다. 15세기 조선의 천재들에게는 그 후배들이 없었다. 수양대군 세조의 격동과 연산군의 폭압에 이어 곧바로 성리학으로 중무장한 지식인이 권력을 장악하면서 과학적 전통은 단절됐다.

서울 창경궁 관천대(觀天臺). 천문 관측 기구 소간의(小簡儀)를 놓았던 대석이다. 대간의(大簡儀)가 있던 관천대는 종로 현대건설 빌딩 입구에 있다. 1688년 숙종 때 소론 거두였던 영의정 남구만이 주도해 설치했다. 간의, 앙부일구, 일성정시의, 자격루, 옥루 그리고 칠정산역법. 천재 지도자 세종이 천재 집단을 이끌며 열었던 찬란한 과학의 시대는 16세기 중반 이후 괴기스러울 정도로 순식간에 닫혀 버렸다. 1543년 설립된 서원(書院)을 통해 사림 지식인이 권력 집단화된 시기와 일치했다.

　　1433년 장영실이 프로토타입 물시계 '자격궁루自擊宮漏'를 만들었다. 그때 세종은 "비록 나의 가르침을 받아서 하였지만, 이 사람이 아니라면 만들어 내지 못했다"라고 뻐길 정도로 장영실을 아끼고 아꼈다.[75] 9년 뒤 장영실은 곤장 80대를 맞고 파직 당하고, 기록에서 사라졌다.[76] 두 달 전 세종이 타는 가마를 불량으로 만든 죄였다. 실컷 부려먹은 노비 출신 공학자는 "불경不敬보다 더 큰 죄는 없다"며 무심히 용도 폐기됐다. 괴담 시리즈는 이후 400년 동안 이어졌다.

　　1505년 11월 24일 연산군은 물시계를 창덕궁으로 옮기고 간의대를 뜯어버렸다. 1550년 명종은 흠경각을 실용이 아닌 덕행 수양의 수단으로 인식했다. 명종은 5년 뒤 일본인 도움으로 총통을 만들겠다는 관료들

대한민국 징비록

요청을 거부한 바로 그 왕이다.

김돈이 침이 마르도록 찬양했던 흠경각도 똑같이 불우했다. 1613년 광해군은 임진왜란 때 한성 백성이 불태웠던 흠경각 중건에 착수했다. 공사는 "불필요한 토목공사"라며 명-청 중립주의자인 광해군과 갈등하던 관료들 반대 속에 강행됐고, 결국 완공은 됐다. 그런데 실용주의 지도자인 광해군은 폭군 혐의로 축출됐다.

왜란, 호란 양란 후 취임한 효종은 흠경각을 허물고 그 자리에 대비전을 지었다. 효종은 "폭군 광해군이 만든 것"이라며 공사를 강행했다. 흠경각 건물은 대비전 목재로 사용됐다. 1770년 영조 때 흠경각이 재건됐다. 그런데 이때는 관측기구가 아니었다. 조선 초 발견된 석각石刻 천문도를 보관하는 건물 이름이 흠경각이었다.[77] 말 그대로, 무늬만 과학인 유물 수장고에 불과했다는 말이다. 광해군 때 만든 《흠경각영건의궤》설계도는 그 사이 강화도 외규장각에 보관돼 있다가 1866년 병인양요 때 불타 사라졌다. 천재들이 문을 연 과학의 시대가 시작하자마자 사라지고 만 것이다. 결국 조선 역사에서 과학사는 사라지고 말았고, 과학은 조선 현실에 그 어떤 영향도 미치지 못했다.

### 멸종된 과학

한국과학사를 정립한 전상운(1928~2018)은 흠경각에 대해 다음과 같이 썼다.

옥루에 대해 우리가 더 알고 싶은 부분은 그 기계적 자동 시보 장치가 어떻게 정확하게 작동하면서 움직이는 정밀 기계로서의 기능을 가졌는가, 그 구조는 어떤가 하는 데 있다. 그러나 유감스럽게도 김돈은 그 부분에 대해 설명하지 않았다. 예컨대 회전 속도는 어느 정도이고 회전을 정확히 조절하는 탈진 장치는 어떤 것이었고 연결된 톱니바퀴는 무엇이 어떻게 전달되는 것이었는지 설명이 없다. 그런 부분은 설명하지 않고 기록에 남기지 않아도 될 정도로 기록한 사람으로서는 상식적인 것이었을까. 또 하나 크게 아쉬운 것은 이 기계장치의 설계도나 스케치가 전혀 전해지지 않고 있다는 사실이다. 세종 때의 여러 천문관측 기기 설계도도 처음에는 보존되고 있었다고 생각할 수 있다. 그것들과 조선 후기의 것들까지도 남아 있는 것이 없다는 사실은 어떻게 이해해야 할지 모르겠다. 중국과 일본은 사본 또는 인본의 형태로 전해지는 것이 드물지 않은 것과 비교가 된다.[78]

전상운이 아쉬워한, 김돈이 '한자 482자로 기똥차게 묘사한' 옥루 찬양문은 이렇다. 복잡하기 짝이 없고 읽어도 무슨 말인지 모르니 글자만 대충 훑어보기 바란다.

하늘과 해의 돗수와 날빛과 누수 시각이며, 또는 사신四神, 십이신十二神, 고인鼓人, 종인鍾人, 사신司辰, 옥녀玉女 등 여러 가지 기구를 차례대로 다 만들어서, 사람의 힘을 빌리지 않고도 저절로 치고 저절로 운행하는 것이 마치 귀신이 시키는 듯하여 보는 사람마다 놀라고 이상하게 여겨서 그 연유를 측량하지 못하며, 위로는 하늘 돗수와 털끝만큼도 어긋남이 없으니 이를 만들은 계교가 참으로 기묘하다 하겠다. 또 누수의 남은 물을 이용하여 기울어지는 그릇을 만들어서 하늘 돗수의 차고 비는 이치를 보며, 산 사방에 빈풍도豳風圖를 벌려 놓아서 백성들의 농사하는 어려움을 볼 수 있게 하였으니, 이것은 또 앞 세대에는 없었던 아름다운 뜻이다.[79]

15세기 세계 최첨단 물시계를 감독한 사람이 쓴 글이다. 과학은 보이지 않고 오직 그 겉모습 묘사밖에 없고, 그 원리를 모른다는 이야기밖에 없다. 20세기 과학사가 전상운은 겸손하게 "아쉽다"고 했지만, 대단히 화가 나는 보고서다. 백성의 시계 앙부일구 또한 아무도 모르는 어느 시기에 사라져 버렸다. 조선 말 철종이 이리 묻는다.

"종묘 앞에 아직 앙부가 있느냐."

1852년이다. 세종 때 설치했던 앙부일구 2개는 흔적 없이 사라졌다. 대신 "종묘 문 앞에 네모난 돌이 있는데 전하기로 앙부일구를 안치하던 대석"이라 했다.[80]

1930년 6월 초 경성 종로 4정목 45번지 국수집 앞 인도 지하에서 바로 그 네모난 대석이 발굴됐다. 1889년 종로에 전차 궤도를 부설하며 땅에 묻어버린 것이었다. 대석은 이후 탑골공원에 전시됐다가 2015년 원래 자리인 종묘광장 입구로 옮겨졌다. 대석을 찾아낸 경성부 부사편찬계 편찬원 안규응은 〈매일신보〉 기자에게 이렇게 그 흥분을 털어놨다. 현대어로 옮겨본다.

"이미 오백년 전에 큰길가에 이 같은 공중시계를 설치해 일반시민에게 시각을 알린 것은 당시 천문학이 얼마나 발달됐는지 알 수 있는 것이고 사료로서도 또 시계 역사로도 매우 흥미 있는 일이라 생각합니다."[81]

앙부일구에 담긴 과학정신과 대중화 정책은 단순히 역사로 묻혀서는 아니 될 물건이었다.

경기도 여주 영릉에 있는 일성정시의 모형(부분, 왼쪽). 오른쪽은 서울 종묘광장에 있는 앙부일구대석. 조선 후기 종적을 감췄다가 1930년 전철 공사 도중 땅속에서 발견됐다.

## 일본, 조용히 움직이다

1643년 서얼 출신 선비 박안기가 조선통신사 멤버로 일본을 찾았다. 에도江戶에서 일본 천문학자 오카노이 겐테이岡野井玄貞가 박안기를 찾았다. 학자 대 학자로, 박안기는 오카노이에게 칠정산역법을 가르쳐주었다. 39년 뒤 1682년 오카노이의 제자 시부카와 하루미澁川春海는 칠정산 연구를 거듭해 에도 막부 공식 역법인 '정향력貞享曆'을 완성했다.[82]

1713년 조선 임금 숙종은 이렇게 한탄한다.

"텅 빈 궁궐 안 옛 기기들이(…)그 용법을 아무도 모르니 심히 애석하다"[83]

조선이 성리학의 절벽에 가로막혀 한걸음도 나가지 못할 때, 일본은 그 조선의 법을 가져와 스스로 전진하고 있었다. 일본은 16~17세기 제철산업에서 현저한 발전을 이룩했다. 그 결과 일본은 도쿠가와 막부 시대(1603~1867)에 과학기술 분야에서 조선을 추월했다.[84]

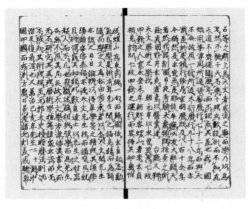

박안기가 일본 과학자에게 칠정산역법을 가르쳐준 사실을 기록한 시부카와 하루미(澁川春海)의 《춘해선생실기
(春海先生實記)》.

경희대 고지도박물관인 혜정박물관장 김혜정은 이렇게 말한다.

과학사가들은 한국과 일본 사이 과학기술의 우열이 17세기 바뀌었다고
말한다. 17세기까지 일본에 과학기술을 전수하던 한국은, 그 이후 일본에
비해 열세에 놓이고 식민지의 비극으로 귀결된다. 이 심각한 차이는 어디
에서 왔을까? 인재를 거둬 쓰고 대접하는 방식에서, 그리고 과학기술에
대한 인식의 차이에서 연유한다. 조선은 서얼을 이유로 인재와 그 능력을
버린 데 반해, 일본은 조선의 서얼이 전해준 지식을 귀하게 여겨 과학기술
의 싹을 틔웠다. 지금 우리도 혹 그렇지 않은지 돌아볼 일이다. '천문분야
지도' 속 박안기의 표정은 아직 슬프다.[85]

조선은 세계 최초로 측우기를 발명해 실용적으로 사용한 나라였고, 역
시 세계 최초로 금속활자를 개발해 서적을 대량으로 인쇄한 국가였다.
그 조선에서 자기가 만든 과학기술 사용법을 다 까먹어버리는 참극이 벌

어지는 동안 이웃나라 일본은 조선을 추월했다. 성리학 프레임에 매몰된 조선 학자들은 성리학 이외 일체 학문을 그저 성인들이 '권계하던 기구'로 쓰고 치워버렸다.

이게 1555년 비변사와 의정부와 사헌부가 한 목소리로 명종에게 "남대문 문루에서 나뒹구는 낡은 종을 부숴서 총통을 만들자"고 건의했던 이유이기도 했다. 조선은 적이 신무기를 갖다 바쳤지만 조선에는 총통 제작에 필요한 철 자체가 없었던 것이다.[86] 옛날에 만든 종을 녹여서 그 금속을 재활용해야 하는 그런 나라. 그런 고육지책을 거부해버린 그런 지도자. 그런 지도자를 바라보며 백성들이 살았다. 철기시대 왕국 조선에는 철이 없었다.

# 일본으로 간 조선의 은銀

하늘의 은혜, 땅의 보물, 인간의 기술
天の惠 地の寶 人の技
- 이와미은광 자료관 팸플릿 -

### 첨단 은 제련법, '회취법'

서기 1503년 5월 18일, 김감불과 김검동이라는 사내가 경복궁에 나타났다. 두 사람은 각각 양인과 노비다. 벼슬도 없는 사내들이 어전회의에까지 출석했다. 그때 왕은 재위 9년째인 연산군이었다. 보고 사항은 이러했다.

"납 한 근을 이용하면 은 두 돈을 제련할 수 있는데, 납은 우리나라에서 나는 것이니 은을 넉넉히 쓸 수 있게 되었습니다."[87]

감불과 검동이 발명한 제련법 이름은 '회취법灰吹法'이다. 잿더미 속에 은광석과 납석을 섞어 녹이면 납은 떨어져 내리고 은은 잿속에 분리되는 제련법이다. 은광석을 깨부순 뒤 녹여 은을 골라내던 재래 방식에 비해 생산량이 획기적으로 늘어나는 첨단 기법이었다. 16세기 초 발명된 이 첨단 제련법은 세상을 바꾸었다. 세상을, 조선만 빼고 온 세상을 바꿔놓았다. 기회를 발로 차버렸던 조선 이야기다.

### 대항해 시대와 이와미은광

16세기는 대항해 시대였다. 유럽은 신항로를 따라 인도와 동남아시아와 명나라를 찾았다. 유럽과 아시아가 무역으로 연결되는 시대였다. 명나라는 은銀으로 세금을 받는 '일조편법'을 운용 중이었다.

명나라는 북쪽에서 유목민 세력 침략이 잦았다. 군자금으로 사용하던 지폐는 인플레이션으로 인해 종잇조각에 불과할 정도로 가치가 하락해 있었다. 그때 대체 화폐로 등장한 존재가 은이었다.

그때 세계 최대 은광은 볼리비아에 있는 포토시Potosi였다. 대항해를 선점했던 포르투갈은 포토시 은을 싣고 명나라로 와서 도자기와 비단을 빈 배에 실어갔다. 일본 또한 동남아시아 플라카에서 포르투갈 상인들에게 일본 물품을 팔고 은을 수입했다. 무역은 이즈모出雲 지역(현 시마네현) 다이묘인 오우치大內 가문이 독점했다. 이즈모 지역 옛 이름은 이와미노쿠니石見國다. 요컨대, 은에 의해 유사 이래 처음으로 세계가 연결되고 있었다.

1595년 포르투갈 테이세라의 일본도. 시마네현 붉은 동그라미 속에(왼쪽) '이와미은광(Argenti fodincae Hivami)'이라고 표기돼 있다(오른쪽). /시마네현 고대이즈모역사박물관

1526년 이즈모에서 은광이 발견됐다. 오우치 가문은 은광 옆에 산성을 쌓고 부富의 원천으로 삼았다. 지역 다이묘들 사이에 은광을 두고 치열한 전쟁이 벌어졌다. 몇 차례 공방 끝에 은광은 1562년 모리毛利 가문에게 넘어갔다. 1590년 도요토미 히데요시가 전국시대를 통일했다. 모리 가문은 은광을 히데요시에게 헌납했다.

그때 이와미은광 생산량은 세계 1위였다. 하지만 일본은 은 제련술에 관한 한 후진국이었다. 매장량에 비해 떨어지는 품질과 생산량은 일본 광업계의 난제였다. 일본 은광업자들은 은광석을 싣고 조선으로 와서 회취법으로 은을 제련해 돌아가는 방식으로 은을 생산했다. 그런데 이와미은광 발견 14년 만에 이상한 일이 벌어졌다. 조선 수도 한성 장안에 일본 은이 지천에 깔려버린 것이다.

> 왜은倭銀이 유포되어 시장을 가득 채우고 있습니다. 북경에 가는 사람들이 공공연히 은을 싣고 가는데, 한 사람이 3,000냥 이상을 가져갑니다. 중국 가는 사람들이 공무역을 할 옷감을 장사치에게 맡기고 은을 빌려 가는데, 장사치들은 그 옷감을 보관하고 앉아서 돌아오는 일행에게 되돌려주고 이윤을 취합니다.[88]

1540년 일이었다. 조선 수도 서울에 일본에서 건너온 은이 가득하고, 북경으로 떠나는 조선 사신들은 그 은을 바리바리 짊어지고 가서 물건으로 바꿔온다는 충격적인 보고였다. 이뿐만 아니었다. 해마다 조선에 후추, 소가죽 따위를 팔러 왔던 일본 사절단이 아예 공개적으로 양질의 은을 가져와 면포와 교환을 요청한 것이다. 1542년 초여름에 벌어진 일이다.

간원이 아뢰기를, "일본국 사자가 팔 물건을 많이 가져왔는데 은이 8만 냥이나 됩니다. 은이 보물이기는 하나 백성이 입고 먹을 수 없으니, 참으로 쓸 데 없는 것입니다.

우리나라는 면포를 널리 쓰므로 백성들이 다 여기에 힘입어 사는데, 백성들이 힘입는 것을 쓸데없는 물건과 바꾸어 이익이 저들에게 돌아가고 우리가 그 폐해를 받는 것은 매우 옳지 않습니다.

더구나 왜사가 은을 가져오는 것은 전에 없던 일인데, 이제 사도록 허가한다면 그 이익이 많은 것을 좋아해서 뒤에 올 때에 가져오는 것은 지금보다 훨씬 많을 것입니다. 백성이 사는 것을 허가하는 것은 은을 금하는 법에 어긋나므로 할 수 없으니, 무역하지 말아서 뒤 폐단을 막으소서."[89]

일본 무역단은 조선 면포 2필에 은 2냥으로 1대 1 교환을 원했다. 면포가 부족했던 조선 정부는 3냥으로 타협을 했다. 그래도 일본에게 넘겨야 할 면포가 12만 필이나 됐다.[90] 결국 두 달 뒤 조선 정부는 1만 5,000냥 어치만 매입하고 무역단을 돌려보냈다.[91]

어찌하여 이런 역전이 일어났을까. 원시적인 채굴로 연명하던 일본이 무슨 방법으로 생산성을 이렇게 고양해 은 생산 대국으로 변신했을까. 그리고 '은을 금하는 법에 어긋난다'는 말은 무슨 뜻일까.

## 조선인 기술자 종단과 계수

천문2년(1533년) 8월 5일 하카타博多의 상인 가미야 주테이神谷壽禎가 종단宗丹, 계수桂壽와 함께 은광에 와서 회취법[吹鎔鍵製]을 시작했다.[92]

이와미은광 발견 7년 뒤였다. 1526년 이와미은광을 발견한 상인 가미야 주테이가 7년 뒤 엔지니어 두 명을 초빙해 은 제련술을 도입했는데,

그 제련술이 바로 조선에서 개발한 '회취법'이었다는 기록이다. 엔지니어 두 명 이름은 각각 종단과 계수라고 했다. 이후 이와미은광은 볼리비아 포토시를 제치고 생산량 세계 1위의 은광이 되었다. 회취법은 다른 광산에 전파돼 곧바로 일본 전역에 실버러시Silver Rush가 일어났다. 17세기 에도시대 초에는 연간 생산량 150톤으로 전 세계 생산량의 3분의 1에 달했다.[93]

종단과 계수. 6년 뒤 조선실록에는 이런 기록이 나온다.

유서종이 왜노倭奴와 사사로이 통해서 연철鉛鐵을 많이 사다가 자기 집에서 불려 은을 만드는가 하면 왜노에게 그 방법을 전습하였으니 그 죄가 막중합니다.[94]

유서종은 전주 판관이다. 이미 공직을 남용해 이익을 챙긴 죄가 많은 인물이었다. 그런데 일본인과 함께 밀수입한 은광석을 제련하고, 일본인에게 그 제련법까지 가르쳐줬다는 것이다. 중종은 "저놈이 죽어도 좋으니[不計殞命] 자백을 얻을 때까지 취조하라"고 명했다.[95] 빽이 좋았는지 유서종은 교도소 책임자인 전옥서 주부로 강등됐다가 4년 뒤 파직 조치로 없던 일이 됐다.

한국과 일본 사료를 종합하면, 이와미은광에 회취법을 전수한 기술자는 바로 조선인이라는 말이다. 중국인이라는 주장도 있지만, 한일 학계에서는 새로운 사료가 나오지 않는 한 종단과 계수가 조선에서 유출된 첨단 기술자라고 판단하고 있다.

농구로 치면 대역전 버저비터요, 축구로는 극장 골이다. 헛발질 한 일등공신은 조선 왕실이었다. 자, 도대체 왜? 왜 조선의 기술자들은 일본으로 갔는가.

## 세종의 은광 폐쇄령

"우리나라는 땅이 좁고 척박해 금과 은이 생산되지 않음은 온 천하가 다 아나이다. 부모가 아들을 보호하는 마음으로 윤허하시는 명령을 내리시어, 금·은의 조공을 면제하고 토지의 소산물로서 대신하게 하신다면, 어찌 신과 신의 온 나라 신민과 부로들만이 기뻐하여 황제의 덕화德化 가운데서 춤출 뿐이겠습니까."[96]

1429년 8월 조선 국왕 세종이 명나라 황제 영락제에게 '금과 은을 조공 물품에서 제외해 달라'고 편지를 올렸다. 당시 명나라에 바치는 연례 조공 아이템 가운데 조선 왕실이 가장 꺼렸던 물품이 '처녀'와 '금, 은'이었다. 사람을 외교 희생물로 삼는 것이니, 아무리 사대를 하는 나라라 해도 할 일이 아니었다. 처녀와 금, 은 조공은 매우 가혹했다.

세종이 황제에게 편지를 보내기 20년 전인 1409년 윤4월 28일, 태종이 명나라에 보냈던 사신이 돌아왔다. 이들은 태종이 보낸 편지에 대한 답을 들고 왔는데, 편지에는 금은 조공을 면제해달라는 내용이 적혀 있었다. 기록에 따르면 이 편지를 본 명나라 예부상서 조공趙珝은 황제에게 편지를 올리지도 않고 사신에게 욕을 퍼부었다. "너희나라에서 황제의 은혜를 특별히 후하게 받고 있으니 이 따위 청은 있을 수 없다"는 것이다.[97]

석 달 뒤 태종은 조공할 처녀를 뽑아놓고도 차일피일 미루다가 명나라 내시 황엄과 해수에게 "지난해 뽑은 처녀들에게 시집가는 것을 허락해 달라"고 부탁하기도 했다.[98]

금은과 처녀 조공은 조선 왕실에 고질적인 골칫덩이였다. 1424년 8월 명나라에서 돌아온 사신 원민생은 그때까지 살아서 권력을 휘두르던 내시 해수가 '처녀 2명을 보내라'고 명했다고 보고했다.

"내관 해수海壽가 황제 옆에 서 있다가 '좋은 처녀 2명을 진헌하라'하니, 황제가 기뻐 크게 웃으면서, '20세 이상 30세 이하의 음식 만들고 술 빚는 데 능숙한 시비侍婢 5, 6인도 아울러 뽑아 오라'하고, 저에게 은 1정丁과 채단綵段 3필을 하사하였습니다." 이에 세종은 "처녀를 보내라는 말이냐"라고 놀라며 즉각 중외에 혼인하고 시집보내는 것을 금지하고 진헌색進獻色을 설치했다.[99]

진헌색은 처녀나 말 같은 특별한 진헌물을 고르기 위해 임시로 만드는 관청이다. 처녀를 황제에게 바치기 위해 전국에 금혼령을 내리고, 처녀 선정 기관까지 급조해야 하는 그 꼬라지가 세종에게는 말이 되지 않는 일로 비쳤을 것이다. 그 정도로 조선 초기 명나라의 '처녀'와 '금은' 조공 요구는 가혹했다.

그리하여 5년이 지난 1429년 세종이 마침내 간곡한 어조로 태종에 이어 다시 한 번 황제에게 금과 은을 조공품에서 제외해 달라고 편지를 쓴 것이다.

넉 달 뒤 북경으로 갔던 사신들이 희소식을 가져왔다. 금과 은은 안 바쳐도 된다는 것이다. 12월 6일 명나라 측 협상 파트너 윤봉의 동생 윤중부가 조선 정부로부터 토지 80결을 선물로 받았다.[100]

윤봉은 조선인 출신 명나라 환관이다. 윤봉은 이후 매, 개 따위를 황명皇命이라며 빼앗다가 의전을 맡은 함길도 무장 이징옥에게 혼쭐이 났다. 금은 조공 면제가 얼마나 큰 공이었는지, 세종은 윤봉은 못 건드리고 이징옥을 처벌했다.[101]

그런데 세종이 대처한 방식은 조선 스스로에게 너무나도 가혹했다. 은

16세기 '대항해 시대' 세계무역 결제 수단은 은(銀)이었다. 일본 시마네현에 있는 이와미은광(石見銀山)은 바로 그 16세기에 생산량이 세계 1위였던 은광이다. 일본은 이를 통해 세계무역 네트워크에 동참했다. 일본 은 생산량을 획기적으로 증대시킨 제련법 '회취법'은 조선에서 데려온 기술자 2명에 의해 전수됐다. 조선은 명·청의 조공 요구가 있을까 두려워 팔도 금·은광을 모조리 폐쇄해버렸다. 금·은광 폐쇄 정책은 고종 때까지 계속됐다.

광을 폐쇄해버린 것이다. 이미 태종 때 은이 없다고 주장하다가 들켜서 큰 창피를 당한 경험이 있으니, 이참에 진짜로 은광을 없애버린 것이다. 1485년 최종 완성된 《경국대전經國大典》은 '형전 금제'편에서 '금은을 북경에 몰래 가져 파는 자는 교수형'이라고 규정했다.

세종이 황제에게 보낸 편지에는 금은 진헌을 면제해달라는 요청만 있고, 처녀 진헌을 없애달라는 이야기는 없었다. 처녀 진헌은 이후 기록에도 보인다.[102]

### 잡아보지도 못한 기회들

국법으로 금지된 은광이었지만, 눈앞에 반짝이는 노다지를 사람들이 발로 차버리겠는가. 김감불과 김검동이 회취법을 개발한 함경도 단천 은

광도 마찬가지였다. 그런데 임진왜란 직후인 1600년 당시 국왕 선조는 단천 은광 폐쇄 및 관련자 엄벌령을 내렸다. 은을 캐다 걸리면 그 일족을 국경지대로 강제로 유배시키고, 수령은 뇌물죄로 처벌하며, 감사는 파직하겠다는 경고였다.[103] 때는 전쟁으로 온 나라가 망가진 1600년이었다. 은을 팔아서 군사를 추스르고 만신창이가 된 땅덩어리를 수습해야 할 시기였다.

18세기도 마찬가지였다. 1706년 숙종 때 만든 법전 《전록통고》는 아예 금과 은을 국경도시 의주에 숨겨둔 자를 신고한 사람도 면포 50필을 주거나 혹은 면천免賤하도록 규정했다. 범죄자 엄벌은 물론, 신고자는 옷감을 주거나 노비일 경우에는 양민으로 올려주겠다는 말이다.

1740년 11월 20일, 좌의정 송인명이 새 은광을 발견했다고 영조에게 보고했다. 이에 영조가 다음과 같이 명했다.

"진귀한 물건이 생산되는 곳이 있다는 것은 나라를 위해 이로운 일이 아니다. 금하라."[104]

19세기 헌종은 "금은 채굴 금지는 농사철에 방해가 되고 백성이 이익을 다투게 되니 행한 조치"라는 보고에 채굴 금지정책을 이어갔다.[105]

명이 됐든 오랑캐 청이 됐든 대외적으로는 중국에 들키면 아니 되었다. 내부적으로는 백성이 본업인 농사 대신 이득에 눈이 멀게 되니 아니 되었다. 사대주의와 성리학적 도덕론에 의해 조선의 은은 햇빛을 영영 보지 못했다. 1582년 율곡 이이는 상소 〈진시폐소陳時弊疏〉에서 그 나라를 이렇게 묘사했다.

'國非其國 국비기국'

'나라 꼬라지가 나라가 아니다'라는 뜻이다.

세계문화유산으로 지정된 이와미은광 유네스코센터 전시장 초입에는 철포와 은과 회취법을 한 줄로 요약한 안내문이 걸려 있다. 1526년 은광 발견, 1533년 회취법 도입, 1543년 철포 전래. 안개처럼 조선 정치인들 손아귀에 들어왔다가 빠져나간 기회들이 나란히 적혀 있다.

무리한 조공 요구에 맞서려면 은광 폐쇄가 아니라 생산성을 높일 수 있는 기술을 개발했어야 마땅했다. 조공 물량을 제외한 나머지는 국내 수요를 위해 사용했어야 마땅했다. 세종이 내린 금은광 폐쇄조치는 땅에 비축했다가 좋은 날이 오면 채굴하자는 미래에 대한 고려가 아니었다. 구더기가 무서우니 된장 생산을 금하고 굶어버린 것이다. 금은광 폐쇄정책은 조선 말기까지 일관되게 이어졌다.

관리들 또한 광업이 농사에 지장을 줄 뿐 아니라 금과 은은 사치품이기 때문에 채굴을 억제해야 한다는 사상을 견지했다. 조선 전기까지 국가의 광공업은 부진한 상태였고 민간에서 몰래 채굴하는 이른바 사채私採로 명맥을 유지할 뿐이었다. 조선 후기에도 채금 기술은 여전히 유치함을 면치 못하는 실정에서 획기적인 발전을 바랄 수는 없었다.[106]

1876년 일본과 강화도조약을 맺는 협상테이블에서 역관 오경석이 이

이와미은광 세계문화유산센터 전시장 초입에 있는 안내문. 1526년 은광 발견, 1533년 (조선의) 회취법 도입, 그리고 1543년 철포 전래. 모두 조선 손을 스쳐 간 기회들이다.

렇게 말했다. "우리나라도 철과 석탄의 채굴법을 알게 되면 나라는 반드시 부강해진다."[107]

늦어도 너무 늦었다. 이미 무주공산이 된 조선의 광산은 19세기 말 '제국주의 양허업자의 행복한 사냥터Happy hunting ground of the concessionists'로 전락하고 말았다.[108]

### 은의 역습

일본은 믈라카에 집단 거주지까지 만들어 포르투갈 상인과 무역을 했다. 1543년 9월 포르투갈 상인을 태운 중국 상선이 일본 가고시마 다네가시마에 도착했다. 도주 다네가시마 도키타카가 이들로부터 철포 2정을 구입했다.

1549년 오다 노부나가가 철포 제작 노하우를 전수받은 쿠니토모國友에서 철포 500정을 구입했다. 철포로 무장한 노부나가에 이어 도요토미 히데요시가 통일을 완성했다. 이와미은광 지역 지배자 모리 가문이 히데요시에게 은광을 헌납했다. 히데요시는 이와미 은으로 은화 '문록석주정은文祿石州丁銀'을 만들었다. 히데요시는 이 은화로 철포와 군선軍船을 제작하고 구입했다.

1592년 음력 4월 13일, 새벽 철포부대를 포함한 1만 8,000여 일본군이 대마도 오우라大浦 항구를 빠져나갔다.

임진왜란이다. 조선이 무시한 철포와 조선이 부도덕하다고 몰아붙였던 은의 역습逆襲이다. 이와미은광 안내 팸플릿에는 이렇게 적혀 있다.

1592년 도요토미 히데요시가 제작한 '문록석주정은(文祿石州丁銀)'. 이와미은광을 장악한 후 임진왜란(문록의 역) 철포와 배 같은 무기 구입을 위해 이와미 은으로 만든 은화다.

'하늘의 은혜, 땅의 보물, 인간의 기술'

天の惠地の寶人の技

조선 것이 되고도 남았을 은혜와 보물과 기술이었다.

# 로마로 간 아이들과
# 히데요시의 근거 있는 광기狂氣

"피렌체에서 우리는 멋진 동물원에 갔습니다.
거기에 재미난 맹수들이 많이 있었어요. 사자도 열 마리나 있었답니다."
– 지지와チチ石 미겔, 1586년 유럽으로 떠난 일본 견구사절단 소년 –

## 신神, 일본에 상륙하다

1517년 10월 31일, 마르틴 루터가 독일 비텐베르크교회 정문에 내건 95개조의 반박문은 순식간에 유럽을 종교개혁의 불길로 활활 태웠다. 개혁파는 면죄부를 팔아대는 위선적인 가톨릭세력과 대륙 곳곳에서 전면전을 벌이고, 승리를 이어갔다. 이제 유럽에서 신은 교회를 우회하지 않고 인류와 직접 대면하고 있었다. 가톨릭교회는 순식간에 신을 대리하는 권위와 권력을 잃어버렸다.

당연히 가톨릭세력은 새로운 시장이 필요했다. 유럽이 아닌 바깥 세계에서 신을 대리할 수 있는 권력과 그 권력에 복종할 신인류가 필요했다. 개신교에 맞서는 새 가톨릭 시장 수요가 폭증했다. 포르투갈이 시작한 대항해 시대에 교회가 동참했다. 교회는 바다를 향해 떠나는 사내들에게 축복을 내리고, 미지의 시장으로 함께 떠났다.

13세기 유럽 전역에 베스트셀러가 됐던 베니스 상인 마르코 폴로의 《동방견문록》에 일본이 언급돼 있었다. 지팡구 'Chipangu' 혹은 'Zipangu'라고 표기된 나라였다.

> 지팡구는 아시아 대륙에서 동쪽 끝 1,500마일에 있는 섬이다. 위대한 나라다. 사람들 피부는 흰색이고 문명인들이며 고상한 사람들이다. 그리고 우상숭배자이기도 하다. 그 누구에게도 의지하지 않는다. 내가 자신 있게 말하건대, 그 섬에는 황금이 널려 있다. 다 그 섬에서 나는 황금인데, 그 나라 왕이 황금 수출을 금지하고 있어서 널린 게 황금이다. 게다가 대륙에서 워낙 멀어서 지팡구를 찾는 상인도 드물다. 수출도, 판매도 하지 않으니 황금이 오죽 많겠는가.[109]

1543년 포르투갈 상인이 소총을 일본에 팔아먹고 난 뒤 새로운 사실이 밝혀졌다. 전설로 전해오는 황금의 나라, 지팡구가 실제로 존재했던 것이다! 사람은 유럽인처럼 피부가 밝았고 문명인이며 고상하며 널린 게 황금이라! 구매력이 무한한 시장이었다. 게다가 우상을 숭배한다니 바티칸에서는 이런 경사가 없었다. 상륙만 하면 바로 넓어질 시장이 그려지지 않는가. 총은 그 신흥시장으로 신神을 부르고, 신의 날개를 타고 유럽 상인들이 일본 시장으로 날아왔다. 그 새로운 종교시장 창출 최전방에 투입된 자발적인 전사들이 바로 제수이트, 예수회였다.

1534년 8월 15일 프랑스 파리 몽마르트르 생드니 수도원에서 가톨릭 사제 7명이 제수이트회를 창설했다. 예수회라 불리는 이 조직은 청빈과 정결, 순명(順命, 무조건적 복종)과 함께 복음 전파라는 행동을 네 번째 서원誓願으로 내걸었다. 이들은 포르투갈 원정대와 함께 대서양을 남하하고 인도양을 지나 인도에 첫 시장을 열었다. 개척자는 예수회 창설 멤버 프란치스코 하비에르Francis Xavier였다. 하비에르는 포르투갈인이었다.

1549년 7월 27일 그 하비에르가 일본 가고시마에 상륙했다. 이듬해 하비에르는 나가사키 히라도平戸島에서 첫 포교를 하고 1552년 중국에서 죽었다. 히라도에는 그를 기리는 기념비가 서 있다. 하비에르 상륙 이후 일본은 기독교가 급속도로 세를 넓혀갔다. 다이묘를 비롯해 유럽에서 온 신을 믿는 이 사람들을 일본에서는 '기리시탄'이라 불렀다.

일본 나가사키현 히라도에 있는 프란치스코 하비에르 기념비. 예수회 창립 멤버인 하비에르는 철포의 일본 전래 7년 뒤인 1550년 히라도에서 첫 포교를 했다.

하비에르 후임으로 인도 교구[110]를 맡은 알렉산드로 발리냐노는 일본 시장을 루이스 프로이스Luís Fróis에게 맡겼다. 1563년 일본에 도착한 프로이스는 이후 1597년까지 전국시대 말기 권력자 오다 노부나가, 도요토미 히데요시 옆에서 일본사를 지켜봤다. 프로이스는 그 30년 세월을 기록해 루이스 프로이스의 《일본사Historia de Japam》라는 방대한 책을 남겼다.

전국시대 권력자 오다 노부나가는 교토를 방문한 예수회 루이스 프로이스 일행에게 선교의 자유를 전격 허용했다.[111] 1569년 4월 28일이었다. 이후 포르투갈 선박 출입항인 나가사키에 예수회 선교사들이 몰려들었다. 나가사키는 이내 '작은 로마'라고 불렸다.[112]

4년 뒤인 1573년 프로이스는 노부나가에게 둥근 방패 하나와 유리 플라스크에 담긴 오돌토돌한 포르투갈 사탕 콘페이토confeito를 선물했다. 노부나가는 방패보다 콘페이토를 더 만족해했다.[113] 신神의 강림을 허가해준 권력자에 대한 선물이었다. 그 콘페이토가 지금 일본인이 '콘페이토金平糖'라 부르는 '별사탕'이다. 별사탕으로 상징되는 유럽 문물은 일본을 과격한 속도로 바꿔놓았다.[114]


1582년 오다 노부나가가 죽고 도요토미 히데요시가 통일 작업을 완성했다. 히데요시는 노부나가 정책을 이어 기독교 선교를 허용했다.

1587년 7월 24일 히데요시는 느닷없이 예수회 신부들을 일본 밖으로 쫓아내는 바테렌 추방령을 내렸다. 급증한 가톨릭 세력과 이에 동조하는 기리시탄 다이묘에 대한 두려움과 혐오감이 폭발한 것이다. '바테렌'은 선교사를 뜻한다.

일본에서 최초로 세례를 받은 다이묘 오무라 스미타다大村純忠는 1580년 자기 영내에 있는 나가사키를 아예 예수회에 교회령으로 기부해버렸다. 1587년 규슈 정벌 전쟁을 끝내고 오사카로 복귀하던 중 히데요시는 나가사키에서 예수회 깃발을 목격하고 충격을 받았다. 기리시탄 다이묘의 무장화에 대한 두려움과 포르투갈 군사력에 대한 두려움은 예수회 추방령으로 결론이 났다.

그리고 1591년 3월 3일, 도요토미 히데요시에게 신부들이 돌아왔다.

### 1591년 3월 3일 히데요시 저택

할거하던 군웅을 평정하고 일본을 손에 쥔 히데요시였다. 무릎을 꿇은 다이묘들은 철포와 은으로 무장하고 있었고, 그 철포와 은은 모두 히데요시에게 집중됐다. 사람들은 그를 천하인天下人이라 불렀다. 신의 사제들이 지구를 한 바퀴 돌아 자신에게 고개를 숙이며 선교 허가를 애걸하고 있었다. 실질과 명분과 자신감은 서로를 증폭시키며 히데요시 머릿속에서 광기狂氣로 바뀌고 있었다.

그 광기 가득한 천하인에게 인도를 떠난 예수회 사절단이 찾아왔다. 교토에 막 완공된 저택 이름은 주라쿠다이聚樂第다. 이들은 4년 전 발포됐던 바테렌 추방령 철회를 요청하는 사절이었다. 히데요시는 그들에게 인도 제국 사절단 자격으로 오라고 요구했고, 예수회는 적절한 제스처로 이를 따랐다.

일본 측이 제공한 말과 가마를 타고 사절단이 주라쿠다이로 행진했다. 인도 청년이 양산을 들고 말을 몰았고 포르투갈 기수가 뒤를 따랐다. 226대 교황 그레고리오 13세가 준 금빛 테두리 장식의 외투를 걸친 20대 특별 수행원 4명도 끼어 있었다. 누가 보더라도 이들은 포르투갈 사제단이 아니라 위풍당당한 인도 사절단이었다.

주라쿠다이는 기와에 금박을 둘렀고 건물 사방에는 해자가 설치돼 있었다. 더 바랄 수 없을 정도로 청결한 넓은 방에서 이들은 히데요시를 만났다. 의전이 오가고, 젊은 수행단이 유럽 악기를 연주하며 성가를 노래했다. 연주가 끝나고 히데요시가 이렇게 말했다.

"너희가 일본인이라는 사실이 매우 자랑스럽구나."[115]

악기를 연주한 이들은 일본인, 그것도 20대 청년들. 아름답고 화려한 유럽식 제복을 입은 그들은 일본 청년들이었다.

### 유럽으로 떠난 아이들

이들 이름은 이토伊東 만쇼, 지지와千々石 미겔, 하라原 마르티노, 나카우라中浦 줄리아노. 열두세 살에 유럽으로 떠나 8년 반 만에 성인이 되어 돌아온 '덴쇼견구소년사절단天正遣歐少年使節團'이었다. 1582년 기리시탄 다이묘 오무라 스미타다, 아리마 하루노부有馬晴信, 오토모 요시시게가 교황 접견을 목적으로 파견한 소년들이다. 파견은 예수회 순찰사였던 발리냐노가 적극적으로 후원해 이뤄졌다.[116] 아이들은 발리냐노가 나가사키 히노에성日野江城에 설립한 신학교 학생 22명 가운데 네 명이었다. 모두 사무라이 가문 자제들이었다.

이들은 기숙사에서 먹고 자며 철저하게 유럽식으로 교육을 받았다. 파란색 교복을 입고 기도하는 법과 라틴어, 악기 연주법을 배웠다. 철학과 신학은 당연했다. 또 아이들이 유럽 문화에 익숙하도록 문화 일반도 과목으로 채택했다. 10대 일본 귀족 청소년들이 16세기에 유럽을 전수받고 있었다는 말이다.

이 신학교 1기생 가운데 고르고 고른 우등생이 이들 소년 사절단이었다. 모두 귀족이었고 모두 우등생이었고, 모두 열정 가득한 기독교도였다. 그 아이들이 1582년 2월 20일 범선을 타고 나가사키항을 떠났다. 바람에 의지해 망망대해로 가는 여행이었다. 돌아오지 못할 가능성 또한 컸다. 많은 사람들이 항해의 위험, 난관, 날씨 때문에 살아서 돌아올 가망이 없다고 점쳤다. 가족들은 출항 전까지 울며 말렸다. 새로운 천국을 본국에 자랑하려는 발리냐노가 적극적으로 이들을 설득했고, 열정 가득한 아이들은 이를 따랐다.

눈물 그렁그렁한 가족들을 뒤로 하고 아이들은 나가사키 오무라항을 떠났다. 오무라항 해변공원에는 이 네 아이들의 동상이 서 있다. 아이들이 손으로 가리키는 곳에는 공항이 들어서 있다.

이들은 2년 6개월 만인 1584년 8월 11일 포르투갈 리스본에 도착했다. 마카오, 믈라카, 고아를 거쳤다. 도착 다음날 말 네 필이 끄는 마차로 리스본을 돌아보며 아이들은 경탄을 금할 수 없었다. 낮은 일본 목조건물과 전혀 다른 고층빌딩들이 빽빽하게 하늘을 가리고 있는 것이다. 아이들을 반기며 내놓은 고기와 포도주도 입에 전혀 맞지 않았다. 가끔 지지와는 엄마가 만든 주먹밥을 먹고 싶다고 울기도 했다.

9월 말 스페인 마드리드에서 아이들은 그 무렵 유럽에 유행하던 천연두에 걸려 앓아누웠다. 당시 세계 최고 권력자 펠리페 2세가 의료진을 보내 이들을 정성껏 치료했다. 완쾌된 이들은 두 달 뒤 펠리페 2세를 알현했다. 유럽과 지팡구가 만나는 순간이었다.

이탈리아 토스카나공국 수도 피렌체에서는 메디치 궁전에 묵으며 르네상스 문화를 흠뻑 맛봤다. 거기에는 레오나르도 다 빈치의 작품이 있었고 미켈란젤로와 라파엘로의 그림과 조각이 있었다. 토스카나공국 프란치스코 대공은 지팡구의 아이들에게 가톨릭 문화의 정수들을 아낌없이 자랑했다. 아이들은 아이들답게, 그때 유럽에 갓 생겨난 동물원에 더 큰 감동을 받았다. "재미난 맹수들이 많았어요. 사자도 열 마리나. 호랑이는 네 마리, 곰 네 마리, 표범처럼 생긴 산고양이도 두 마리. 모두 프란치스코 대공이 먹이를 댄답니다."

그리고 1585년 3월 24일, 마침내 소년들은 교황 그레고리오 13세를 알현했다. 성베드로 성당으로 가는 행렬은 기병대 300명이 호위를 했고, 축포가 200발 넘게 울렸다. 나가우라 줄리아노가 갑자기 아픈 바람에 행렬에 참가한 소년은 세 명이었다. 예수를 찾아갔던 동방박사 3명 전설이 실현되는 것처럼 보였다.[117] 소년들은 외국 제왕에 준하는 대접을 받으며 교황 앞에 다가가 그 발에 입을 맞췄다. 지지와는 "눈물이 날 지경이었다"라고 기록했다.

4월 10일 교황이 죽었다. 거리에서 소식을 들은 아이들은 울면서 숙소로 돌아갔다. 4월 24일 새로운 교황 식스토 5세가 선출됐다. 아이들은 새 교황 착좌식에 참석하고 이어 로마 교구청이 있는 라테라노대성당까지 행렬에도 참석했다.[118] 소년들은 로마시의회로부터 명예 로마시민권과 귀족 작위를 받았다.

황금의 나라 지팡구에서 온 소년들은 어딜 가든 성대한 환영을 받았다. 프랑스와 독일 국왕, 제후들도 이들을 초청했지만 시간이 없었다.

'지팡구 왕자들'에 관한 소문은 삽시간에 유럽 전역으로 퍼졌고 1585년 한 해에만 유럽 전역에서 이들에 관한 보고서가 48권이 쏟아졌다.[119] 이 가운데에는 유럽 시각에서 본 일본과 일본 풍습 특히 식사예법에 관한 보고서도 있었다. 밀라노에서 나온 '일본인 사절단의 로마 방문에서 리스본 출발까지의 보고서'(1586)는 3쇄까지 출판됐다. 마지막 개정판은 1895년에 출판됐다. 종교개혁 이후 위축됐던 교회 권위가 동쪽에서 온 젊은 기독교도들에 의해 부활하는 듯했다.

일본 나가사키현 오무라시 모리조노(森園) 공원에 있는 덴쇼견구소년사절단(天正遣歐少年使節團) 동상.

일정을 마친 이들은 리스본에서 구텐베르크식 활판인쇄기 한 대와 유럽지도와 그림을 구입했다. 1586년 4월 13일 리스본을 떠난 배는 4년 항해 끝에 마카오를 거쳐 1590년 7월 21일 나가사키로 돌아왔다. 마카오에서 발리냐노는 《소년사절단 대화록》800부와 《기독교 사제 교육 지침서》600부를 이 인쇄기로 인쇄해 출판했다.

이미 추방령이 내려진 이후였다. 하지만 일본 기리시탄들은 여전히 몰래 기독교를 신앙하고 있었다. 이들을 파견했던 다이묘 아리마 하리노부는 "금교령 때문에 어렵지만, 최선을 다하고 있다"는 답서를 스페인으로 보냈다.

그리고 이듬해 이들을 앞세운 예수회 신부들이 히데요시와 재회한 것이다. 선교 금지령은 풀리지 않았고 기리시탄 다이묘들은 죽었다. 루이스 프로이스는 "히데요시는 귀족들을 포교대상으로 삼은 예수회 신부들을 위험한 존재로 생각했다"고 기록했다.

네 소년 가운데 이토 만쇼는 관직을 주겠다는 히데요시 권유를 거부하고 마카오로 유학을 떠났다가 돌아와 병사했다. 지지와 미겔은 1606년 기독교를 버렸다. 하라 마르티노는 마카오에서 죽었다. 나가우라 줄리아노는 마카오로 갔다가 돌아와 1632년 선교 도중 체포돼 처형됐다.

16세기 극동 섬나라 아이들이 막 세계사를 주도하기 시작한 유럽을 만났다. 그 대문명을 대면하고 새로운 세계와 새로운 일본을 기획할 수 있는 성숙한 영혼들은 아니었다. 교황이 던지는 메시지보다는 그 발에 입을 맞추며 감격하고, 다 빈치 걸작보다는 사자와 호랑이에 감탄하는 아이들이었다. 위험한 여행을 시작한 동기 또한 종교적인 열정이었지 문명사적인 호기심은 아니었다.

하지만 조선과 일본 관계사라는 시각에서 보면, 이는 조선에서는 있을 수 없고, 있어서도 안 되는 사건이었다. 유럽의 존재를 알지도 못했고, 설사 유럽을 알고 있었다 하더라도 그 누가 그 오랑캐의 땅으로 자기 아이들을 보냈을 것인가.


아이들의 삶은 불우했지만 기독교로 상징되는 초기 유럽-일본 교류사는 더욱 깊고 넓어졌다. 훗날 도쿠가와 이에야스가 기독교를 금지하기 전 기리시탄 숫자는 50만 명까지 급증해 있었다.[120] 유럽 최강국 포르투갈, 스페인 그리고 바티칸은 이들을 통해 일본을 다시 한 번 교역 파트너로 각인했다.

그때 조선에서는 무슨 일이 벌어지고 있었을까.

## 조선만 몰랐던 전쟁

예수회 사절단이 히데요시를 접견하기 넉 달 전인 1590년 11월 7일 조선통신사가 똑같은 대저택 같은 방에서 도요토미 히데요시를 만났다. 방문 전 부사 김성일을 제외한 일행은 예복을 거부하고 평복을 입었다.

상사와 서장관은 왜인의 가마타기를 좋아하였으나, 공(김성일)은 예복을 갖추고 다녔다. 공이 말했다. "왕명을 받들고 나와서 예복을 입는 것은 왕명을 공경하는 일이다. 다른 나라 도성에 들어가면서 예복을 입지 않아서야 되겠는가." 상사와 서장관은 따르지 않았다. 궁녀들과 고관에 이르기까지 모두 궁궐 앞에 모였는데, 모두 부사副使 김성일 앞에서는 무릎을 꿇고 손을 맞잡아 예법대로 공경을 다하였으나 상사와 서장관에 대해서는 보는 둥 마는 둥 하였다. 서장관이 비로소 후회하였다.[121]

4개월 뒤 똑같은 길을 거쳐 히데요시를 만난 예수회 사절단은 "넉 달 전 조선인들은 천박하게 정강이를 드러내고 걷고 길에서 음식을 먹다가 일본인으로부터 경멸당했다"고 기록했다.[122]

조선통신사가 히데요시를 접견하고 나흘 뒤 히데요시 국서가 전달됐다. 글이 오만하고 '한걸음에 명나라로 들어가겠다'느니 '귀국이 앞잡이가 되어 입조入朝해 달라'느니 하는 말들이 있었다. 통신사들은 크게 놀라 의리에 의거하여 거절하였다.[123] 명분이 눈을 가려버린 것이다.

히데요시에게 권력을 물려준 오다 노부나가가 죽기 전, 프로이스는 노부나가가 못 이룬 야망을 이렇게 기록했다. '노부나가는 일본 66개국 절대군주가 된 후 거대 함대를 편성해 중국을 무력으로 정복하고 여러 국을 아들들에게 나누어줄 생각이었다.'[124] 히데요시도 야망은 똑같았다. 1586년 5월 4일 예수회 신부들이 오사카성을 방문했다. 히데요시가 신부들에게 말했다.

"나는 일본 전국을 귀속시켰으니 영토나 금이나 은을 갖고 싶은 마음은 더 이상 없다. 오직 명성과 권세를 사후에 남기고자 할 뿐이다. 일본국을 동생 히데나가에게 양도하고 나는 조선과 중국 정복에 전념하고 싶다." 히데요시는 이를 위해 선박 2,000척을 건조할 준비를 하고 있으며, 신부들에게는 포르투갈식 대형선박 2척을 유상으로 조달해달라고 요구했다. 그리고 이렇게 덧붙였다. "장래 일본인 절반 이상이 기리시탄이 될 것이다."[125]

기독교에 대한 호의를 재확인해준 대화였고, 조선 침략 계획을 공식적으로 공개한 대화이기도 했다. 기독교 허용 방침은 곧 철회되고 일본에서 예수회는 추방됐다. 하지만 야망은 더 커져 있었다. 조선통신사가 귀국한 그 해 9월 12일 히데요시는 인도 부왕 앞으로 편지를 썼다. "반드시 중국 왕국을 정복하리라 결심하였다."[126] 이미 오다 노부나가가 한 번, 1586년 히데요시 본인이 또 한 번 유럽인들에게 공포했던 전쟁이었다.

1591년 3월 1일, 동래로 귀국한 사절단에는 일본 승려 현소가 동행했다. 이들을 맞이한 조선 관리 오억령에게 현소가 근심스럽게 말했다. "내년에 틀림없이 길을 빌어 명나라를 침략할 것이다." 오억령이 즉시 장계를 만들어 조정에 보고했다. 깜짝 놀란 조정에서는 오억령을 직위해제했다.[127] 성실한 공무원이 성실했다는 죄로 보직해임 되다니, 이상하지 않은가.

한양에 도착해 경복궁에 입궐한 통신사 정사 황윤길은 선조에게 "필시 병화兵禍가 있을 것"이라고 했다. 부사 김성일은 "그러한 정상은 발견

하지 못하였는데 황윤길이 인심을 동요하게 한다"고 했다.[128] 일본 체류
기간 내내 복장부터 일정까지 사사건건 서로 시비를 걸며 싸워댄 사람들
이었다. 결국 선조는 마음 편안하게 해주는 부사 김성일의 판단을 따르
고 말았다.

### 소년들이 떠날 때 이미 망가진 조선

일본 아이들이 유럽으로 떠난 1582년 10월 조선 퇴역 공무원 이이가
선조에게 올린 〈진시폐소〉에는 개국 200년 만인 조선 경제가 이렇게 표
현돼 있다.

200년 겹겹이 쌓인 나라가 지금 2년 먹을 양식도 없다.[129]

왜 조선 경제가 그리 돼버렸는지 권력자들은 알지 못했다. 그 사이 철
포와 은과 세계를 받아들인 일본은 차근차근 힘을 쌓고 있었다.

1592년 4월 13일, 전쟁이 터졌다. 히데요시 16만 대군 중심에는 규슈
지역 기리시탄 다이묘들 병력 3만이 있었다. 히데요시 군단 명부에 편성
된 다이묘 40명 중 25명이 기리시탄 장군이었다.[130]

1592년 4월 14일, 경상도 동래에 상륙한 일본군은 상주와 문경과 충
주를 거쳐 한성으로 입성했다. 20일 걸렸다. 그보다 이틀 전 선조는 의주
를 향해 도주했다. 마음속 목적지는 명나라 요동遼東이었다. 피란이 아니
라 '내부內附'였다. 황제국가로 들어가서 붙어살겠다는 뜻이다.[131] 류성룡
을 비롯한 몇몇 관료의 만류에 발걸음은 압록강 남쪽 의주에서 멎었지
만, 이후에도 선조는 명나라로 건너가 황제의 은총 속에 목숨을 부지하
려는 꿈을 지우지 않았다. 개전 직후 예수회 순찰사 발리냐노는 "히데요
시가 이미 조선국을 정복했다"고 기록했다.[132]

경북 문경새재 2관문인 조령관. 임진왜란 개전 직후 조선 육군 사령관 신립은 천혜의 요새인 새재를 방치해 참패
했다. 관문은 전쟁 후 세웠다.

1593년 6월 오사카에서 명과 일본의 강화 협상이 벌어졌다. 명나라 사
절 심유경에게 일본은 "진주성을 공격할 예정"이라고 알려줬다. 심유경
은 급히 조선 주둔 명군에 진주 철수를 요청했다.[133] 고립된 진주성에서
는 직립直立해 있는 모든 생명이 전멸했다. 이미 개전 1년 만에 평안도 감
찰사 이원익은 "명군이 나아가 싸울 뜻이 전혀 없으니 통탄스럽다"고 보
고했다.[134] 믿었던 사대事大 본국이 제후국을 버린 것이다.

그럼에도 선조는 명나라가 나라를 다시 세워준 은혜, '재조지은再造之恩'
을 외쳤다. 믿을 수 없다.

## 문명사가 충돌한 임진왜란

도도하되 막지 못할 강물이 조선에서 과격하게 만났다. 대항해 시대,
코페르니쿠스의 과학과 군사기술과 자본이 만난 사건이 임진왜란이었
다. 흐름을 역행했던 폐쇄 왕국 조선은 국민과 국토가 망가졌다.

대한민국 징비록

경남 진주성에 펄럭이는 장수 깃발. 1593년 2차 진주성 전투는 사대(事大) 본국 명군의 철저한 외면 속에 치러졌다.

조선이 쇄국을 고집하는 동안 나이 어린 일본 소년들이 인도양을 건너 바티칸에서 신을 만나고 있었다. 유럽대륙에서는 이들 신인류를 반기는 행사가 곳곳에서 열렸다. 성인이 되어 금의환향한 소년들은 히데요시로부터 환대를 받았다. 그들이 환대를 받는 그 순간 조선에서 파견된 관리들은 성리학적 아집과 세계관에 사로잡혀 정세를 읽지 못했다. 일본을 읽지 못한 것이 아니었다. 일본에 와 있던 세계世界를 읽지 못한 것이다.

지적 호기심을 충족시키는 그런 독법讀法 이야기가 아니다. 일본에 총이라는 개인 화기를 전수해주고, 일본에 지구라는 거대한 공간과 그 거대한 공간에 존재하는 백만 가지 지식과 지혜가 있음을 알려준 유럽을 읽지 못했다는 이야기다.

조선 엘리트들은 히데요시를 만났던 그 공간, 동일한 자리에서 풍겨나는 이국적인 냄새와 분위기를 읽지 못했다. 그들은 오로지 히데요시의 광기를 읽는 데에만 좁은 눈을 사용했다. 그나마 그 광기를 해석하는 방식에 객관이 아닌 당파적인 이기심을 적용해 이듬해 나라를 전쟁터로 몰아넣고 말았다.

1593년 10월 22일 선조가 정기 어전회의를 주재했다. 1년 반 전 개전 보름 만에 의주로 도망갔다가 환도한 지 3주째 되는 날이었다. 왕이 말했다.

"경상도 풍속은 아들이 글을 잘하면 마루에 앉히고, 무예를 익히면 마당에 앉혀 노예처럼 여긴다. 오늘날 같은 일은 경상도가 오도誤導한 소치다. 육상산陸象山은 자제들에게 무예를 익히게 했고 왕양명王陽明은 말타기와 활쏘기를 잘했다 한다. 우리나라는 책만으로 애들을 가르쳐 문과 무를 나누어 놓았다. 참으로 할 말이 없다."[135]

육상산과 왕양명은 주자의 성리학에 맞서는 실천적 유학, 양명학을 주장한 사람들이다. 개국 후 200년 평화 시대가 파탄 난 이유를 선조는 남이야기하듯 정확하게 알고 있었다. 국가 차원에서는 강병强兵이 없었고 개인 차원에서는 무武를 천시한 결과라는 것이다.

맞는 말이었다. 하지만 이 말을 하는 선조에게 자기가 그 나라 최고지도자라는 반성은 전혀 보이지 않는다. 소위 '유체 이탈 화법'이다. 조총을 역설계해 신식 조총을 제작하는 능력 있는 지도자요 전황 분석은 병조판서보다 뛰어난 국왕이었다. 하지만 나라가 망가진 데 대한 책임의식은 소유하지 않았다. 예리한 분석은 분석으로 그쳤다. 군주가 버리고 달아난 백성들이 불 질러 버린 경복궁 폐허 앞에서도, 역대 권력자와 그 집단은 강병과 부국의 길을 찾지 않았다.

조선에서 전수된 기술로 이와미은광에서 제련한 은은 그대로 군선과 철포로 바뀌었다. 히데요시는 그 빵빵한 군자금과 무기에 기대 조선을 치고, 중국 대륙을 칠 계획을 세웠다.

무리한 전쟁이었다. 전국을 통일한 히데요시가 아직 진화되지 않은 국내 갈등을 외부 갈등으로 해소하기 위해 벌인 전쟁이었다. 전쟁을 지켜본 순찰사 발리냐노는 이렇게 기록했다. "분명한 것은, 이 전쟁은 아무런 명분이 없다는 사실이다."[136]

지구가 회전하는 동력은 힘이다. 임진왜란을 명분 없다고 비난했던 예수회가 아메리카에 신을 전파한 동력 또한 무자비한 무력이었다. 히데요시가 광기를 발산하게 된 근거도 무력과 실력이었다. 조선 집권층은 명분만 가지고 있었다.

히데요시의 광기 뒤에는 철포 전래와 함께 일본으로 유입된 세계의 정보에 대한 신뢰가 숨어 있었다. 16세기 후반 일본은 더 이상 책과 쌀을 구걸해 가는 무식한 소국이 아니었다. 광기에 명분은 없었으나 근거는 있었다.

임진왜란은 문약과 무능에 빠진 조선 지도자와 세상을 터무니없이 쉽게 봤던 도요토미 히데요시의 광기가 만든 합작품이었다. 세종이 이룩해 낸 과학 기술 성과와 군사력은 100년 세월 동안 사라져 버렸고 조선 지도자들은 조선 땅에 거듭 들어왔던 철포를 외면했다. 철포를 만들 수 있는 자본, 은 또한 조선 땅 지하에 묻혀버렸고 그 제련법은 일본으로 유출됐다.

은을 챙기지 못했다면 철포를 챙겨야 했고, 철포를 챙기지 못했다면 두 눈 부릅뜨고 두 귀 활짝 열어 정보라도 배터지게 확보했어야 했다.

주라쿠다이 대저택에서 조선 엘리트들은 그 광기와 그 자신감을 똑똑히 보았다. 그런데 그 누구도 알지 못했다. 바보였거나 무능했거나 아니면 둘 다였거나. 세상이 팽팽 돌아가고 있는데 조선 권력자들은 서로 머리끄덩이를 쥐고 제자리를 지키려고 안간힘을 쓰고 있었다. 눈을 가린 것이다. 세상을 인정하지 않고, 눈만 가려버린 것이다. 그 힘이 쇠진하고 나니 전쟁이 닥쳐버린 것이다.

4장
/

# 요동치는 천하

# 일본의 비상구
# 데지마出島

요 임금 내장도 내장이고 폭군 걸의 내장도 내장이고
북쪽 남쪽 오랑캐 창자도 창자일 뿐이다.[137]
- 의사 야마와키 도요 -

## 명의 몰락과 청의 등장

1598년 동아시아 세계전쟁 임진왜란이 끝났다. 대륙에서는 명이 몰락했고 오랑캐 여진족이 급부상했다. 1616년 여진족장 누르하치는 후금을 건국하고 명에 대한 압박을 이어갔다. 1636년 누르하치의 아들 홍타이치가 국호를 청淸으로 바꾸고 스스로 황제임을 선포했다. 1644년 명이 멸망했다. 반군 이자성의 난에 의한 자멸이었다. 1368년부터 276년 동안 아시아를 지배했던 한족 명나라의 천하天下가 스스로 붕괴됐다. 천하가 요동쳤다.

일본에서는 도요토미 히데요시 시대가 끝나고 1603년 도쿠가와 이에야스가 권력을 장악했다. 도쿠가와 정권은 대륙에서 벌어진 변혁을 감지하고 스스로 중국中國이라 불렀다. 무주공산이 된 천하의 주인은 일본이라는 것이다.

조선은 청이 만든 질서를 거부했다. 조선에 치욕적으로 거부당한 청은 정묘호란과 병자호란을 통해 무방비상태인 조선을 무력으로 유린했다. 철학적 논쟁으로 시작된 사대는 권력을 유지하기 위한 수단으로 변질됐다. 조선은 더욱 깊이 옛 질서 속으로 침잠해 들어갔다.

요동치는 천하 속에서 일본은 탈출구를 찾았다. 탈출구 이름은 '데지마出島'였다.

## 기이하고 어이없는 하멜 표류기

1653년 7월 네덜란드 동인도회사 소속 상선 스페르웨르호가 타이완을 출발해 일본 나가사키로 향했다. 양력 8월 16일 배는 악천후 속에 제주도 대야수 해변에서 난파했다. 서기 헨드릭 하멜Hendrik Hamel을 비롯한 살아남은 선원 36명은 제주목 관아를 거쳐 서울로 압송됐다.

유럽 최강 해양국 네덜란드에서 최고급 인력 36명이 굴러 들어왔다. 몸이 들어온 게 아니라 그 당시 첨단 항해술, 무기술과 경험이 한꺼번에 들어왔다. 하멜 일행에게는 불행한 일이었지만 조선에는 최고의 기회였다. 세상을 향한 거대한 창문이 눈앞에 열린 것이다. 그 투명하고 거대한 창문 앞에서, 하멜에 따르면 제주목 대정현감 권극중과 판관 노정은 이렇게 행동했다.

> 그들은 포도주 맛을 보더니 맛이 있었던지 아주 많이 마셨고 대단히 행복해하며 우리 상급선원들을 텐트로 돌려보냈다. 그리고 그 전에 가져간 은銀 술잔도 되돌려줬다.[138]

실록에는 기록이 없으니, 단군 이래 최초로 서양인으로부터 양주를 접대받은 사실은 중앙정부에 보고되지 않았음이 분명하다. 하멜 일행은 서울 압송 이후 강진, 여수 등지를 떠돌다 13년 20일 뒤 나가사키로 탈출했다.

하멜 일행이 조선에서 한 일은 '풀 뜯기', '땔감 베어오기', '양반집 구경거리 되기', '구걸하기'가 전부였다. 세상을 향해 열려 있던 그 거대한 창문 앞에서 할 일은 분명 아니었다. 결국 하멜 일행 중 생존해 있던 8명은 주민들로부터 작은 배를 사서 조선을 탈출했다. 그 강제 무급無給 단순노동 13년이 억울해서, 밀린 월급 받기 위해 쓴 보고서가《하멜 표류기》다.

1666년 9월 4일 억류생활 13년 만에 조선을 탈출한 하멜 일행은 사흘 만에 일본 규슈 북서쪽 작은 섬 히라도平戶島에 도착했다. "풀이나 뜯는 노예로 사느니 죽는 게 낫다"며 감행한 탈출이었다. 10월 25일 나가사키로 이동한 하멜은 일본인 관리로부터 혹독한 심문을 받았다. 그런데 나가사

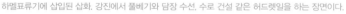
하멜표류기에 삽입된 삽화. 강진에서 풀베기와 담장 수선, 수로 건설 같은 허드렛일을 하는 장면이다.

키 공무원 태도가 섬뜩하다. 나가사키 공무원은 난파선 규모 및 항해 목적, 조선의 군부대 배치 현황, 경제, 풍습, 종교, 탈출 경위가 포함된 5개 분야 54개 항을 강도 높게 심문했다. 조선 당국이 13년 동안 하지 않은 일이었다.

질문 번호 46번: "조선 왕은 왜 당신을 보내주지 않았나?"

답: "왕은 조선이 다른 나라에 알려지기를 원치 않기에 외국인을 결코 보내지 않는다고 했다."

설명이 이어졌다.

"조선인은 전 세계에 나라가 12개뿐이라고 생각한다. 옛 기록에 나라가 8만 4,000개라고 적혀 있지만 태양이 한나절 동안 그렇게 많은 나라를 다 비출 수 없기 때문에 지어낸 얘기라고들 했다."[139]

3년 뒤 나가사키에 있던 네덜란드 상관(商館, 무역사무소)이 바타비아(자카르타) 네덜란드 총독부에 보고했다. "조선은 가난한데다 교역을 원치 않는다. 항구도 없다. 일본과 중국 또한 우리와 조선의 교역을 원치 않는다."[140]

그때 일본 도쿠가와 정권은 조선처럼 쇄국정책을 펴고 있었다. 그런데 하멜이 13년 20일 만에 탈출해 도착한 나가사키에는 그믐밤 별처럼, 세계를 향해 날카롭게 빛나는 문이 열려 있었다. 이름은 '데지마出島'였다. 조선에 표류하기 전 스페르웨르호가 향하던 최종 목적지, 그리고 그들이 조선을 탈출해 심문을 받은 장소가 바로 이 섬이었다.

## 해적의 시대, 쇄국의 시대

15세기 대항해 시대가 개막했다. 식민지 전쟁이 불붙었다. 1581년 스페인으로부터 독립한 네덜란드와 영국이 뒤를 이었다. 식민지 개척보다는 식민지 금은보화를 실은 상선 약탈이 쉬웠다. 바다에는 해적 떼가 들끓었다. 그 사이 동아시아 3국, 중국과 조선과 일본은 나라 문을 걸어 잠갔다. 명은 동아시아 바다에 들끓던 해적이 골치였다. 조선은 명·청에게만 문을 열었다.

일본에서는 도요토미 히데요시가 죽고 도쿠가와 이에야스가 권력을 잡았다. 1615년 이에야스가 히데요시의 아들 히데요리와 결전을 벌인 오사카성 부대 깃발에는 '소망, 영광의 십자가, 구세주와 성 야고보 성상'이 그려져 있었다.[141] 예수회와 프란치스코 수도회의 맹활약으로 기리시탄 세력은 30만 명까지 급증해 있었다. 이에야스의 에도 막부는 기리시탄 세력을 탄압하며 쇄국에 돌입했다. 기리시탄 처형과 기리시탄을 중심으로 한 농민 반란이 이어졌다.

1637년 일본은 가톨릭세력을 추방하고 완전히 나라 문을 잠갔다. 추방된 집단은 예수회와 프란치스코 수도회 그리고 이들을 앞세웠던 포르투갈과 스페인이었다. 개신교 국가 네덜란드는 예외였다. 네덜란드는 목적이 오로지 교역이었으니까.

거기에 미우라 안진三浦按針이 살다 죽었다. 안진은 하타모토旗本다. 하타모토는 일본 상층 계급인 무사 가운데 막부 쇼군을 알현할 수 있는 상급무사다. 상급무사 미우라 안진은, 영국인이다. 본명은 윌리엄 애덤스다.

## 영국인 사무라이, 미우라 안진

1602년 후발주자 네덜란드는 시장 개척 자본을 위해 동인도회사를 설립했다. 세계 최초 주식회사다. 이 주식 거래를 위해 네덜란드는 역시 세계 최초 증권거래소를 암스테르담에 설립했다. 설립 목적은 종교 전파도 아니었고 식민지 건설도 아니었다. 오로지 돈, 이윤 창출이 목적이었다. 네덜란드가 등장하면서 세계사는 또 한 번 질적으로 대변신을 경험한다.(네덜란드 동인도회사에 대해서는 6장에서 이야기하기로 하자.)

영국인 윌리엄 애덤스는 동인도회사 창설 초기 직원으로 대서양을 건너고 태평양을 건넜다. 런던 빈민가에서 성장한 이 서른다섯 먹은 사내는 네덜란드가 비밀리에 선단을 꾸린다는 소식에 무작정 지원했다. 1599년 출항한 선단 5척 가운데 두 척은 스페인 해적에 나포됐고 한 척은 돌아갔다. 한 척은 태평양에서 침몰하고 애덤스가 탄 리프데Lifde호만 남았다. 1600년 4월 19일 탈탈 털린 리프데호가 표류 끝에 일본에 도착했다. 53년 뒤 조선에 표류해 13년 동안 강제 막노동에 종사한 네덜란드 사람 하멜과는 대우가 많이 달랐다.

일본 나가사키현 히라도에 있는 영국인 윌리엄 애덤스의 무덤. 1600년 네덜란드 상선을 타고 일본에 표착한 애덤스는 도쿠가와 이에야스에 의해 미우라 안진(三浦按針)으로 이름을 바꾸고 상급 사무라이 신분과 토지와 돈을 받고 에도 막부 외교 및 통상 고문으로 일하다 죽었다.

오사카에서 이에야스를 만난 애덤스는 가톨릭과 개신교의 차이, 지구를 도는 여러 항로와 선박에 대해 한밤중까지 얘기했다. 가톨릭 신부들은 일본 최고 권력자와 대화하는 신교도를 불안하게 지켜볼 수밖에 없었다. 신부들은 개신교 나라 배를 타고 온 이 이교도를 죽여야 한다고 주장했다. 애덤스는 투옥됐다. 두 번째 만남에서 이에야스는 영국과 전쟁과 평화와 모든 종류의 짐승과 천국에 대해 물었다.

그리고 애덤스는 석방됐다. 1603년 이에야스는 애덤스에게 유럽식 선박 건조를 명했다. 애덤스는 80톤짜리 배를 건조한 데 이어 120톤짜리도 건조해 성공리에 진수시켰다. '산 부에나 벤튜라San Buena Ventura'호로 명명된 이 배는 1610년 일본에 난파된 스페인 함대에 임대돼 태평양을 건너 뉴멕시코에 도착했다.

4년 뒤인 1614년 센다이번 다이묘 다테 마사무네가 500톤급 유럽식 범선 '다테마루伊達丸'를 건조했다. 1620년 상급무사 하세쿠라 쓰네나가支倉常長가 그 배를 타고 태평양을 건넜다. 쓰네나가는 도쿠가와 막부의 교역 요청 친서를 휴대하고 유럽으로 갔다. 쓰네나가는 1615년 스페인 국왕 필리페 3세에 이어 교황 파울루스 5세를 만나 세례를 받고 1620년 귀국했다. 1582년 어린 일본 소년 네 명이 갔던 그 길을 30년 만에 지도자급 일본인이 다시 밟은 것이다.

귀국하기 전 막부가 쇄국정책을 강화하면서 교역은 무위로 끝났다. 하지만 지금도 멕시코와 쿠바에는 쓰네나가 일행이 남긴 흔적이 곳곳에 남아 있다. 영국인 사무라이 미우라 안진에게 풀 뽑기와 담장 수선 대신 무역과 조선 자문을 맡긴 결과가 바로 교류交流였다.


프란치스코 수도회는 신교도에 애정을 보이는 지도자를 보며 위기감을 느꼈다. 위기감은 황당한 모습으로 표현됐다. 수도회 수사 후안 데 마드리드가 "기적으로 개신교도를 개종시키겠다"며 에도 앞바다 우라<sup>浦賀</sup>만 물 위를 걷겠다고 장담한 것이다.

그 전에 마드리드는 '여호수아처럼 태양을 멈춰 서게 하든지 아니면 베드로처럼 물 위를 걷겠다'고 선언했다. 기적을 보이면 신교도들이 신에게 항복하리라고 생각한 것이다. 네덜란드 선원들은 "민감한 피부가 화상을 입을 것"이라고 빈정대며 여호수아 흉내를 거부했다. 마드리드는 베드로를 택했다.

모두가 예상했던 대로 마드리드는 '자신의 잔꾀와 신앙심 때문에 익사할 뻔했고' 신교도 선원들은 수천 관중들이 보는 앞에서 신부를 구해냈다. 1614년 11월 10일 히라도 영국 상관장 콕스가 영국에 보낸 편지에 따르면 '네덜란드 선원에 구조된 신부는 가톨릭교도에게 지울 수 없는 불명예로 남았다.'[142]

이에야스는 애덤스를 통상과 외교 고문으로 삼았다. 애덤스가 영국 귀국 허가를 요청하자 이에야스는 그에게 후지산이 보이는 저택과 농노가 80~90명이 딸린 영지를 선물하고 그에게 하타모토 작위를 내렸다. 빈민가 출신 영국인은 이후 오래도록 귀국을 요청하지 않았다. 대신 미우라 안진<sup>三浦按針</sup>이라는 이름으로 죽을 때까지 일본에 살았다. '미우라'는 그가 살던 영지였고 '안진'은 일본어로 '도선사'라는 뜻이다. 애덤스는 지금 히라도에 묻혀 있다. 히라도는 조선을 탈출한 하멜이 상륙했던 섬이다.

### 쇄국, 그리고 데지마의 개항

가톨릭 세력이 퇴조할 무렵 네덜란드와 영국 상선이 일본을 찾았다. 영국이 먼저, 네덜란드가 나중에 히라도에 상관 개설을 허가받고 교역을 시작했다. 미우라 안진을 통하면 이들 개신교 국가에게 안 되는 일이 없었다. 영국은 1623년 상관을 폐쇄했다. 일본 예법을 무시했던 상관장 콕

왼쪽 사진은 네덜란드 학자이자 데지마 상관장 아이작 티칭(Isaac Titsingh)이 그린 18세기 말 데지마. 나가사키 앞바다에 만든 소규모 인공섬이다. 오른쪽 위에 '데지마 네덜란드거리 풍경(出島 阿蘭陀厘鋪景)'이라고 적혀 있다. 오른쪽 사진은 도쿠가와 시대의 개혁군주 도쿠가와 요시무네.

스가 불화를 끊임없이 일으킨 데다, 영국은 인도 시장에 집중하기로 결정했다.

1637년 쇄국과 함께 나가사키에서 포르투갈 상인들이 추방됐다. 그때 포르투갈인들은 나가사키 상인들이 만든 인공섬 데지마에 상관을 운영하고 있었다. 4년 뒤 데지마는 선교에는 털끝만큼도 관심이 없는 네덜란드인이 차지했다. 길이는 180미터에 폭은 60미터 정도. 통역사와 창녀를 제외하고는 그 어떤 일본인도 출입이 금지됐다. 또 그 어떤 네덜란드인도 나올 수 없었다. 교역만 허용되는 독신 네덜란드 사내들의 감옥이었다. 이 감옥이 일본을 바꿀 줄은 아무도 몰랐다.

### 란가쿠와 열린 지성

매년 네덜란드에서 기압계, 온도계, 비중계, 카메라, 환등기, 선글라스, 메가폰 등 여러 물건이 수입됐다. 매년 봄 에도에 네덜란드 상인이 오면 나가사키야(에도의 네덜란드 상인 구역)에 엄청나게 많은 사람들이 모여들었다.[143] 글을 읽지 못했지만, 그림이 가득하고 지도로 범벅이 된 네덜란드 책과 진귀한 물품은 사람들을 사로잡았다.

데지마가 네덜란드에 독점 개방되기 100년 전인 1543년 가을, 다네가시마의 젊은 도주가 철포를 수입했을 때 포르투갈 상선 입항이 사태를 이뤘다. 상품에 이어 가톨릭이라는 유럽 문명이 통째로 일본 시장으로 유입됐다. 데지마에 열어놓은 이 다람쥐 꼬리만한 창문을 통해, 일본에는 본격적으로 유럽 문명이 들어오기 시작했다. 네덜란드인에게 체류 허가를 주자 그 사람들이 가지고 있던 책들이 함께 일본 땅을 밟았다. 책들 속에는 의학과 신학과 지리학과 수학과 물리학과 해양학과 항해술과 군사기술이 숨어 있었다. 데지마의 작은 문 옆에는 종이 속에 꿈틀거리는 유럽 지성을 궁금해 하는 일본 지성들이 우글거렸다. 철포 수입 100년 뒤였다.

대륙에서는 천하가 흔들리고 있었다. 일본은 그 혼란기를 전혀 생각도 못한 신문명으로 극복할 준비를 하고 있었다. 일본은 그렇게 전통 지성과 이별하고 있었다. 에도와 나가사키는 학문의 자유 시대를 맞고 있었다.

아무리 지성계가 꿈틀거려도, 봉건시대 권력자의 조치가 없었다면 학문의 자유는 불가능했을 것이다. 1716년 취임한 8대 쇼군 도쿠가와 요시무네德川吉宗는 실용주의자였다. 그가 행한 교호개혁享保改革에는 토지 개발과 세금 정액제 그리고 서양 서적 금지령 완화가 포함돼 있다.

어느 날 요시무네에게 데지마 통역사가 상소를 했다. "말로만 통역을 하게 하니 오류가 많다. 문자를 배우게 해 달라." 그림이 많이 들어 있는 책을 보냈더니 요시무네가 매우 즐거워하며 말했다. "그림만 보아도 매우 정밀하다. 만약 설명을 읽을 수 있다면 여러모로 도움이 될 것이다. 에도에서도 누군가 배운다면 좋을 것이다." 요시무네는 학자들에게 네덜란드어 학습 명령을 내렸다.[144] 금서 정책 완화는 일본 지성사에서 가장 역

일본 나가사키현 나가사키에 있었던 인공 섬 데지마(出島)는 에도시대 세계를 향해 열린 문이었다. 네덜란드는 이 작은 섬에 무역사무소를 만들고 일본과 교역을 했다. 조선이 1%의 가능성도 열어놓지 않고 국가를 완전히 닫은 데 반해, 에도 막부는 쇄국정책 속에서도 데지마만은 네덜란드와의 교역을 위해 열어놓았다. 17세기부터 19세기 중엽까지 일본 지식사회와 권력층은 데지마를 통해 세계를 파악하고 근대 문물을 받아들였다. 사진은 데지마 네덜란드 상관의 상관장 집무실이다.

사적인 사건이었다.

데지마와 에도 나가사키야에 모여든 학자들은 네덜란드 책을 돌려가며 읽었다. 사람들은 그 학문을 란가쿠蘭學라 불렀다. '화란(和蘭, 네덜란드) 학문'이라는 뜻이다. 네덜란드어로 번역된 유럽 문명이라는 뜻이다.

### '요 임금 창자나 폭군 걸 창자나'

맨 먼저 자극받은 사람은 의사들이었다. 도무지 중국에서 전래된 전통 의서와 실제 마주친 몸이 서로 맞지 않는 것이다. 그리하여 1754년 의사 야마와키 도요山脇東洋가 사형수를 대상으로 첫 해부를 했고 5년 뒤 첫 해부학 서적《장지藏志》를 펴냈다. 사람 속을 다 들여다본 야마와키 도요가 이렇게 결론을 내렸다.

대한민국 징비록

이론은 뒤집힐 수 있지만 사물이 어찌 속이겠는가. 이론을 앞세우고 사실을 뒤로 한다면 '상지(上智, 최고의 지혜)'라도 실수가 없을 수 없다. 요 임금 내장도 내장이고 폭군 걸의 내장도 내장이고 북쪽 남쪽 오랑캐 창자도 창자일 뿐이다.[145]

이론은 뒤집힐 수 있되 사실(Fact)은 어찌할 수 없다! 이 명쾌한 답을 얻어내면서 일본 지성계는 코페르니쿠스적으로 돌변했다. 에도에만 600군데가 넘는 서점과 이동도서관을 통해 란가쿠 책들은 구름처럼 퍼져나갔다.[146] 1719년 일본에 다녀온 조선 통신사 신유한은 이렇게 기록했다.

오사카는 서적의 많음이 실로 천하 장관이었다.[147]

20세기도 아니고 19세기도 아니고, 18세기 초반 오사카에서 벌어진 풍경이다.

### 근대화의 서막, 해체신서

1774년 또 다른 의사 스기타 겐파쿠杉田玄白와 그 동료들이 데지마 관리로부터 선물받은 네덜란드 해부학서 《타펠 아나토미아Ontleedkundige Tafelen》(1734)를 번역해 《해체신서解體新書》를 출간했다. 유럽본이 출판되고 40년 만의 일이다.

야마와키 도요가 펴낸 《장지》는 일본인 최초로 해부실험을 한 실증주의적 첫 보고서로 평가받는다. 《해체신서》는 일본으로 유입된 유럽 문명을 일본인 관점과 일본인 노력으로 '일본화日本化'한 사건이었다. '유럽 문명을 번역해낸' 것이다.

겐파쿠와 동료들은 우연하게 사형수를 해부할 기회를 얻게 됐다. 그때 이들은 데지마 네덜란드인으로부터 선물받은 《타펠 아나토미아》를 들고 장기 하나하나를 해부도와 비교해가며 몸속을 관찰했다. 그리고 내린 결론은 이러했다.

해부의 책을 가져다 그 통설에 의거해 해부하여 살펴보니 하나도 어긋나지 않았다. 장부와 규관, 골수와 맥락의 위치와 정렬된 상태를 비로소 알 수 있게 되었다. 어찌 유쾌하지 않으랴.[148]

그리하여 네덜란드어는 알파벳밖에 알지 못하던 의사 셋과 통역가가 2년에 걸쳐 토론과 추론을 거듭한 끝에 마침내 유럽 문명을 번역하는 데 성공했다! '얼굴 가운데 높은 부분을 가리키는 것이니 이는 코鼻가 틀림없다'는 식으로 하루하루 공부를 한 결과였다. 신경神經, 근육筋肉 따위 용어는 모두 그때 창조된 말들이다.

겐파쿠는 훗날 해체신서 번역과정을 기록해 《난동사시蘭東事始》라는 책을 펴냈다. 이 책은 오랫동안 실종됐다가 우연히 발견돼 1869년 《난학사

18세기 일본 의사들이 펴낸 서적들. 왼쪽부터 일본 최초 해부학 서적 《장지(藏志·1759)》, 최초의 유럽 해부학 번역서 《해체신서(解體新書·1774)》, 그리고 해체신서 번역 작업을 기록한 《난학사시(蘭學事始·1811)》. 데지마를 통해 배운 신학문 '란가쿠(蘭學)'는 일본 사회를 혁명적으로 변화시켰다.

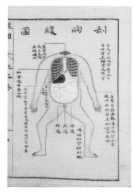

시蘭學事始》라는 제목으로 재출간됐다. 그 서문에서 일본 근대화의 아버지 후쿠자와 유키치福澤諭吉는 이렇게 말했다.

"나는 이 책을 읽을 때마다 선인의 고뇌를 볼 수 있으며 그 용기에 놀라고 성의를 느끼며 감동한 나머지 눈물을 흘리지 않을 수 없다."[149]

무엇이 그리도 감동적인가. 유키치가 신파적일 만큼 감동한 부분이 무엇일까. 지루하고 고되기 짝이 없는 번역 과정도 놀랍거니와, 겐파쿠가 《해체신서》에 쓴 '단호한' 결의는 참으로 감동적이다. 이러했다.

… 선배들 중에는 (옛 중국 의서가 틀렸다는 사실을) 밝히고자 간간이 해부해 본 경우도 있었다. 그러나 옛 관습에 빠져 장부와 골절에 대한 옛 이론과 차이가 나는 것을 보았으면서도 다만 의심만 할 뿐 망설였다. … 세상에 호걸 같은 인물이 있더라도 잘못된 습속이 눈과 귀를 현혹하여 구름과 안개를 헤치고 푸른 하늘을 볼 수가 없었다. 그런 까닭에 진실로 면목面目을 고치지 않는다면 그 방에 들어갈 수가 없는 것이다.[150]

새로운 학문을 익히기 위해 옛 이론(면목)을 버렸다는 뜻이다. 스스로를 얽매고 있던 옛날 이론과 결별함으로써 눈앞에 활짝 열려 있는 인체의 속을 제대로 볼 수 있었다는 뜻이다.

란가쿠 의사들에게 닥친 일은 단순히 새롭고 참신한 단편적인 이론 습득이 아니었다. 완전히 다른 세계관, 다른 문명에 대한 충격적인 대면접촉이 바야흐로 시작된 것이다. 그러기 위해서는 옛 문명에 대한 집착을 버려야 했다는 고백이었다. 이게 바로 훗날 일본이 모든 구습을 버리고 맹렬하게 근대화를 향해 돌격할 수 있었던 근원적인 동기였다. 유키치는 바로 이 구습 일신적 자세에 눈물을 흘린 것이다. 그리고 구습을 버리게 된 근본 원인은 '이론이 사실을 앞설 수 없다'는 야마와키 도요의 실증주의적 선언이었고.

## 개혁군주 정조의 지식독점

조선 22대 왕 정조는 '개혁군주'라 불렸다. 재위 기간이 1776년부터 1800년까지이니, 쇼군 요시무네보다 뒤 세대다. 학문을 좋아했던 정조가 청나라에서 《사고전서四庫全書》를 출판한다는 소식을 들었다. 《사고전서》는 역대 중국왕조에서 출간된 모든 서적을 종합한 백과사전이다. 1776년 책을 사오라는 왕명을 받들고 사신이 북경으로 가 보니 아직 출간이 덜 된 상태였다. 하여 사신들은 그 인덱스 격인 《고금도서집성古今圖書集成》 5,020권을 사왔다. 가격은 은화 2,150냥이었다.[151] 이 어마어마한 책은 어떻게 됐을까.

각신閣臣이 아니면 감히 대출을 요청할 수 없었고, 왕이 매우 보배롭게 애지중지하여 홍문관에 보관시키고 각신 이외의 신하들과 일반 선비들은 구경해본 자가 없었다. 병신년에 연경 서점 사람들이 비웃으며 말하기를, "이 책이 간행된 지가 거의 50년이 지났는데, 귀국은 문文을 숭상한다면서 이제야 사 가는가? 일본은 나가사키에서 한 질, 에도에서 두 질 등 이미 세 질을 구해갔다"라 했다.[152]

홍문관은 왕실도서관이다. 각신은 규장각에 근무하는 학자들이다. 거금을 주고 사온 책을, 그나마 출간된 지 50년이나 된 낡은 책을 왕과 그 최측근 이외에는 읽을 수가 없었다. 정보는 낡았고 유통은 되지 않았다. 그게 조선 지성계였다.

1791년 조선 또한 서학西學(기독교)이 문제가 됐다. "홍문관에 있는 서학 서적을 소각하자"는 상소가 올라왔다. 왕은 "멀리 큰 거리까지 갈 것 없이 즉시 홍문관에서 태워버리라[即令館中燒火]" 하였다.[153] 성리학 체계를 위협하는 유럽 기독교 서적들은 물론 한역된 웬만한 서양 서적은 함께 불탔다. 해부학서적《태서인신개설泰西人身概說》도 분서焚書됐다.

2009년 3월 서울의대에서 열린 한 심포지엄에서 1899년 일본 서양의사가 1만 5,000명이 넘었다는 발표가 있었다. 1903년까지 대한제국 의학교 졸업생은 32명이었다. 원로교수들은 믿지 못하겠다는 표정을 지었다.[154]

1992년 그 자신이 식물학자인 전 천황 아키히토는 한 논문에서 이렇게 말했다.

선인들은 일본 의사에게 유일한 정보 소스였던 중국 전통 의서의 오류를 폭로하고 관찰과 개방적 사고방식의 중요성을 일깨워줬다. 교사 한 명 없이 유럽에서 온 책들에 의지해 유아기 단계의 일본 과학을 발전시킨 선인들에게 감사한다.[155]

나가사키 데지마는 근대화 과정에서 매립됐다가 복원됐다. 일본 근대화의 상징인 데지마에는 데지마를 들락거린 유럽 문명과 란가쿠 역사가 전시돼 있다. 유럽 지식을 빨아들여 일본인 손으로 만든 기계들이 전시돼 있다. 들여다보면, 화가 난다. 어디에서부터 무엇이 달랐는가. 아니, 왜 달랐는가. 조선은 그 일본에 12차례나 통신사를 보냈지만 오랑캐 땅에 무슨 일이 벌어지는지 알려 하지 않았다.

# 비상구 없는 조선과
# 일본의 역전

"조선은 식견이 비루하여 천지의 광대함을 알지 못한다."[156]
識見之陋 不知天地之大者
- 1763년 일본 성리학자 다키 가쿠다이 -

## 조선통신사와 란가쿠

일본 야마구치현 시모노세키 아카마신궁 앞 부두에는 조선통신사 기념
비가 서 있다. 정확하게는 '조선통신사 상륙엄류지지朝鮮通信使上陸淹留之地' 기
념비다. '엄류淹留'는 머물렀다는 뜻이다. 2001년 한일의원연맹이 세웠다.

동서고금을 막론하고 전쟁이 끝나면 불구대천의 원수국가라도 국교
를 회복하는 법이다. 영원히 한쪽 국경을 적과 마주하며 불안하게 살 수
는 없기 때문이다. 임진왜란도 마찬가지였다.

임진왜란 종전 후 조-일 양국은 각각 통신사와 왜관을 통해 교류를 재
개했다. 1609년 두 나라가 맺은 기유약조에 따라 조선은 일본에 통신사
를 정기적으로 파견하고 일본, 구체적으로 대마도는 동래에 왜관倭館을
설치해 교류를 하기로 결정했다. 공식 재수교 2년 전인 1607년 두모포에
설치된 왜관은 이후 1678년 초량왜관으로 확장돼 구한말까지 사용됐다.

위쪽은 시모노세키에 있는 조선통신사 상륙엄류지
지 기념비. 오른쪽 지도는 통신사 이동 경로.

육중한 담이 에워싼 왜관은 출입이 엄격하게 통제됐다. 오로지 교역만
허용됐고 책이나 기타 교류는 금지됐다.

조선은 그 해부터 1811년까지 12차례 통신사를 파견했다. 통신사는
한성을 떠나 부산-쓰시마-시모노세키-오사카를 거쳐 에도를 왕래했다.
나가사키 인공섬 데지마를 통해 근대 세계를 흡수하던 일본과 성리학적
세계관을 심화시키던 조선, 두 나라 지성知性과 지도층이 충돌한 사건이
었다. 틀림없이 많은 일을 겪었을 것이다. 많은 것을 느꼈음도 틀림없다.

## 조선 중화와 쇄국

병자호란 마지막 날인 1637년 2월 24일, 잠실 삼전도에서 조선 국왕 인조가 후금 황제 홍타이지에게 항복했다. 치욕이었다. 부도덕한 행위이기도 했다. 은혜로 치면 아버지와 같은[恩猶父子] 명을 배신하고 오랑캐 청에게 군신 관계를 맹세했으니까.[157] 그래서 실록은 '항복'이 아니라 '하성下城', '산성에서 내려왔다'고만 기록했다.

조선 권력층은 효孝라는 성리학적 위계질서를 국가 대 국가 관계까지 확장해 놓은 상태였다. 그런데 그 성리학적 세계가 한나절 만에 파괴돼버린 것이다. 권력층은 공황 장애에 빠졌다. 내가 아버지 나라 명을 배신하고 오랑캐 청에게 충성을 맹세했다니! 그 꼬라지를 그렇게 나라에 충성하라고 요구했던 백성들이 눈을 부릅뜨고 다 구경하다니! 이제 질서와 규범은 무정부상태로 떨어져 '아들은 아비를 알지 못하고 신하는 임금을 알지 못하여 짐승 무리가 될'[158] 두려운 세상이 닥쳐버린 것이다.

그 세상이 닥치면 기존 성리학 질서 속에서 유지했던 권력은 더 이상 유지할 방법이 없었다. 스스로의 배덕 행위를 은폐하고 동요하는 백성을 안정시켜 옛 질서를 회복할 특단의 대책이 필요했다. 해결책은 복수였다. 아버지 나라 명을 무너뜨린 오랑캐에 대한 복수밖에 답이 없었다.

하지만 사대해야 할 명나라는 망하고 없었고 복수해야 할 오랑캐는 힘이 너무 강했다. 17세기 권력을 잡은 서인 정권, 그 중에서도 노론老論은 그래서 복수를 포기했다.(조선 멸망 때까지 200년 넘도록 장기독재를 한 '노론' 이야기는 5장에 자세하게 나온다)

그리하여 당시 집권세력인 서인들이 들고 나온 이데올로기가 "조선을 통해 중화가 부활했다"는 '소중화<sub>小中華</sub>' 혹은 '조선중화<sub>朝鮮中華</sub>'였다.

복수를 하긴 해야겠는데, 굳이 행동에 옮기려고 열심히 준비하다 보니 복수할 필요가 없어졌다는 논리다. 그러니까, 명나라가 완전히 우주 속에서 없어진 줄 알았는데 알고 보니 '우리 조선'이 명을 이어 중화 문명을 계승하고 있더라는 논리. 주야장천 입으로 북벌을 외치지만 굳이 부활한 명의 운명을 복수할 이유가 없다는, 위대하고 고상한 정신 승리였다! 이후 조선왕국 외교와 정치와 사회와 경제와 문화는 쇄국과 사대와 성리학 획일주의로 움직였다. 통신사를 통한 대일외교도 마찬가지였다.

## 일본의 정보원 데지마 풍설서

1641년 에도막부가 네덜란드에게 독점무역권을 허용할 때 조건이 있었다. 나가사키 인공섬 데지마에만 체류할 것, 그리고 정기적으로 에도로 와서 막부에게 세계 정세를 보고할 것.

네덜란드 상인들은 앞서 히라도<sub>平戶島</sub>에 상관을 연 1633년부터 1850년까지 166차례 에도를 방문했다.[159] 그때마다 네덜란드 상관은 도쿠가와 쇼군과 수뇌부에 〈풍설서<sub>風說書</sub>〉를 의무적으로 전달했다. 풍설서는 네덜란드 상인들이 전 세계에서 수집한 '국제 정세 보고서'였다. 1666년부터는 일본어 번역본이 올라갔다. 1840년 아편전쟁 후에는 더 세밀한 〈별단풍설서〉가 올라갔다. 에도 막부는 이를 통해 프랑스혁명과 나폴레옹의 등장을 알았고 페리 제독이 몰고 온 미국 군함의 이름과 규모를 미리 알았다.

들도 보도 못한 정보로 무장한 일본 외교관과 지성 앞에서 조선통신사는 무기력했고, 오만했다. 통신사 일행이었던 임수간은 바다에 떠가는 낯선 배를 목격하고 '지나가다 아란타 상선을 봤다'고 기록했을 뿐이다.[160]

원쪽은 데지마에 전시된 네덜란드-일본어 사전(1833년). 일본 통역사들과 네덜란드상관장 헨드릭 되프 공동 작품이다. 오른쪽은 1808년 지리학자 홋타 니스케(堀田仁助)가 제작한 지구본(시마네현립고대이즈모역사박물관). 데지마를 통해 습득한 유럽 학문 란가쿠(蘭學)는 일본 사회를 전방위적으로 변화시켰다.

그때 임수간이 지나간 곳은 가미노세키上關 항구였다. 가미노세키는 에도로 가는 길목이다. 데지마에만 있어야 할 네덜란드인이 바다에 있었으니, 그 배에 탄 네덜란드인은 세계 곳곳 정보를 담은 〈풍설서〉를 들고 에도로 향하고 있었음이 틀림없었다. 옛 적국 정세를 정탐해야 할 외교관은 그렇게 업무 태만과 직무 유기로 하루를 날려버렸다.

### "왜 명나라 옷을 입었는가"

1711년 여덟 번째 통신사가 일본에 도착했다. 6대 쇼군 도쿠가와 이에노부德川家宣 취임 축하사절이었다. 일본 외교 파트너는 유학자 아라이 하쿠세키新井白石였다. 11월 5일 에도에서 조선 통신사들과 하쿠세키가 대화를 했다. 조선 정사 조태억이 '문재文才가 샘솟는다'고 격찬한 학자였다.

조태억이 말했다.

"천하가 오랑캐를 따르지만 우리나라만은 대명大明의 제도를 고치지 않았다. 오로지 우리가 동주다[我獨爲東周]."

동주는 춘추시대가 무너지고 전국 칠웅이 쟁패하던 전국시대 황제국 동주를 뜻한다. 조태억은 천하가 엉망진창이 됐지만 조선만은 동주처럼 예절과 도의를 지킨다고 자랑한 것이다. 하쿠세키가 기다렸다는 듯이 물었다.

"그런데 왜 (은, 주가 아닌) 명나라 옷을 입고 있는가. 그나마 (오랑캐) 청나라가 봐줘서 그 정도 아니겠는가?"[161]

웃기지도 않다는 조롱이었다. 하쿠세키가 또 말했다.

"대서양大西洋과 구라파의 이탈리아意多禮亞, 네덜란드和蘭 사람들을 직접 보았고 지금 공公들과 한집에 있으니 기이하다."

부사 임수간이 알고 있다는 듯이 말했다.

"대서양은 서역 '나라' 이름이다. 구라파와 이탈리아는 어느 곳에 있는가?"

하쿠세키가 반문했다.

"귀국에는 만국전도가 없는가?"[162]

조태억과 하쿠세키는 자기가 확보하고 있는 정보를 쥐어짜내 세계에 대해 아는 척을 했고, 하쿠세키는 그런 통신사들에게 '세계 지도도 몰라?'하며 조롱을 던져댔다.

8년 뒤 1719년 사행에서는 쓰시마의 지한파 유학자 아메노모리 호슈雨森芳洲가 제술관 신유한을 따로 불러 말했다.

"우리는 일본日本이다. 왜적倭賊이니 오랑캐 추장이라 멸시하지 말라."[163]

호슈는 "예의 없는 나라는 없다. 조선은 시종 군신의 예를 폐하지 않았던 까닭에 중국이 예의 바르다 칭찬할 뿐"이라고 했다.[164]

12차례 사행 내내 통신사들은 이렇게 잽과 스트레이트와 어퍼컷을 얻어맞았다. 성리학과 중화를 얘기하면 일본 측 파트너는 근대 지식을 꺼내 맞받아쳤다. 조선이 성리학에 세뇌돼 있을 때 일본 학계에서는 주자학을 넘어 양명학과 근대과학, 란가쿠蘭學가 백가쟁명百家爭鳴을 하고 있었다.

### "공자를 죽인다" "교화가 필요"

일본은 임진왜란 때 끌고 간 조선 선비 강항姜沆(1567~1618)을 통해 성리학을 받아들였다. 이후 일본 성리학은 급속도로 주자학을 벗어났다. 네덜란드라는 문을 통해 들어온 유럽 학문과 지식은 중화 제일의 주자朱子를 버리게 하는 결정적인 계기였다.

주자학자인 야마자키 안사이山崎闇齋(1618~1682)는 '주자를 배워서 잘못된다면 주자 역시 잘못된 것'이라고 했다.[165] 안사이의 제자 아사미 게이사이淺見絅齋는 더 거칠었다.

다른 나라 군주 명을 받아 공자와 주자가 일본을 공격해온다면 내가 먼저 나서서 철포를 들고 공자와 주자의 목을 쳐 깨뜨리리라.[166]

조선 통신사들은 주자를 비난하는 일본을 '교화가 필요한 오랑캐'라고 규정했다. 1763년 통신사 제술관 성대중은 일본이 오랑캐가 되도록 내버려둔 조선 지식인을 스스로를 책망했다.

일본 학술은 긴긴 밤이라고 해야 옳으며 일본 문장은 소경이다. 이 책임이 오로지 우리나라 여러 선비들에게 있다.[167]

성대중이 제술관으로 갔던 1763년 11차 통신사는 그 세계관의 전쟁터였다.

1763년 7월 24일, 영조는 시를 짓는 시험을 통해 사신을 골랐다. 선정된 통신사 정사 조엄과 부사 이인배, 종사관 김상익에게 영조는 '이릉송백二陵松栢'을 잊지 말라고 외우며 목이 메었다.[168]

이릉송백. 왕릉 두 개와 소나무와 잣나무다. 이릉송백은 임진왜란 때 일본군이 도굴한 성종과 중종의 선정릉을 뜻한다. 그때 일본군은 두 봉분에 있는 유해를 불태우고 주변에서 밥을 해먹고 달아났다. 이 능침陵侵 사건은 전후 조-일 국교 재수립 과정에서도 큰 이슈였다.

영조는 바로 이 사건을 꺼내며 왕실을 유린했던 오랑캐를 뛰어난 문장으로 누르고 돌아오라고 당부했다. 일본국의 정세를 파악하거나 문물의 수준을 조사하거나 법제도, 학문 수준과 방향을 조사하라는, 외교관들에게 주는 명령은 없었다.

일본은 8대 쇼군 도쿠가와 요시무네의 교호개혁에 의해 란가쿠가 공식적으로 허용된 직후였다. 일본 학계는 주자 이전 원시 유교시대를 연구하는 '고학古學'과 실천윤리를 강조하는 '양명학陽明學'과 대륙 중심의 천하를 버리고 일본 정체성을 찾는 '국학國學'과 서양 학문 란가쿠가 서로

임진왜란 후 일본과 국교를 회복한 조선은 1607년부터 1811년까지 12차례에 걸쳐 통신사를 보냈다(조선통신사사행도, 국립중앙박물관). 성리학적세계관과 근대 세계관이 충돌한 사건이었다. 일본은 조선의 실체를 파악하고 1811년 교류를 단절했다. 오른쪽은 영국박물관에 소장된 1655년 통신사행 그림.

진리라 주장하며 경쟁하고 있었다. 겹겹이 갑옷을 두른 일본은 더 이상 홑겹 주자학으로 무장한 조선 지식인들 훈계 대상이 아니었다.

국교 회복 후 150년이 지났음에도 중화 시스템을 교화하려는 조선 통신사에게 일본 학자들이 어퍼컷을 날렸다.

무력으로 안 되니 문사를 내세워 앞서려고 한다. 우리나라 학문이 어두운 틈을 타서 깃발을 드는 무례하기 짝이 없는 이들이다.[169]

시모노세키에서 유학자 다키 가쿠다이瀧鶴臺는 이렇게 조선 성리학자들을 '타일렀다'.

"우리 나가사키에 오는 외국 배가 120~130개국이다. 지구본을 보거나《곤여전도坤與全圖》를 보거나《명청회전明淸會典》과《일통지—統志》를 봐도 실려

있지 않은 나라가 더 많다. 우주가 크고 나라가 많음이 이와 같다. 저마다
그 나라 도가 있어 나라가 다스려지고 백성이 편안해한다. 인도에는 바라
문법과 불교 도道가, 서양에는 천주교, 회회교와 라마법이 있다. 모두 하늘
을 대신해 나라가 다스려지고 백성이 편안한데 더 무엇을 바라겠는가."[170]

《명청회전》은 명나라 법전과 청나라 법전을 아울러 이르는 말이다.
《일통지》는 청나라 황실이 1743년 만든 356권짜리 지리서다. 가쿠다이
는 황제국이 심혈을 기울여 만든 책이 우주를 담지 못한다고 깎아내리
고, 조선이 그 황제국밖에 알지 못하고 있다고 비판했다. "중국을 귀히
여기고 이적을 천시하니 식견이 비루하여 천지의 광대함을 알지 못한다
[識見之陋 不知天地之大者]"는 충고도 잊지 않았다.[171]

### 란가쿠 의사와 조선 의사

1748년 영조 24년 10차 통신사를 수행한 조선 의사 조숭수에게 오사
카의 의사 다나카 쓰네요시田中常悅가 조언을 청했다.

"우리나라에 개들이 앓는 돌림병이 유행해 갑자기 미쳐 날뛰고 사람을 보면 번번이 물었다. 귀국에 경험이나 좋은 처방이 있으면 가르침을 베풀어주시라."

함께 있던 사람들이 질문을 담은 글을 돌려 읽고 조숭수가 답했다.

"돼지 똥물을 쓰되 마시면 된다."[172]

6년 뒤 일본 의사 야마와키 도요가 사형수를 대상으로 해부를 실시하고 1759년 해부학서적《장지》를 펴냈다. 4년 뒤 앞서 언급한 '이릉송백'의 1763년 통신사에 조선 의사 남두민이 수행했다. 1764년 1월 20일 오사카에서 일본 의사 기타야마 쇼北山彰가 남두민에게 물었다.

"일 벌이기 좋아하는 의사가 사형수 배를 갈라 장부를 살펴보고 책 한 권을 지었다. 황제내경에 적힌 것과 다르다고 했다. 소견은 어떠신지?"

잠시 후 남두민이 답했다.

"우리나라에서는 오래된 법칙을 따르고 새로운 학설은 다시 구하지 않는다[不復求新說]. 갈라서 아는 것은 어리석은 사람들이 하는 짓이고 가르지 않고도 아는 것은 성인만이 할 수 있는 것이니, 미혹되지 마시게."[173]

가르지도, 가르지 말지도 말라니. 돼지 똥물에서 한걸음도 나가지 못한 답이었다.

**"부귀영화를 어찌하여 오랑캐가 누린다는 말인가!"**

1600년대 후반 일본은 4킬로미터마다 이정표가 서 있어 여행 거리를 즉시 알 수 있었고[174] 이미 1653년에 상수도가 완공돼 에도시민은 수돗물을 마실 수 있었다.[175] 그 모습을 목격한 신유한은 이렇게 감탄했다.

"금빛 문양이 찬란한 층루層樓와 보각寶閣은 이루 다 기록할 수 없었다."[176]

그럼에도 불구하고 신유한은 이렇게 평가했다.

"부귀영화가 잘못되어 일개 흙인형에게 입혀져 있구나."

오사카 시내에 왜 서점이 가득했는지, 오랑캐 의사가 왜 사람 몸속을 들여다봤는지 조선 엘리트들은 궁금해 하지 않았다. 일본 가는 곳곳마다 이층집이 즐비하고 집집마다 황금으로 치장을 하는 부귀영화를 누리는 이유에 대해 알려하지 않았다. 남두민도, 신유한도 잘못은 없었다. 그런 의사와 그런 학자를 대량생산한 성리학과 성리학으로 장난을 친 조선의 지식 권력 시스템이 문제였다. 문명사적 각성을 불가능하게 만든 시스템이었다.

'이릉송백'을 설파하고 조선 중화의 위엄을 자랑하려던 통신사들은 참패하고 귀국했다. 예견된 참패였다. 일본 땅에 오른 이후부터 떠날 때까지 통신사 체류비용은 모두 일본이 대야 했다. 하지만 조선으로부터 더 배울 것이 없었다. 인풋 대비 아웃풋이 너무도 초라했다. 청이 만든 세계를 인정하고 일본의 침략 의사가 없음을 확인한 조선 정부 또한 막대한 돈을 들여 사신을 파견할 이유가 없었다. 1811년 12차 통신사 행사는 에도 대신 대마도에서 열렸다. 이후 일본은 통신사를 더 이상 요구하지 않았다.

그리고 64년이 지난 1875년, 일본은 중무장한 군함 운요호를 강화도로 보냈다.

5장
/

뒷걸음친 천하

# 폐기된 이데올로기, 성리학

> '우리 조선 사람은 매양 이해 이외에서 진리를 찾으려 하므로
> 석가가 들어오면 조선의 석가가 되지 않고 석가의 조선이 되며
> 공자가 들어오면 조선의 공자가 되지 않고 공자의 조선이 되며
> 무슨 주의가 들어와도 조선의 주의가 되지 않고 주의의 조선이 되려 한다.
> 그리하여 도덕과 주의를 위하는 조선은 있고, 조선을 위하는 도덕과 주의는 없다.
> 아! 이것이 조선의 특색이냐, 특색이라면 특색이나 노예의 특색이다.
> 나는 조선의 도덕과 조선이 주의를 위하여 곡하려 한다.'[177]
> – 신채호 –

조선 의사 남두민은 오랑캐 일본 땅으로 장기출장을 떠난 조선 최고 엘리트들의 건강을 보살핀 당대 최고 의사였다. 그럼에도 불구하고 남두민이 광견병 치료용으로 내린 처방은 돼지 똥물이었다. 세종이 천재들과 함께 이룩해놓은 그 찬란한 과학 국가가 그리 된 것이다. 틀림없이 이유가 있을 것이다.

### 조선을 암흑으로 내몬, 성리학

공자와 맹자가 주장한 유학은 실천 윤리였다. 요순시대 이후 춘추전국시대 때 망가진 천하 윤리를 회복하기 위해 해야 할 일들을 두 사람은 논어와 맹자에서 나열했다. 이를 우주론적인 윤리학으로 재해석한 학문이 송나라 때 주희가 내놓은 '성리학'이었다.

논어는 쉽다. '벗이 멀리서 찾아오니 이 아니 기쁘랴!'라는 말은 읽으

면 바로 무슨 말인지 알 수 있다. '배가 불러야 통치자를 백성이 따른다 [恒産恒心, 항산항심]'는 맹자 말도 무슨 말인지 쉽게 이해할 수 있다. 소시민이 쉽게 이해할 수 있고 실천할 수 있는 윤리 규범이 옛 유학이었다.

그런데 주희는 그 말을 '도道'와 '이理'와 '기氣' 같은 심원한 용어를 사용해 설명하면서 유학을 인간과 우주와 자연을 연관 짓는 철학적 경지로 올려놓았다. 무슨 말인지 백성은 알아먹을 수 없는 철학이다.

공자가 희구한 이상세계는 요순시대였다. 고고학적으로 요순시대는 정체불명이다. 요와 순이 진짜 살기나 했는지도 의문이다. 살았다 하더라도 그들은 왕이 아니라 석기시대 부족장에 불과했다. 규모가 작은 부족을 운영하는 데는 덕치德治로 충분했다. 땅이 좁고 인구도 많지 않으니 부족원을 일일이 대면접촉하며 민원을 해결하면 그만이었다. 굳이 법은 필요하지 않았다.

공자가 요순시대의 현실적 대안으로 찾은 것은 춘추시대였다. 주나라라는 황제국가 아래에 제후국들이 예의로 머리를 숙이고 질서를 유지하는, 천하가 위계질서를 지키는 세상이었다. 때는 청동기시대였다. 춘추시대 후반, 철기가 들어와 제후국이 각자 높은 생산력을 기반으로 주나라 황권에 도전하게 된 시대를 전국시대라고 한다. 전쟁의 시대다. 그 전국시대에 학문은 백화제방의 시대였고 생산력은 당시까지 최고조로 성장하던 시대였다. 학문과 경제가 발전을 거듭하던 그 시대를 공자는 윤리가 무너진 시대로 규정했다. 이 썩어빠진 철기 문명을 청동기시대로 되돌리자고 주장하며 내놓은 이론이 '유학'이다.

놀랍지 않은가. 이상적인 제왕 모델인 요와 순은 진짜 이 세상에 살았었는지도 의심스럽고, 이상적인 공동체 모델은 생산력도 공동체 규모도 규범도 맞지 않은 청동기시대 철학이었다.

그게 1392년 철기시대 한가운데 건설된 조선왕조의 통치이념이었다. 실체가 없으니 권력을 잡은 세력이 스스로를 요순이라 우기고 스스로 그 시대를 태평성대라 주장하면 그만이었다. 조선은 통치이념 자체부터 모순을 가지고 있었다.

## 하루 세 번 공부한 조선 국왕

조선 정부는 남송 때 주희가 만든 책《대학장구》를 정치지침서로 삼았다.[178] 《대학》은 제왕학이다. 격물格物, 치지致知, 성의誠意, 정심正心, 수신修身, 제가齊家, 치국治國, 평천하平天下라는 성리학 8조목을 가르치는 교과서다. 주자가 해설한 이 내용이 너무 어렵자, 주자 후배인 진덕수가 그 해설서를 만들었는데 그 제목이《대학연의》였다. 조선 정부는《대학》도 아니고, 《대학장구》도 아니고 이《대학연의》를 매일 왕과 신하들이 함께 읽는 제왕학 필수교과서로 채택했다. '덕치德治', 왕도정치의 방법이 잘 정리돼 있는 교과서다.

또 다른 제왕학 교과서《정관정요》는 당태종 이세민의 정치철학을 정리한 책이다. 당나라 유학자 오긍이 정리한 이 책에는 왕도정치뿐만 아니라 난세에 필요한 무력정치, '패도정치'의 덕목 또한 기록돼 있다.

춘추전국시대 제자백가들은 수성守城을 위해서는 덕치가, 창업創業을 위해서는 패도정치가 필요하다고 주장했다. 난세에는 패도覇道, 태평성대에는 왕도王道로 정치가 변용돼야 한다는 논리였다. 맹자는 창업을 위해서도 패도는 아니 되며 언제나 왕도정치를 해야 한다고 주장하다가 그 어느 나라에서도 고용되지 못했다.

불법으로 왕권을 장악한 수양대군 세조 때에는 세조가 직접 나서서 《정관정요》 주해를 담당했다. 세조 시대에는 말로 하는 왕도정치보다는

부국강병에 필요한 무서武書와 병서, 그리고 《정관정요》가 많이 읽혔다.[179]

그러다 재야에서 숨죽이던 사림파가 폭군 연산군을 내쫓고 중종을 왕위에 앉혔다. 정권을 잡은 사림파는 기다렸다는 듯이 《정관정요》 대신 《대학》과 《대학연의》를 들고 나왔다. 위법하고 부도덕한 세조 시대 적폐를 청산해버린 것이다. 패도정치의 효용을 주장하는 《정관정요》는 조선 중기 이후 왕실 독서 목록에서 제외됐다.

세조가 추구했던 부국강병은 '왕도정치에 반하는 패도정치'라는 등식이 성립해버렸다. 무력은 점잖은 왕도정치에 반하고, 오로지 주자성리학이 추구하는 요와 순의 이상적인 사회를 위해서는 학문을 숭상해야 한다는 주장이 다시 대세가 됐다. 세금제도를 개선하고 부국강병을 지휘했던 송나라 명재상 왕안석은 간신의 대명사로 찍혀 '왕안석과 비교가 되지 않는 간신'[180] 따위 표현에 들어가는 신세로 전락해버렸다.

왕위에 오른 중종은 힘이 없는 군주였다. 사림에 의해 느닷없이 옹립된지라, 사림이 시키는 대로 할 수밖에 없는 꼭두각시였다. 그 중종은 하루에 세 번씩 관료들과 함께 경연을 가졌다. 경연은 관료들과 함께하는 독서토론회다. 조강朝講에는 《서경》, 주강晝講에는 《자치통감강목》, 석강夕講에는 《대학연의》를 함께 읽었다.[181] 아침에는 경서, 점심에는 주자성리학 시각에서 쓴 역사서, 저녁에는 주자성리학적 제왕학을 읽고 토론했다. 지금으로 치면 국무회의에서 조선 권력자들은 굉장히 고상한 어법을 사용해 굉장히 세련된 수준으로 굉장히 비현실적인 철학 논쟁을 벌인 것이다. 대통령과 국무위원 전원이 하루에 세 번씩.

일본군에 의해 전국토가 짓밟힌 1592년 12월 19일, 사간원이 선조에게 이리 말했다.

"군덕君德이 성취되는 것은 경연經筵에 달려 있으니 비록 난리를 당했더라도 멈추거나 없애서 학문의 공功에 쉼이 있게 해서는 안 됩니다."[182]

서둘러 도망가느라 책을 챙기지 못해 하루 세 번 열던 강의도 제대로 열리지 못했다. 하지만 관료들은 어디선가 책을 구해 임금과 함께 책을 읽고 인성과 제왕론을 논했다. 실록에 따르면 선조가 경연에서 강의한 책은 《주역》이었다.[183]

조선 의사 남두민이 광견병 치료약으로 돼지 똥물을 처방했다가 조롱당한 사건은 이처럼 연원이 길고 깊다. 조선 정치인들은 의학과 군사학과 무기학과 수학과 물리학 대신 신석기시대 부족장을 그리며 청동기시대 위계질서를 이야기했다. 조선 지도자들은 그렇게 500년 동안 심각한 병리학적 이상상태로 살았다. 전쟁 중에도.

## 명청 교체기와 주변 국가

임진왜란 이후 황제국 명나라는 수명을 다하고 중환자실에서 서서히 죽어갔다. 황제국 동서남북에 있던 오랑캐국가들은 주인 사라진 새로운 천하天下를 당혹감 속에 받아들였다. 베트남은 스스로 황제라 칭하며 독립을 선언했다. 일본 또한 일본이 곧 중화라며 독립과 자주를 선언했다. 황제국 명을 압박하던 북쪽 오랑캐 후금은 아예 명을 멸망시키고 스스로 황제국이 되었다.

조선 권력층은 다른 방향으로 갔다. 모두가 황제요 황제국을 주장하는

데, 조선은 아버지 명을 이어받은 '소중화小中華'라는 것이다. 훗날 사학자
요 독립운동가 문일평(1888~1939)이 이렇게 썼다.

"중국 주위 이민방異民邦은 다 한 번씩 제왕이 되어 천하를 호령했다. 몽고
인은 네 번, 만주인은 두 번이나 제국을 세웠다. 조선인은 한 번도 세우지
못했다."[184]

조선 권력층은 주나라와 제후국 사이를 규정한 청동기시대 위계질서
를 맹신했다. 세상을 직시하지 못했다. 더 큰 잘못은, 국토와 국민을 비극
속으로 몰아넣고 나서도 권력층은 여전히 스스로를 소중화로 규정하고
명나라를 그리워한 바보들이었다는 사실이다. 천하의 주인이 바뀌던 그
17세기, 일본과 조선은 결정적으로 모든 것이 역전됐다. 성리학이 조선
권력층을 감염시킨 첫 번째 침투 경로는, 바로 사대事大였다.

# 외교: 망해버린 명나라에 사대하다

"나라가 망할지언정 의리상 구차하게 목숨을 보전할 수 없다."[185]
- 병자호란 한 달 전 홍문관 부교리 윤집 -

### 1637년 남한산성

임진왜란 후 왕이 된 광해군은 국가 생존을 위해 대륙의 신흥 세력 후금과 친화적인 외교를 펼쳤다. 명에 대한 배신자라는 핑계로, 그때 야당 세력이던 서인파가 광해군을 몰아내고 인조를 등극시켰다. 1623년 벌어진 이 쿠데타 명분은 친명親明이었다. 인조 또한 당연히 친명이었다. 친명은 한족을 멸망시킨 오랑캐에 대한 절대적인 거부, 배청排淸이었다. 대륙에서 벌어지는 거대한 세력 변화에 둔감해 당한 전쟁이 병자호란이었다. 호란을 부른 지도자는 이 인조다.

인조 정권은 교역을 요구하는 후금을 오랑캐라며 배척했다. 이에 후금이 1627년 조선을 침략했다. 정묘호란이다. 전쟁은 형과 아우 사이를 맺고 끝났다. 조선 인조 정권은 이후 배청 정책을 강화했다. 나라 안의 질서는 물론 국가 간의 질서 또한 유교적 예법을 따라야 한다는 사상에 충실한 권력자들이었다. 새로운 천하 질서를 이념적으로 인정할 수 없는 정권이었다. 결국 서인 정권은 그 천하를 인정하느니 '수만의 생령生靈을 짓밟히게 하고 죄 없는 백성을 포로로 끌려가게 하는'[186] 길을 택했다. 다시 전운이 감돌았다.

"마음에 통쾌한 일에는 후회가 따르는 법이니 신중하자"[187]는 정신 똑바른 관리도 있었지만, 인조와 그 무리들은 그 똑바른 관리를 처벌해버리고 마음 통쾌한 일을 택했다. 1636년 3월 인조가 팔도에 대국민담화문을 발표했다.

> "도성 사람들은 병혁의 화가 조석에 박두해 있다는 것을 알고 있으면서도 도리어 그들을 배척하고 끊은 것을 통쾌하게 여기고 있다. 팔도의 백성들은 반드시 격분하여 죽음을 맹세코 원수를 갚으려 할 것이다. 충의로운 선비는 각기 있는 책략을 다하고 용감한 사람은 종군을 자원하여 다 함께 어려운 난국을 구제해 나라의 은혜에 보답하라."[188]

화禍가 박두해 있는데 통쾌하게 여길 백성이 그 누가 있다는 말인가. 이 오만하기 짝이 없는 권력층은 '충의로운 선비와 용감한 사람'에게 책임을 미루는 무책임까지 갖추고 있었다. 청 태종 홍타이치는 그런 인조에게 "백성의 부모로서, 백성으로 하여금 병화에 시달리게 하고 명을 편신하여 우리 원수가 되려고 하는가"하고 힐난했다.[189]

닥쳐올 일이 뻔히 예견됐지만, 무리들은 군비 강화 따위 실질적인 대비책은 세우지 않았다. 1637년 홍타이치가 다시 한 번 조선을 침략했다. 병자호란이다. 남한산성에 갇혀 있는 동안 조선 지도자 인조와 그 서인 권력자들은 성리학이 씌워놓은 세련된 어법까지 버리고 욕설을 섞어가

남한산성 남문인 '전승문(全勝門)'. 정조 3년인 1779년 붙인 이름이다. 이름과 달리 병자호란은 사대 명분을 내세 웠다가 처참하게 패한 전쟁이었다.

며 주화와 척화를 다투다 항복했다. 그 인조를 그들은 이렇게 평가했다.

> 사대에 매우 근신하시어 만 굽이 물이 반드시 동으로 향해 가는[萬折必東, 만절필동] 마음은 신명에게 질정할 만하셨다.[190]

## 송시열과 만동묘

충청북도 괴산 화양동계곡 초입에 복원이 덜 된 유적이 있다. 문 너머 가파른 돌계단을 오르면 문이 또 나오고 그 뒤쪽 건물에 현판이 걸려 있 다. '만동묘萬東廟'. 명나라 황제 신종과 의종을 모신 사당이다. 사당에서 계곡을 더 들어가면 등산로 옆 첨성대 절벽에 이렇게 새겨져 있다. '만절 필동萬折必東'. 황하가 만 번 꺾여도 동쪽으로 흐른다는 뜻이다. 소경대왕

대한민국 징비록

충북 화양동계곡에 새겨진 '萬折必東(만절필동)'. 선조 글씨다.

글씨다. 소경대왕은 선조다. '(망한) 명나라에 대한 충성심은 어떤 역경에도 한결 같다'는 말이다. 사당 이름은 이 넉 자에서 따왔다. 1704년 사당을 지은 이는 권상하다. 사약 먹고 죽은 스승 유언에 따라 지었다. 스승 이름은, 송시열宋時烈(1607~1689)이다. 국사 교과서에 '북벌론을 주도했다'고 소개되는 그 인물이다. 하지만 송시열은 단 한 번도 실질적인 북벌을 주장한 적이 없었다.

### 북벌 군주 효종이 송시열을 만난 이유

대낮에 금성이 빛나던 봄날이었다. 효종이 이조판서를 불렀다. 판서 이름은 송시열이다. 왕이 "봄비가 그치지 않아 걱정"이라고 하자 송시열이 답했다. "주상께서 백성을 애써 구제하시는 정성이 지극하지만 하늘의 뜻이 편안치 않아 재앙이 거듭 생기고 백성이 원망하고 있습니다." 정치 똑바로 하라는 소리였다.

대화가 잠시 이어진 뒤 송시열이 입을 열었다. "송나라 효종이 유학자 장남헌을 만날 때는 좌우를 물리고 만나 큰일을 도모했나이다." 그러자 효종이 승지와 사관과 내시를 모두 물러가라 명했다. 바깥에 있는 관리들은 송시열이 무슨 말을 했는지 알지 못했다. 1659년 기해년 봄날 효종과 송시열이 독대한 이 대화를 '기해독대己亥獨對'라고 한다. 주위를 물리친 뒤 효종이 송시열에게 입을 열었다.

"나는 포병 10만을 길러 청나라 산해관山海關으로 쳐들어갈 계획이다."

즉위 10년 만에 왕이 밝힌 북벌 계획이었다.[191]

효종은 정통성이 약했다. 형 소현세자가 아버지 인조에 의해 쫓겨나고 대신 왕이 된 사람이었다. 소현세자는 의문의 죽음을 맞았고, 세자비는 사약을 받았고, 그 아들들은 제주도로 유배당했다. 원칙적으로 차기 왕은 효종이 아니라 아직 살아 있는 소현세자 막내아들 석견이어야 했다. 효종은 맏아들이 대를 잇는다는 적장자 상속 원칙에 어긋났다. 자기 왕권을 뒷받침해줄 새로운 지배세력이 필요했다.

이에 효종은 인조가 재위할 때부터 벼슬을 차지하고 있던 원로들을 대거 숙청하고 산림山林을 등용했다. 관직을 거부하고 초야에 묻혀 사는 사대부를 산림이라 불렀다. 도학과 의리를 중시하는 재야 정치가다. 물리적으로 산속에 살 뿐, 실제로는 중앙 정치판에 끼치는 영향력이 무시무시했다. 바로 서원을 중심으로 한 당파들끼리 서로 세력을 키워놓은 덕분이다. 이 중 거물은 '요집조권遙執朝權', '멀리서 조정의 권세를 좌지우지할'

정도였다.

집권 3년 이후 청나라 간섭이 뜸해졌다. 효종은 군비 확장에 돌입했다. 중앙군인 어영군을 4,000명에서 6,000명으로 증원하고 친위대인 금군을 600명에서 1,000명으로 증원했다. 왕권 강화 목적도 있었다. 1650년 8월, 효종은 특별 무과 시험인 '관무재觀武才'도 전격 부활시켰다. 2년 뒤에는 직접 노량진에서 열린 열병식에 참석했다.

문신들이 반발했다. '명목은 있으나 실속은 없을 듯하다'는 것이다.[192] "세상이 전하께서 오랫동안 바깥 고생에 익숙해 단정히 팔짱끼고 있는 걸 못 견딘다고 한다"는 조롱도 나왔다.[193] 효종은 끝까지 밀어붙였다. 지방단체장인 문관이 겸임하던 지방군 사령관, 영장도 무관으로 부활시켰다.

의지는 대단했으나, 시기가 좋지 않았다. 왕 스스로 "과인이 임금인 이때만큼 재난이 많은 때가 있었나"라 탄식할 정도로[194] 유난히 가뭄, 홍수도 많았다. 군비 증액은 백성에게 부담이 컸다. 북벌을 들먹이는 왕을 고깝게 여기던 산림에게는 왕권을 견제할 기회였다. 왕도 산림과 타협할 때였다.

### 북벌을 거부한 송시열

효종이 즉위하던 해, 이미 송시열은 이런 상소를 올렸다.

"전하께서는 오랑캐 속에 계실 때 날마다 술 마시고 놀기를 일삼고 학문에 종사하시지 않았다."[195]

오랑캐 나라 청에서 억류생활을 한 효종이 마땅치가 않았던 차에, 하라는 공부는 않고 무예에 열중하는 꼴이 보기 싫었던 것이다. 마침내 1659년 3월 효종이 송시열과 독대한 것이다. 효종이 이리 말했다.

"예전의 칸(汗, 청 황제)은 인재가 많았는데 지금은 용렬하며, 점점 무사武事를 폐하고 중국의 일을 본받고 있다. 나는 그 땅에 오래 있었기에 형세 또한 잘 안다. 10만 포병을 기르면 중원의 영웅들이 호응할 것이다. 칸은 주색에도 깊이 빠져 있지만 나는 주색을 끊고 경계하여 늘 정신이 맑고 몸도 건강해졌으니, 10년을 기다릴 수 있다."

구체적이고 자신감 넘치는 북벌 계획에 송시열이 이렇게 답했다.

"제왕은 반드시 자신을 수양하고 가정을 다스린 뒤에야 법도와 기강을 세워 일을 했나이다."

한마디로, 수양부터 하라는 말이었다. 거듭 구체적인 방안을 묻는 효종에게 송시열은 똑같이 거듭해서 이렇게 답했다.

"격물치지와 성의를 하고 난 뒤에도 마음 바르게 하는[正心] 공부를 해야 합니다. 성인이 쓸데없는 말로 후세 사람들을 속였을 리가 없습니다."

'성인'은 주자다. 송시열에게 주자는 곧 법이었다. 1 더하기 1이 왜 2냐고 묻지 않듯, 송시열은 주자의 말에는 조금도 의문을 두지 않았다. 세상일에 의문이 생기면 주자를 읽으면 정답이 나온다는 것이다. 효종이 말했다.

북벌을 추진했던 효종의 능, 영릉.

"경과 나는 뜻이 다르다."

이게 북벌 계책을 묻고 답하는 비밀 독대의 전부다. 효종의 북벌의지
와 그 의지를 꺾으려는 송시열의 인성 수양론이 독대 내내 싸우다 끝난
것이다. 답답한 효종이 한마디 더 했다.

"경은 말끝마다 주자朱子, 주자 하는데, 어찌 그리 잘 알고 있는가?"

송시열에게는 오로지 주자와 명에 대한 사대밖에 없었다. 북벌은 없었
다. 대명천지 대한민국에 아직도 송시열 후학들이 남아서 그를 북벌론자
라고 포장하니, 왜곡도 이 무슨 황당한 왜곡인가. 효종은 기해독대 한 달
뒤 죽었다.

### 정치 논리에 실종된 북벌
1662년(현종 3년) 명 왕실 잔존 세력이 건국했던 남명南明이 멸망했다.

청나라가 대륙을 완전히 지배했다. 명분만 있던 북벌론이 퇴조하기 시작했다. 1673년 청나라에 '삼번의 난'이라는 반란이 벌어졌다. 오랑캐 나라 내장이 뒤틀렸으니, 드디어 효종이 언급했던 '영웅이 호응할 시기'가 온 것이다.

그때 남인인 윤휴가 현종에게 "복수를 할 때가 왔다"고 주장했다. 하지만 현종도 뒤 이은 숙종도 호응하지 않았다. 1680년, 입으로만 북벌을 외치던 서인 세력이 '군사를 모아 반역을 꾸몄다'며 윤휴 처형을 주장했다. 숙종은 이를 따랐다. 진정한 북벌론자 윤휴는 처형됐다. 정권은 남인에서 서인으로 넘어갔다. 이를 '경신환국'이라고 한다.

## 만동묘, 북벌론의 종언

1689년 송시열이 죽었다. 독대 내용을 공개하면서 부활한 정치가였지만, 두 번 다시 부활은 없었다. 그는 장희빈과 관련된 정쟁을 주도하다가 패배해 제주도로 유배된 상태였다. 그때 정권을 잡았던 남인은 죽음을 원했다. 나이 여든둘에 송시열은 사약을 받고 죽었다. 정적 그 누구도 송시열이 천수를 누리고 죽는 모습을 원하지 않았다.

그가 제자 권상하에게 유언을 남겼다. 자기가 공부하던 화양동계곡에 명나라 황제를 기리는 사당을 지으라고. 1704년 제자들이 화양동에 사당을 세웠다. 그게 지금 화양동에 복원돼 있는 만동묘다.

그해 말 창덕궁에 또 다른 명 황제 사당인 대보단大報壇이 건설됐다. 이후 조선이 공식적으로 명나라를 '제사' 지냈다. 명이 공식적으로 멸망하고 조선이 그 후계자가 됐다는 선언이었다. 정신적으로 중화 정통성을 이었다는 선언이었다. 명은 조선에 부활했으니 북벌을 할 이유가 없었다. 조선은 정신적으로 대승을 거뒀다. 만동묘로 실현된 정신승리는 곧바로 대보단 건설로 재확인됐다.

## 대보단과 정신승리

어느 제삿날에 서른넷 먹은 젊은 관료 정약용이 시를 쓴다.

이 나라에만 은나라 해와 달이 떠 있네
중원 땅에는 한나라 의관 지킨 사람 하나 없다네[196]

바로 이날 조선 22대 임금 정조가 시를 썼는데, 정약용 시는 이 어제시에 대한 답시다. 정조가 쓴 시는 이렇다.

산하의 북쪽 끝까지 제후국 모두 망했어도
우리 동방만 제물과 제주를 올리는구나

마지막 연은 이렇다.

창덕궁을 그린 동궐도(東闕圖, 국보 249호) 부분. 산 아래 네모난 공간이 명나라 황제들에게 제사를 지냈던 대보단이다.

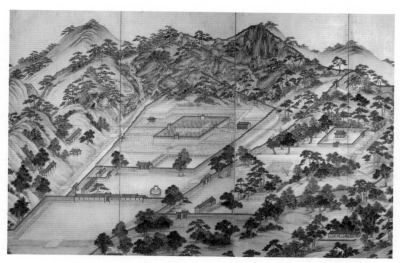

## 만절필동萬折必東 그 정성 힘써 좇아나가리[197]

임진왜란이 끝나고 198년이 지난 1796년 음력 3월 3일이었다. 명나라 가 망하고 152년이 지난 그 봄날에 실학을 집대성한 실용주의 관료 정약 용과 개혁군주라 소문난 정조가 주고받은 자랑과 다짐이 그러했다. 그날 조선왕국은 창덕궁 북쪽 깊숙한 산기슭에서 명나라 초대 황제 홍무제와 임진왜란 때 만력제와 마지막 숭정제에게 은밀하게 제사를 올렸다. 그 제단 이름이 '대보단大報壇'이다.

임진왜란 이후 병자호란이 벌어지고 조선은 오랑캐 청에 망했다. 대륙 은 오랑캐 말발굽에 짓밟혔다. 1644년 명이 망했다. 명 황실 일파가 만들 어 명줄을 잡고 있던 남명南明이 1662년 망했다. 망할 줄 알았던 청나라는 하늘로 치솟고 있었다.

북벌을 추진했던 효종이 요절하고 현종이 죽고 숙종이 등극했다. 전흔 이 아물고 태평성대가 왔다. '오랑캐 타도'를 떠들던 엘리트들이 입을 닫 았다. 대신 '정신 승리'를 들고 나왔다.

'오랑캐에 짓밟힌 대륙에서 중화中華가 조선으로 건너왔다'는 조선중화 朝鮮中華다. 조선이 중화이니 굳이 청나라를 타도할 이유가 없었다.

이게 당시 노론 엘리트가 가진 정서였다. 현실은 변함이 없는데 정신 적으로는 위대한 승리를 거둔 것이다.

그 상징이 대보단이다.

명나라가 망하고 1주갑(60년)이 지난 1704년 정월 7일 송시열 제자 권 상하가 화양동에 만동묘를 세우고 150여 유생들과 첫 제사를 올렸다.[198] 그런데 사흘 뒤인 1월 10일 숙종이 느닷없이 어전회의에서 이리 한탄하는 것이었다.

"명나라가 망한 지 올 3월로 60년이다. 숭정 황제가 나라를 잃으니 울음이 솟구친다. 백성들이 그 은혜를 잊지 않게 하려면 어떻게 해야 되겠는가?"

뜨끔한 노론 대신 이여가 "사실은…" 하고 만동묘 설립을 자백했다. 숙종이 말했다.

"내 미처 몰랐다."[199]

황제에 대한 제사는 오로지 왕만 치를 수 있는 행사였다. 점잖게 고개만 끄덕인 왕이었지만, 속은 끓고 있었다. 두 달 뒤 숙종은 창덕궁 후원에 임시제단을 만들고 숭정제 제사를 전격 거행했다. 1644년 반군에 의해 자금성이 함락되고, 숭정제 의종이 자살한 3월 19일 밤 12시 30분이었다. 제물은 검은 소 한 마리였다. 제문은 이렇게 시작했다.

조선국왕 신臣 이돈李焞이 감히 대명의종렬황제大明毅宗烈皇帝에 밝게 고하나이다.[200]

'이돈李焞'. 조선왕조실록에 현직 왕 이름이 그대로 등장하는 희귀한 장면이다. 왕이 등극하면 그 왕과 한 글자라도 이름이 같은 사람은 강제로 개명을 당하는 엄한 시절이었다. 그 귀한 이름이 실록에 등장하는 이 희귀한 일이 벌어진 것이다. 명나라와 조선의 군신 관계를 특별하게 부각하기 위한 조치였다.[201] 그리고 그 해 11월 숙종은 후원 깊숙한 곳에 제단을 만들고 이름을 '대보단大報壇'이라고 정했다. '큰 은혜에 보답하는 제단'

대보단 터에 자라고 있는 다래나무(천연기념물 251호). 대보단은 대한제국이 망한 뒤 알 수 없는 어느 시기에 소리 없이 철거됐다.

이라는 뜻이다. 이듬해 3월 9일 숙종은 대보단에서 임진왜란을 구원한 황제 만력제 제사를 지냈다.

### 비겁한 대보단

그해 12월 21일, 북한산 줄기가 창덕궁 안쪽으로 내려온 궁궐 북쪽 깊숙한 기슭에 제단이 설치됐다. 비밀리에 준공된 대보단은 사직단보다 한 척이 높았고 네 면 길이가 37척(약 11미터)이었으며 바깥에 담을 쌓아 행인이 내려다보지 못하게 하였다.[202] 조선 정부는 현재 관보官報에 해당하는 신문 〈조보朝報〉에도 이 사실을 싣지 않았다. 담당관청도 설치하지 않았다. 청나라로부터 숨기기 위한 조치였다. 오랑캐 청나라 황제에게 조공을 바치고 왕 책봉을 받고 오랑캐 역법을 받들면서 국내에서는 그 현실을 부정하는 기이한 정치 체제가 완성됐다.

대한민국 징비록

청 황실이 펴낸 《명사明史》가 출간 10년 만인 1749년 국내에 수입됐다. 병자호란 때 명나라 황제 의종이 원군을 보내려 한 사실이 기록돼 있었다. 조선 국왕 영조는 만력제 신종을 모시던 대보단에 숭정제 의종 신위를 추가했다. 의종 또한 '조선을 구하려 한' 천자天子라는 것이다. 영조는 "의종과 신종이 진실로 차이가 없으니 의종을 황단皇壇(대보단)에 나란히 제사한다면 천하에 다행스런 일이 될 것"이라는 상소를 받아들였다.[203] 그뿐만이 아니었다.

관료 상소를 수용하는 형식으로 의종을 모신 영조는 12일 뒤 명 태조 홍무제 또한 모셔야 한다고 주장했다. 홍무제 주원장은 맹자와 주자를 천시하고 왕권을 강화한 전형적인 전제군주였다. 조선 성리학자들이 폭군으로 일컫는 대표적인 왕이었다. 신하들이 벌떼처럼 반대했다. 영조가 단호하게 말했다.

"황조에 향화가 끊어졌기 때문에 세 황제를 우리가 모시려는 것이다."[204]

중원 문화가 오랑캐에 의해 파괴됐으니 이를 조선이 계승한다는 선언이었다.[205] 동시에 기어오르는 노론 관료들을 기선 제압하겠다는 위협이었다. 1749년 3월 23일 그날 조선은 오랑캐에 억눌리던 나라에서 정신적인 명나라 계승국으로 스스로 격상시켰다. 영조의 왕권은 절대적으로 강화됐다.

이들이 진정으로 사대를 실천했는가. 왕과 그 권력집단이 가슴에서 우러나는 철학적인 사대를 실천했는가. 아니었다. 영조는 자기 왕권 강화라는 국내정치 목적을 위해 사대라는 노론 정치인들의 명분을 적극 활용했다. 왕도 마찬가지였고, 왕을 에워싼 권력집단도 다 똑같았다. 명을 아버지처럼 그리워하는 사대는, 다름 아닌 국내 정권 유지와 권력 강화를 위한 가면에 불과했다. 목에 걸면 되고 귀에 걸어도 되는 훌륭한 정치 도구였다.

### '개혁군주' 정조, 그리고 대보단

중화를 계승한 영조가 죽었다. 손자 정조가 즉위했다. 정조 즉위 후 일곱 달이 지난 1776년 10월 27일, 청나라로 떠났던 사신이 칙서를 들고 돌아왔다.

'특별히 허락하여 조선 국왕을 이어받게 한다.'[206]

명나라 황제들에게 비밀리에 제사를 지내는 조선 왕실이, 오랑캐 황제 건륭제 칙서를 받고서야 정식 왕이 되는 기이한 세상이 되었다.

조선 엘리트집단을 집단 감염시켰던 사대는 정조를 넘어 실용주의자 정약용 그리고 그 이후까지 오래도록 퇴치되지 않았다. 송시열이 꿈꾸던 세상이었다. 떳떳하지 못하고 비겁하게 숨어서 명나라 영혼에 경배한 이유는 따로 있었다. 권력 유지를 위해 사대라는 성리학 이념을 이용한, 지식권력의 위선과 이기심이다.

# 정치: 지식독재와 사문난적

> 주자를 공격하는 자는 사문난적斯文亂賊이다.[207]
> - 송시열 -

## 지식권력과 지식독재

성리학을 공부해 과거시험을 치르고, 시험에 합격하면 공무원이 된다. 시험에 떨어지면 자기 살던 고장 서원에서 또 공부를 한다. 공무원 생활을 하다가 어찌하여 마음에 들지 않으면 사표를 내고 또 서원으로 간다. 시험 응시를 위해서는 책을 읽어야 하는데, 값비싼 책을 읽을 수 있는 사람은 경제적, 시간적 여유가 있는 사대부들뿐이다. 만인에게 열려 있던 과거시험은, 법규상에만 열려 있을 뿐 실제로는 사대부만 볼 수 있었다.

선비들은 독서 인생을 성리학에 '올인'할 수밖에 없었다. 필독서에는 세무, 국방, 사법, 보건 따위 각론은 적혀 있지 않았다. 선비들은 요순시대를 이상사회로 묘사한 중국 책을 읽으며 입신양명을 꿈꿨다. 향교와 서원에는 대부를 꿈꾸는 선비들이 우글거렸고, 조정에는 꿈을 이룬 선비들이 우글거렸다.

그렇게 선비가 많았으니 조선에는 당연히 수신·제가·치국·평천하修身齊家治國平天下의 세상이 강림했어야 하지 않겠는가. 그런데 1543년 백운동 서원이 생긴 이후 조선 정치에서는 덕치가 사라졌다.

대신 정치는 피칠갑으로 점철됐다. 공론空論이요 명분론이라는 비난은 받을 수 있어도, 성리학 자체는 배타적 학문은 아니었다. 하지만 조선에서 성리학은 성리학을 공부하거나 공부할 여유가 있는 선비, 사대부 계급에게 독점된 학문으로 변했다. 사대부는 독점한 학문을 통해 권력을 획득하고, 그 권력을 유지하기 위해 일체의 다른 학문을 배척했다. 바로 지식의 독점을 통한 독재다.

무武라 천시하던 칼과 총 대신, 지식인들은 지식에 피를 묻혀 폭력적으로 권력을 유지하고 강화해갔다. 자기와 다른 지식을 가진 예비 권력자들을 죽여 버린 것이다. 이리하여 등장한 용어가 '사문난적斯文亂賊'이었다.

'아름다운 글을 어지럽힌 도적'이라는 뜻을 가진 '사문난적'은 원래 유교를 반대하는 자들을 지칭하는 말이었다. 조선 지식인, 곧 지식권력자들은 이 말을 '경전을 주자와 다르게 해석하는 자'로 바꿔 정적을 처단하는 수단으로 사용한 것이다. 여기에 또다시 송시열이 등장한다.

### 송시열의 시작과 끝, 주자

송시열에게 '주자'는 시작이었다. 주자는 금에 멸망하던 송을 살리는 인물이었고 송시열 본인은 청에 핍박받는 조선을 살릴 학자였다.

1637년 병자호란 직후 송시열은 외가 부근인 충북 영동 월류봉 아래로 낙향했다. 한천정사寒泉精舍라는 집을 짓고 살았다. 숙종 초 정쟁에서 권력을 잃고 낙향한 곳은 충북 괴산 화양동계곡이었다. 1680년 잠시 중앙에 복귀했다가 다시 낙향한 회덕, 지금 대전 땅에 송시열은 서재를 지었다. 이름은 '남간정사南澗精舍'라 했다. 주자가 처음 만든 강학소이자 서원

이름이 한천정사다. 화양동계곡 원래 이름은 '황양'이다. 송시열은 중국의 '화華'자를 넣어 화양華陽으로 개칭하고 주자의 '무이구곡武夷九曲'을 본따 9곡을 명명했다. 회덕에 만든 서재 이름 '남간'은 주자의 '운곡이십육영雲谷二十六詠' 중 두 번째 시 제목이다. 평생 그는 이렇게 거듭 선언했다.

요순, 공맹을 계승한 주자의 학문은 일언일구一言一句도 지극한 중정中正이 아님이 없다'[208]

송시열에게 주자는 끝이기도 했다. 1689년 6월 8일 전북 정읍에서 사약을 받을 때 남긴 유언은 이렇다.

"주자가 임종할 때 문인을 불러 '곧을 직[直]' 자 하나를 말씀하셨으니 내 말도 벗어나지 않는다"라고 하였다.[209]

사상의 자유? 주자만 건드리지 않으면 자유였다. 하지만 주자를 공격하는 모든 자는 악惡이었다. 송시열은 그 악한을 '사문난적'이라 불렀다. 지식으로 획득한 권력을 독점하기 위해, 자기 권력을 지지하는 지식에 반하는 지식은 용납하지 않겠다는 강력한 의지였다.

### 사문난적 윤휴

백호 윤휴尹鑴(1617~1680)가 그런 도적이었다. 훗날 남인으로 돌아섰지만, 윤휴는 송시열이 속한 서인세력과 친했다. 윤휴는 한번 들으면 잊지 않는 천재인데다 성리학에 대한 이해력도 발군이었다. 어릴 적 윤휴를 만났던 송시열이 "우리들이 30년 동안 독서한 것이 (윤휴 앞에서) 모두 헛된 것이 되었다"[210]라고 할 정도였다.

그리하여 천재적 청년 윤휴는 열 살 위인 송시열과 둘 없는 사이가 되었다. 송시열을 이을 대표적인 후보가 이 천재 학자 윤휴였다. 그런데 훗날 윤휴는 벗이 용납할 수 없는 짓을 저지르고 말았다. 주자가 쓴 중용 해설서가 틀렸다며 자기 식으로 해설서를 쓴 것이다. 1652년 일이다.

> 윤휴가 중용 주註를 고치자 송시열이 가서 엄히 책망하니, 윤휴가 "경전의 오묘한 뜻을 주자만이 알고 어찌 우리들은 모른단 말이냐"라고 말하므로 송시열은 화를 내며 돌아왔다. 뉘우치기를 바랐으나 끝내 승복하지 않으므로 드디어 송시열이 그를 끊어버렸다.[211]

송시열은 이후 그 어떤 자리에도 윤휴를 천거하지 않았다. '뭇 비평이 급하게 밀리는 파도 같았어도'[212] 송시열은 악한 윤휴를 배척했다.

이듬해 송시열은 충청도 논산에 있는 황산서원에 동지들을 모았다. 안건은 '사문난적 윤휴'였다. 송시열이 말했다.

> "주자 이후 한 이치도 드러나지 않음이 없고 한 글도 밝혀지지 않음이 없는데 윤휴가 어찌 감히 주자를 배척한단 말인가. 윤휴는 사문斯文의 난적亂賊이다."[213]

그때 동지였던 윤선거가 윤휴를 두둔하고 넘어가려 하자 송시열이 이렇게 말했다.

> "왕자王者가 나타나게 된다면 공이 마땅히 윤휴보다 먼저 법을 받게 될 것이다."

주자와 달리 해석한다고 그게 무슨 악이 되냐는 윤선거에게 송시열은 '그런 소리를 하면 자네가 먼저 처벌 받을 것'이라고 경고장을 날렸다. 12년이 지난 1665년 가을 송시열은 공주 동학사에서 또 윤선거를 몰아붙였다. 윤휴가 정말 죄가 없다고 생각하냐는 송시열의 추궁에 윤선거는 "군이 흑백을 따지자면 윤휴는 흑"이라 답했다. '군이 따지자면'이라는 말에 송시열은 윤선거에게 윤휴와 아예 인연을 끊으라고 요구했다. 윤선거는 "끊겠다"고 답했다. 이제 문제는 윤선거였다.

### 송시열, 벗을 버리다

송시열과 윤선거는 김장생의 동문 제자였다. 함께 공부를 했고 함께 관료생활도 했다. 포저 조익이 죽었을 때 윤선거는 조익 묘에 부장하는 묘지명墓誌銘을 썼고 송시열은 비석에 새기는 묘갈문墓碣文을 썼다. 그 윤선거가 죽었다. 1669년 8월이다. 송시열은 벗을 보내는 제문을 지었다.

천지가 어두울 때 별 하나가 밝았네

먼저 하늘로 간 벗을 별로 비유한 아름다운 제문이었다.

그런데 윤선거 상가에 사문난적 윤휴가 조문을 갔다는 사실이 알려졌다. 윤휴가 누구인가. 벗 윤선거가 생전에 '인연을 끊겠다'고 했던 그 나쁜 사문난적 놈이 아닌가. 윤휴가 송시열 자신을 비난하는 제문을 썼다는 소식도 들려왔다. 이듬해 송시열은 앞서 보낸 제문을 전문 취소하고 다시 써서 보냈다. '(윤휴에 대해) 다시 의논할 길 없으니 슬픔이 마음에 있어서 심히 내 병이 되도다'라고 적혀 있었다.

1674년 윤선거의 아들 명재明齋 윤증尹拯이 송시열을 찾아가 자기 선친 묘갈문을 부탁했다. 윤증은 송시열의 제자였고 아무리 논쟁으로 갈등을 빚었다고 해도, 생전에 절친한 친구가 아니었던가. 당대 최고 학자로 칭송받던 송시열로부터 선친 묘갈문을 받으면 큰 영광이었다. 그런데 그 천하의 학자요 아버지의 벗은 뒤끝이 너무 길었던 것이다. 송시열이 벗의 아들에게 묘갈문을 써줬다. 내용은 이러했다.

> 진실하신 현석(박세채)이 더할 수 없이 드날렸기에 나는 따로 짓지 않고 그의 말을 따라[我述不作, 아술부작] 비명을 쓰네

윤선거와 뜻을 같이했던 현석 박세채가 이미 해야 할 칭찬은 다 했으니 자기는 달리 칭찬할 말이 없다는 뜻이다. 그리고 그 앞은 박세채가 쓴 글이 한 자도 틀리지 않고 복사돼 있었다. 누가 보아도 쓰기 싫은 걸 억지로 썼음을 알 수 있었고, 이밖에도 '은근히 조롱하고 암암리에 풍자하는 내용이 많았다.'[214] 이에 윤증이 여러 차례 수정을 해달라고 청했으나 일부 자구字句 외에는 고치지 않았다. 심지어 1689년 송시열은 이런 시까지 썼다.

> 들건대 여니驪尼가 참 도학이라니 정자와 주자는 멍청이가 되겠군[閩洛是侄俏].[215]

여니는 윤휴와 윤선거를 뜻한다. 두 사람은 죽은 지 오래고 송시열 자신은 제주도에 유배 중인 때였다. 본인이 머나먼 섬에서 유배생활을 할 때 쓴 시에 죽은 벗에 대한 조롱이 가득했다. 제자이자 친구의 아들 윤증은 송시열과 완전히 갈라서고 말았다. 이후 윤증은 반反 송시열 세력을 이끌게 됐다.

## 이경석 신도비와 삼전도비

경기도 성남시 분당 한국학중앙연구원에서 안양판교로 도로 건너 산속에 무덤이 여럿 있다. 조선시대 무덤이다. 그 가운데 '이경석 선생 묘' 표지판을 따라가면 왼편에 작은 공터가 나온다. 그 옆 언덕에 비석이 보인다. 무덤 주인 이경석의 신도비神道碑다. 이 언덕에는 신도비가 '두 개' 있다. 하나는 1754년 영조 30년에 세운 원래 신도비고 하나는 1979년에 다시 세운 비석이다. 그런데 옛 신도비는 새긴 글자가 다 깎여나간 백비白碑다. 원래 비석을 대체하는 비석을 세웠으니 옛 돌은 묻어버려야 마땅한데, 이 후손들은 텅 빈 옛 비석을 버리지 않고 새 비석과 함께 세워놓았다. 틀림없이 사연이 있을 것이다.

경기도 성남시 분당구 석운동 50-8 산기슭에는 백헌 이경석의 묘가 있다. 묘 앞에는 신도비가 두 개 있는데, 하나는 글자가 다 깎여나간 백비다. 노론 영수 송시열은 이경석 생전에 "이경석이 오랑캐 청나라에 무릎을 꿇는 굴욕적인 삼전도비 비문을 썼다"며 "그 덕에 건강하게 장수했다네"라고 조롱하고 비난했다. 이경석 사후 소론 당수 박세당이 신도비문을 쓰며 "송시열은 올빼미 같은 소인배"라고 적었다. 이에 1703년 서인에서 갈라진 집권 여당 노론당에서 들고일어나 신도비문을 불태우고 박세당을 사문난적으로 몰아 유배를 보냈다. 1754년 건립된 신도비는 누군가에 의해 글자가 깎여나가고 땅에 파묻혔다. 1979년 이경석 후손들은 비석을 재건하고 옆에 새로 만든 신도비를 함께 세웠다.

서기 1637년 음력 11월 27일, 예문관 부제학 이경석이 글을 적어 내린다. 한강 건너 삼전도에 있는 비석에 새길 글이다. 글은 이리 시작하였다. '대청大淸 숭덕 원년 겨울 12월에 관온인성황제寬溫仁聖皇帝께서 진노하여 군대를 거느리고 오셨다. 우리 임금은 두려워하기를 마치 봄날에 얼음을 밟고 햇빛을 기다리는 듯이 하였다.'[216]

밤새워 글을 끝낸 이경석은 다음 날 인조 앞에 글을 갖다 바쳤다. 때는 병자호란으로 나라가 거덜이 나고 조선 제16대 국왕 인조가 청나라 황제 홍타이지에게 무릎을 꿇은 그해였다. 청나라 황실이 내건 전리품이 처녀 조공과 항복문서, 비문 작성이었다. 아무도 비문을 쓰려고 하지 않았다.[217]

그 치욕적인 비문을 맡은 이가 이경석이었다. 결국 이경석 글이 청 황실 교정을 거쳐 비문으로 확정됐다. 훗날 이경석은 만형 이경직에게 편지를 썼다. "글 쓰는 법 배운 것이 후회스럽다."[218] 비석은 1639년 11월에야 완성돼 12월 8일 삼전도에 건립됐다. 이게 조선 500년 정치사에 길이 남을 추악한 정쟁의 빌미가 될 줄은 몰랐다. 아무도 몰랐다. 오로지 이경석보다 열두 살 어린 송시열만 알았다.

### 이경석 장수 축하파티와 송시열

송시열은 이경석과 친했다. 열두 살 연상에 벼슬길도 먼저 오른 이경석은 틈이 날 때마다 송시열을 왕에게 추천해 중용을 권했다. 예를 들면 이렇다. "송준길과 송시열은 학문과 품행으로 이름난 지 오래입니다. 정성을 들여서 찾고 예의를 갖추어서 부른다면 분수나 의리로 보아 어찌 감히 나오지 않겠습니까."[219]

1668년 11월 이경석 나이가 73세가 되었다. 청나라와 외교관계를 무리 없이 잘 수습한 노 대신에게 나라에서는 궤장연几杖宴을 열어주었다.

서울 잠실에 서 있는 '대청황제공덕비'. '삼전도비'라 불리는 이 비석 비문은 인조의 명에 의해
당시 예문관 부제학 이경석이 썼다.

궤장은 왕이 내리는 지팡이다. 늙은 문관에게 대단한 명예다. 이에 이경석이 친한 후배인 송시열에게 축사를 부탁했다. 송시열은 "궤장까지 주는 것은 과하지 않은가"하고 말꼬리를 달면서도 축하 메시지를 이리 전했다.

> "생사를 가리지 않고 꿋꿋하게 소신을 수행해 나라가 무사하게 되었다. 하늘의 도움을 받아 장수하고 또 건강하여[壽而康, 수이강] 우리 성상에게 융숭한 은혜를 받은 것이다."[220]

1669년 3월 몸이 좋지 않은 왕비 김씨를 위해 현종이 온양 온천으로 행차했다. 한 달이 넘는 체류 기간 지방에 있던 관리들이 한 명도 행궁으로 나온 자가 없었다. 이에 4월 3일 영부사 이경석이 "국정이 급하니 얼른 서울로 돌아오시라"고 문서로 권하며 한마디 덧붙였다. "행궁에 달려가 문안하는 신하가 하나도 없으니 기강과 의리가 무너졌다."[221] 이 '신하'를 자기라고 착각하고 뜨끔한 사람이 송시열이었다. 자기도 행궁에 가지 않았던 것이다.

그달 14일 송시열이 왕에게 이렇게 상소를 했다. "병 때문에 길을 지체했다가 출발하는데, 신臣을 비난하는 문서를 보고 깜짝 놀랐다"고 했다. 그러니 자기는 억울하다고 주장하며 송시열은 이렇게 말했다.

> "금나라에 항복문서를 바친 송나라 역적 손종신처럼 장수하고 건강한[壽而康, 수이강] 사람이 나를 다 비난하네."[222]

바로 넉 달 전 궤장연 때 이경석에게 써줬던 바로 그 '장수하고 건강한 사람'이 다름 아닌 '역적'이라는 말이었다. 송시열은 정치적, 학문적 선배의 축사에 암호처럼 욕설을 삽입해놓은 것이다.

사람들은 그제야 송시열의 본심을 알아차렸다. 연유를 묻는 제자에게 송시열은 이렇게 답했다. "그 사람이 워낙 아첨을 잘하는 자로, 오랑캐 세력을 끼고 평생 몸을 보전하니 개도 그가 남긴 음식을 먹지 않을 것이다."[223] 심지어 이경석이 청나라 사신으로 갔다가 억류생활 끝에 돌아온 사실을 두고 "그때 죽지 않았던 것도 삼전도비 글을 잘 썼기 때문은 아닐까 한다"라고까지 했다.

### 노론과 소론 갈라지다

1680년 남인 윤휴가 반역 혐의로 처형됐다. 오래도록 그에게 씌워졌던 사문난적의 혐의가 처형으로 이어졌다. 윤휴는 "왜 조정이 선비를 죽이는가[朝廷奈何殺儒者云]"라 일갈하고 처형됐다. 칼 대신 붓으로 저지른 쿠데타요 공개 암살이었다. 잠시 실각했던 서인세력이 정권을 잡았다. 유배 중이던 송시열도 화려하게 복귀했다. 숙종이 남인 정권을 하루아침에 몰아내고 서인을 대거 등용한 '경신대출척庚申大黜陟'('경신환국'과 같은 말이다) 사건이다.

재집권한 서인세력은 대대적인 남인 숙청작업을 시작했다. 주동자는 김익훈이라는 인물이었다. 1682년 김익훈은 남인 허새, 허영에게 반역 계략을 덮어씌운 뒤 이를 핑계로 남인 몰살 계획을 세웠다가 발각됐다. 이에 양심적인 서인 소장파들이 부도덕한 김익훈을 탄핵하라고 요구했다.

송시열은 처음에는 처벌을 적극 찬성했다가 갑자기 반대로 돌아섰다. 이유는 김익훈이 "우리 사문師門의 자제"라는 것이다.[224] "나쁜 놈이긴 하지만 우리 편이니 처벌 불가"라는 진영논리를 이 도덕주의자 학자가 내세운 것이다. 그 이율배반적인 행동에 소장파들이 대거 이탈해 만든 당이 바로 소론少論이고 그 지도자가 벗 윤선거의 아들 윤증이었다.

노론은 훈척勳戚을 끼고 세력으로 억누르며, 청의淸議를 가진 자를 많이 말살시켰으므로 이제 송시열을 다시 사류로 여기지 아니하였다.[225]

자기 사상에 대한 맹신과 '좋으면 무릎에 올려놓고 미우면 못에 밀어넣는[加膝墜淵, 가슬추연]' 원칙주의자의 무원칙에 의해 한 나라 정치가 완전히 뒤집어졌다. 결국 송시열은 왕권 침해를 참지 못하는 숙종에 의해 사약을 받았고, 벗과 동지들은 그에 대한 기억을 지워버렸다.

이후 송시열의 졸개들이 이끄는 노론당은 나라가 망할 때까지 사문난적의 칼날을 휘두르며 세상을 어지럽혔다.

지식을 팔아 획득한 권력을 그들은 두 번 다시 놓지 않았다. 권력은 지식으로부터 나왔고, 지식으로 권력을 얻은 지식독재는 자기네 권력을 위협하는 다른 지식을 용납하지 않았다.

### 사문난적과 박세당

1703년 소론 당수인 서계 박세당이 이경석의 신도비문을 지었다. 박세당은 유학을 노자와 장자에 빗대어 독특하게 재해석해 교조주의적인 노론이 벼르고 있던 학자였다. 신도비문은 이러했다.

노성老成한 사람을 업신여기지 말라고 하였으니 감히 업신여기는 사람이 있다면 상서롭지 못한 보복이 있어 갚을 것이다. 이는 하늘의 도리인데 어찌 두렵지 않겠는가?

누가 보아도 이경석을 비난한 송시열을 두고 한 말이었다. 비문은 이렇게 끝난다.

거짓됨과 방자함과 허망함으로 세상에 알려진 자가 있다. 올빼미와 봉황은 애당초 다른 새인데 화를 내고 꾸짖더라. 선하지 않은 자가 군자를 미워했으니 이 무슨 흠이 되리.

이경석을 중년 이후 괴롭혔던 '오랑캐에게 붙어먹었다'는 비난은 노론 독재 시대에 펄펄 살아 있었다. 박세당은 그 세태를 비웃은 것이다.

홍계적 등이 청하기를 "세당이 주자의 학설과 어긋나고 다름이 있으며 이 경석 비문에 송시열을 침범해 욕한 말이 있나이다. 글은 거두어 물과 불 속에 던져버리고 박세당은 성인을 헐뜯고 현인을 업신여기는 죄로 다루소서." 이에 숙종은 "사문斯文(성리학)에 관계되는 일이므로 결코 내버려두기 어렵다"며 비문과 그 저서는 불에 던져 버리고 박세당을 도성 밖으로 쫓아버렸다.[226]

그렇게 조선 정치는 '사문난적'이라는 프레임에 갇히고 말았다. 교조주의적 학문은 그렇게 극단적 권력 투쟁의 도구로 전락했다.

결국 이경석 후손은 비문을 숨겨뒀다가 50년 뒤에야 신도비를 세웠다. 이후에도 비석은 수난을 받았다. 언제 누가 글자들을 없애고 땅에 묻었는지는 모른다. 분노한 노론 짓인지 공포에 질린 후손이 한 일인지 알수가 없다. 왕조가 사라지고 식민지가 사라지고 대한민국 공화국 시대가 와서야 비석은 햇살을 받게 되었다.

사대에서 시작한 지식독재는 학문의 자유를 박탈했다. 이게 이경석 신도비가 두 개 서 있는 이유요 오랑캐 나라 일본에서 조선 의사 남두민이 오랑캐 의사로부터 조롱을 받게 된 근본 이유다. 나아가 공론空論으로 무장한 텅 빈 독재가 훗날 망국으로 이어진 내력이다. 자유를 박탈당한 학문은 말라 죽었다. 세상에서 가장 무서운 억압, 정신의 억압이 시작된 것이다.

# 학문: 억압된 자유

노자, 석가, 제자백가 모두 이단이다.[227]
- 조선 22대 군주 정조 -

### '이학의 금'과 코페르니쿠스

1790년 일본 에도 막부 11대 쇼군 도쿠가와 이에나리德川家齊는 성리학을 관학으로 채택하고 타 학문 금지령을 내렸다. 이를 당시 연호를 따서 '간세이寬政 이학의 금異学の禁'이라고 한다. 조선에서 벌어지고 있던 사문난적 사태와 비슷한 사건이었다. 막부는 이 해 막부 직할로 성리학을 가르치는 교육기관 '학문소'를 설립했다. 조선으로 치면 성균관이나 규장각 같은 기관이다. 그런데 본질적으로 다른 점이 있었다. 말이 '금지'였지 성리학을 장려하는 정책이었을 뿐 성리학 외 다른 학문을 완전히 금지하지 않았다는 점이다.

야마모토 기타야마山本北山 같은 개방파 5명이 극렬하게 반대했다. 이들은 '간세이 다섯 악마寬政五鬼'라 불렸지만 아무도 처형당하지 않았다. 게다가 1811년 막부는 네덜란드어 번역청 '번서화해어용蕃書和解御用'을 설립

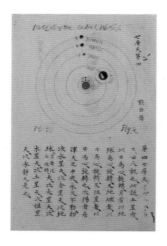

일본 란가쿠학자 모토키 료에이가 펴낸 《신제천지이구용법기 (1793·와세다대학교)》. 100쪽에 걸쳐 코페르니쿠스의 지동설을 소개한 통속 안내서다.

해 서양 학문 '란가쿠'를 다시 허용했다. 번역청은 훗날 도쿄제국대학이 되었다. 국가 질서를 유지하기 위해 성리학을 관학으로 채택했지만 국부 國富와 필요에 의한 학문은 오히려 장려하는 정책이 시행되었다.

그리하여 3년 뒤인 1793년 나가사키의 네덜란드어 통역가 모토키 료에이本木良永가 통속 천체 안내서 《신제천지이구용법기新制天地二球用法記》를 펴냈다. 료에이는 100쪽이 넘는 책에서 설명한 천체학은 코페르니쿠스의 지동설이었다. 1543년 지구 반대편 폴란드 북해 연안에서 무명 사제가 회전시킨 지구가 마침내 일본으로 날아온 것이다.

### 만천명월주인옹

조선에서는 성리학의 아버지 주자도 생각하지 못한 일이 벌어졌다. 바로 지식독점과 지식독재다. 그 지식독재가 조선에 큰 화를 불러 일으켰으니, 학문의 암흑기였다. 18세기 일본 지도자 도쿠가와 요시무네는 데지마를 개방하고 난학을 장려했다. 그때 조선은 암흑기였다. 홑겹이던 암흑기 장막을 이중삼중으로 내려버린 사람은 학문을 좋아하고 장려했다

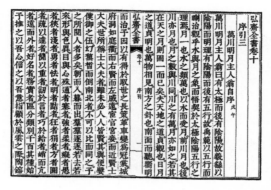

'개혁군주' 정조가 스스로를 만물의 이치를 터득한 사람이라고 선언한 《홍재전서》의 '만천명월주인옹자서(萬川明月主人翁自序)'.

는 호학 군주好學君主, 정조였다.

> "만 갈래 강과 밝은 달의 늙은 주인[萬川明月主人翁, 만천명월주인옹]이 말한다. 나는 태극·음양·오행의 이치를 깨닫게 되었다. 사람은 각자 생김대로 써야 한다는 이치도 터득하였다."[228]

우주 섭리와 용인用人의 이치를 터득한, 만천과 명월의 늙은 주인이라 자칭하는 이 사람이 조선 22대 임금 정조다. 그 어록과 저술을 모은 《홍재전서弘齋全書》는 184권짜리 대작이다. 그 무수한 말을 한 마디로 줄이면 이러하다.

> "선왕의 옳은 말씀이 아니면 노자·석가·제자백가 모조리 이단이다."[229]

'선왕先王'은 유교적 이상 군주 요와 순이니, 최고 권력자 입에서 성리학을 제외한 모든 학문이 이단이라는 선언이 나온 것이다. 국가가 됐든 기업이 됐든 가정이 됐든, 다양한 영양분이 공급돼야 조직이 건강하다. 조선은 그러했는가. 아니었다. 호학 군주 정조 시대는 성리학으로 획일화된 조선 지성의 암흑기였다.

## 주자 말씀 담은 책

조선의 지배계층은 선비[士]였다. 선비가 과거를 통해 관료가 되면 대부大夫가 된다. 대부가 될 선비와 선비였던 대부를 통칭해 사대부士大夫라한다. 조선은 사대부의 나라였다.

입신양명의 수단은 학문이었고 시험 과목은 성리학이었다. 천민을 제외한 '양민良民'은 그 누구라도 과거에 응시할 자격이 있는 평등한 나라였다. 그런데 입시 교재가 비쌌다. 임진왜란 전 필수과목인《대학》과《중용》한 권 값은 상면포(常綿布, 중질의 포) 서너 필이었다.[230] 임란 후 군역 대신 나라에 바친 군포軍布가 한 해 2필이었고, 이를 감당 못해 달아난 자가 숱했다고 했다. 두 해 바칠 가혹한 세금을 저축해야 책 한 권을 살 수 있었으니, 책값이 짐작이 된다.[231] 하여 집도 땅도, 책 읽을 경제적 시간적 여유도 없는 일반 서민은 과거 볼 꿈을 접었다. 대부가 되는 꿈은 책 읽을 여유 있는 선비들 잠 속에만 나왔다. 선비들은 주자를 '읽어야' 했다. 다른 책을 읽으면, 과거 급제는 고사하고 사문난적으로 찍혔다.

## 바티칸도 놀랄 금서 정책

서원이 설립되고 39년이 지나고 임진왜란이 10년 남은 1582년, 당시 조선 지도자 선조는 율곡 이이를 시켜 성균관 학칙을 정비했다. 이이가 만든 '학교모범學校模範' 3조는 '독서'다. 필독서는 소학, 대학, 근사록, 논어, 맹자, 중용, 오경과 사기史記. 그리고 이렇게 부기돼 있다.

성인이 짓지 않은 글은 읽지 말고 보탬이 없는 글은 보지 말아야 한다[非
聖之書勿讀 無益之文勿觀].²³²

성리학 서적 이외 책은 독서는 물론 아예 '보지 말라勿觀'는 것이다. 203
년 뒤 호학 군주 정조 9년(1785년)에 만든 성균관 학칙《태학지太學志》4조
는 마치 북한 교육부에서 만든 규정 같다.

노장, 불경 잡류와 백가자집 책을 끼고 다니는 자는 벌한다.²³³

되도록 보지 말라는 권고 규정이 아니라, '처벌한다'는 것이다. 길거리
에서 전투경찰들이 대학생들 가방을 뒤져 마르크스-레닌 서적은 물론
웬만한 민주화 서적이 나오면 사람을 개 패듯이 패고 끌고 가던 1980년
대 군사독재 시절과 똑같다.

1571년 바티칸 교황청이 종교개혁을 견제하기 위해 만든 금서성은 금
서 목록을 작성했다. 이외 서적은 마음대로 유통하도록 내버려뒀다. 조선
은 필독서를 특정하고 나머지를 금서로 규정해버렸다. 바티칸도 생각하
지 못했던 놀라운 금서 정책은 망국 때까지 유지됐다. 과거를 통해야만
권력에 접근할 수 있는 조선에서 이처럼 폭넓은 금서 조치는 치명적이었
다. "책이 비싸 못 읽는 유생이 많다"며 서점을 설치하자는 건의는 "우리
나라 풍속에 일찍이 없었던 일" 따위 이유로 묵살되곤 했다.²³⁴

## 지식권력의 완성체, 정조

정조는 학문을 사랑한 왕이었다. 전주 이씨 왕실 가문에 태어나 자연
스럽게 얻게 된 권력에다 비상한 머리와 근면성실함과 자기 교육열까지

겸비했다. 당대 그 어떤 학자보다 넓고 깊은 지식을 소유한 최고 권력자였다. 18세기 중엽 지식권력사회 조선이 지식과 권력의 완전체를 통치자로 맞이한 것이다. 사람들은 그를 '군사君師', 군주이자 스승이라 불렀고 그 스스로도 자신을 군사라 불렀다. 정조 13년 겨울 우의정 김종수가 넌지시 왕에게 일렀다.

"'(옛말에) 거만하게 스스로를 성인이라고 여기면서 뭇 신하들 의견을 깔보기 때문에, 서슴없이 할 말을 하는 기상이 사라지고 있습니다'라 했습니다. 언로를 열라는 이야깁니다."[235]

신하의 충언과 논쟁을 수시로 뛰어넘는 정조에게 던진 충고였다. 젊은 관료 정약용도 정조가 만든 규장각 생활을 이렇게 비판했다.

어린 아이[童蒙, 동몽]처럼 때리며 학생같이 단속한다. 국가 관리를 임금의 개인적인 사람으로 만들어버리니 이 또한 좋은 법제가 아니다.[236]

산전수전 다 겪은 노회한 대신들에게 '꼰대질'을 해대고 젊은 학자에게 회초리를 들고 학문을 가르치려 한 왕이 정조였다. 최고 권력이 최고 지성을 소유했을 때 발생한 일들이었다.

### '거중기'는 기록에 남기지 말라

학문을 사랑하고 진흥했다. 다만 주자학을 사랑했고 오직 주자학만을 진흥했다. 1785년 정약용 형제를 위시한 남인 집단이 천주교 책을 읽다가 적발됐다. 정조가 내린 처방은 중국 서적 수입 금지령이었다. 당쟁에 지친 정조는 소외됐던 남인을 중용해 정치에 써먹었다. 영조를 이어 시

1776년 정조가 창덕궁 후원에 도서관 겸 학술기관 규장각을 설립했다. 이곳에서 정조는 당파를 아우른 젊은 학자들과 학문을 닦았고, 조선 사대부가 독점했던 '지식'과 '권력'은 정조에 이르러 지식독재로 완성됐다. 정조는 권력이요 스승인 '군사(君師)'임을 자부했다. 군사 정조는 성리학 외 학문을 모두 이단으로 규정했다.

행한 소위 탕평책이다. 그런데 그 남인들이 가톨릭에 빠져 있으니, 정조는 남인을 죽일 수도 없었고 안 죽일 수도 없었다. 그리하여 1788년 정조는 이렇게 교시했다.

"정학正學을 크게 천명한다면 이런 사설邪說은 일어났다가도 저절로 없어질 것으로 본다."[237]

정학은 당연히 성리학이다. 1791년 천주교도가 조상 신주를 불태웠다. 정조는 주자학 외 일체를 이단으로 규정하고 일체의 중국 서적 수입 금지령을 내렸다. 국경에서 사신들 봇짐을 압수수색해 중국 책을 색출하고 조선 선비들에게는 명말청초明末淸初 문체를 금지했다.

명말청초 문체는 고전에 나오는 미려한 문장이 아니라 세간에서 입말로 떠드는 '품격 떨어지는' 문체다. 게다가 고답한 이상세계가 아니라 뒷골목에서 벌어지는 세상 잡사를 담고 있는 글들이다. 정조는 이를 금지했다. 형식은 물론 콘텐츠에 검열이 들어간 것이다.

양명학과 고증학적 내용도 문제 삼았다. 이 문체를 사용하거나 책을 읽은 노론 소속 관료 4명에게 반성문을 쓰게 하고, 이 문체로 과거 답안을 쓴 선비를 떨어뜨리고 유배를 보냈다. 향후 이 문체를 사용한 자는 북을 치며 성토하고 매를 때리도록 했다.[238]

그리고 명말청초의 책을 탐독하던 규장각 학자 이덕무와 박제가에 대해 이렇게 언급했다.

"내가 이들 문장을 좋아하는 줄로 아는데, 이들의 처지가 남들과 다르기 때문에 배려하는 것뿐. 나는 이들을 광대로 기른다[予實俳畜之]."[239]

정조는 규장각에 '검서관'이라는 직책을 신설하고 초대 검서관으로 이덕무, 유득공, 박제가, 서이수를 임명했다. 이들은 모두 첩의 자식들, 서얼들이다. 이들이 하는 업무는 관료들을 보좌해 서적을 검토하고 필사하는 일이었다. 조선은 개국 이래 첩의 자식에 대해서는 과거 응시는 물론 재산 상속에서도 친자식과 다른 차별정책을 시행했다. 이덕무는 차별을 딛고 벼슬을 얻어 학문을 하게 된 기쁨을 이렇게 적기도 했다.

"우리 검서관 네 사람은 보잘것없는 천한 사람으로 태평성대를 만나 이 책임을 맨 먼저 맡아서 바쁘게 근무한 지가 지금 7년이 되었으니 어찌 행복한 사람이 아니겠는가?"[240]

감격해 하는 그 첩 아들들, 인간 대접 못 받는 서얼들을 정조는 남에게 '나는 학문하는 인재를 신분 차별 없이 등용했노라'라고 본보기로 삼았을 뿐이라는 말이다. 《일성록》에 따르면 '광대 취급한다'는 말은 1792년 11월 6일 어전회의에서 나왔다. 광대로 취급받은 이덕무는 두 달 열흘 뒤인 1793년 1월 25일 죽었다. 스스로를 '책 읽는 바보[看書痴, 간서치]'라 불렀던 소심한 사내였다. 《책벌레들 조선을 만들다》의 저자인 부산대 교수 강명관은 '정조의 지적에 충격을 받았다'고 추정한다.

1796년 수원 화성이 완공됐다. 신하들이 그 기록을 남기자고 청했다. 특히 공기 단축과 비용 절감을 이룬 획기적인 기술, '거중기'를 왕의 문집 《홍재전서》에 싣자고 했다.

거중기는 정조가 청나라에서 은화 2,150냥을 들여 사온 《고금도서집성》에 소개된 기계였다. 정조는 이 책에서 도르래 원리를 적은 '기기도설'을 직접 골라 정약용에게 알려주며 화성 건설 감독을 맡긴 것이다. 총감독인 정조의 성과를 정조의 문집에 수록하자고 한 건의는 지극히 당연했다. 이 당연하고 합리적인 건의를 정조는 불허했다. 이유는 단순하고, 뜻밖이었다.

"공예工藝의 말단에 불과하니, 어찌 후세에 남겨줄 만한 것이겠는가." 거듭되는 청에도 정조는 허락하지 않았다.[241]

'공예의 말단'. 이 말이 곧 조선왕조 500년 철학사다. 성리학적 공론 외에 실용적 학문과 기술은 정조에게 기록으로 남길 가치가 없었다. 눈앞에 그려지지 않는가. 침실 뒤 비밀금고를 열고 산더미처럼 쌓아놓은 금괴를 흡족하게 바라보다가 다시 금고 문을 잠가버리는 어느 독재자의 뒷

모습이. 쓰지도 않고 남에게 자랑하지도 못할 귀한 정보를 정조는 독점했다. 정조를 제외한 모두가 찬양했던 거중기는 다시 홍문관에 처박혀 버렸고 학자들은 왕과 함께 또 성리학 책을 꺼내들었다.

## 빛 보지 못한 실학

1850년대 실학자 이규경이 백과사전《오주연문장전산고五洲衍文長箋散稿》를 펴냈다. 첫 장에 이규경은 '십이중천변증설十二重天辨證說'을 소개하며 유럽 천문학이라 했다. 대한민국 역사가들은 이를 세상에 눈뜬 실학자들이 유럽 문물을 받아들인 첨단 케이스라고 평가한다.

하지만 그가 소개한 십이중천은 이미 1543년 코페르니쿠스가 폐기해 버린 프톨레마이오스의 천동설이었다. 조선의 학자는 2000년 전 이론을 첨단 이론이라 소개하고도 그게 얼마나 낡은 이론인지, 폐기된 이론인지 알지 못했다. 학문을 억압한 대가는 이토록 잔인했다.

1936년 일제강점기 독립운동 조직인 '신간회'가 해산됐다. 이후 학자인 연희전문 교수 정인보와 언론인인 전 조선일보 사장 안재홍이 주동해 '조선학운동'을 개창했다. 칠흑같이 어두운 식민시대에, 전통사상에서 민족 개혁의 길을 찾자는 취지였다.

이들이 찾아낸 대안이 양명학과 '다산학茶山學'이었다. 정약용이 쓴《여유당전서與猶堂全書》에 수록된 실학 저서 3,000권은 바로 그 해 순차적으로 출판됐다. 그 어떤 책도 정약용 생전에는 출판되지 못했다. 21세기 대한민국이 알고 있는 '다산 정약용'은 그가 살아 있을 때는 무명인이었다.

1934년 미국에서 출판된《하멜 표류기》영역본이 사학자 이병도에 의해 번역돼 출판됐다. 300년 전 하멜이 겪은 거지같은 일에 식민 조선 사람들은 크게 놀랐다. 사람들은 첨단 항해술, 무기술과 경험이 아무도 몰래 한꺼번에 들어왔다가 사라진 사실을 그제야 알았다. 조선의 학문은, 그러했다. 500년 동안 성리학 이외 학문은 권력에 의해 폭력적으로 억압됐다.

그리하여 조선은 '15세기와 18세기 사상 사이에 명확한 경계선을 그리기가 곤란할 정도로 진전을 볼 수 없는 나라'가 되어버렸다.[242] 지식을 권력 획득과 유지를 위한 수단으로 500년 동안 마음껏 써 제긴 끝에, 19세기 말 일본인 눈에 조선은 '주자 외에는 영웅호걸의 유학자를 아는 자가 없는 나라'였다.[243]

### 1906년 고종 "성균관을 부활시켜라"

1905년 11월 17일 을사조약이 체결됐다. 나라 외교권이 일본으로 넘어가고 대한제국은 껍데기만 남았다. 5개월 뒤 대한제국 황제 고종이 학부에 명을 내렸다.

"책을 끼고 다니며 공부하는 선비들을 보기가 드물다고 하니 대단히 안타깝다. 시급히 (성균관) 건물을 수리하고 특출한 인재들을 불러다가 교육하여 뛰어난 선비들을 집결시킴으로써 도를 빛나게 하라."[244]

고종도 바보는 아니었을 것이다. 그를 바보로 만든 것은 학문의 자유를 억압하며 500년 동안 수신과 제가와 치국과 평천하를 들먹이고 사대를 외쳐댄 초장기독재 지식 권력자들이었다.

이상 한 나라 권력집단이 그릇되게 운영한 이념이 정치와 경제와 사회와 주권에 끼친 해악들에 관한 1차 보고서다.

3부

# 근대의 시작, 종말의 서막

6장
/

아편전쟁과 실종된 조선 도공

# 1840년 아편전쟁

## 네덜란드 그리고 아편전쟁

1453년 동로마제국이 오스만제국에 멸망했다. 콘스탄티노플은 이스탄불로 개명했다. 지중해 상인들이 사용하던 대對 중국 육로 무역로가 사라져버렸다. 유럽인들은 동쪽 루트를 포기하고 서쪽 바다를 택했다. 괴물이 살고 있다고 생각한 망망대해로 간 것이다. 대항해시대를 개막한 나라는 포르투갈이었다. 유럽대륙 서쪽에서, 대 중국 무역에서 소외됐던 포르투갈이 바닷길을 가장 처음 열었다.

1498년 바스쿠 다 가마가 아프리카 남단 희망봉을 돌파한 이래 포르투갈은 100년 이상 아시아 항로를 독점했다. 포르투갈은 아시아 곳곳에 상관을 설치하고 향신료를 독점 수입해 유럽에 공급했다. 거래방식은 폭력적이었다. 포르투갈 상관은 아시아 현지 상인들의 거래망을 강탈하거나 배들로부터 통행세를 징수하는 방식으로 자원을 거둬들였다.

그 사이 1517년 독일에서는 루터가 종교개혁을 선언했다. 1543년 폴란드에서는 코페르니쿠스가 지동설을 발표했다. 그리고 1580년 네덜란드가 스페인으로부터 독립을 선언했다. 네덜란드는 스페인이나 포르투갈과 달리 종교개혁을 받아들인 신교도의 나라였다. 인간의 탐욕이 지구를 휘감던 그 시대에 신으로부터 해방된 인간이 한 나라를 조직한 것이다.

서기 1602년 3월 20일, 그 나라 그 새로운 인류에 의해 세상에 없던 조직이 탄생했다. 명분이나 권력이 아니라 오로지 돈과 이윤 창출을 위해 움직이는 조직, 주식회사다. 네덜란드 상인들이 만든 인류 최초의 주식회사 이름은 네덜란드 동인도회사Vereenigde Oostindische Compagnie(VOC)다. VOC는 희망봉 동쪽에서 남미 남단 마젤란해협 서쪽 그러니까 환태평양 지역에 대한 독점항해권을 국가로부터 부여받았다. 아시아 국가와 조약 체결권, 전쟁 선포권, 상관 건설권 또한 국가로부터 인정받았다. 1750년에 VOC에 소속된 군인은 1만 7,000명이었다. 네덜란드 동인도회사는 국경 바깥에서는 네덜란드를 대신하는 실질적인 국가 역할을 할 수 있는 조직이었다.[245]

동인도회사의 항해 목적은 오로지 이윤이었다. 세계관이 충돌할 수 있는 종교시장 개척은 안중에 없었다. 항해가 무사히 끝나고 배가 귀국하면 VOC에 투자한 사람들은 투자했던 자본을 회수하는 대신 그 이익만을 분배받거나 암스테르담에 설치된 증권거래소를 통해 주식을 사고팔았다.

당연히 시장을 선점했던 포르투갈과 적대적이었고 같은 후발주자였던 영국과도 적대적이었다. 네덜란드는 이들과의 경쟁에서 승리해 유럽과 아시아 교역의 주인공이 되었다. 탐욕 충족을 위해 언제라도 폭력을 행사하는 조직이었지만, 종교와 무관했기에 교류는 상대적으로 용이했다.

암스테르담에 있었던 네덜란드 동인도회사 본사와 부두. /요제프 물더(1726)

이 종교적 순수성이 도쿠가와 막부가 나가사키에 있는 인공섬 데지마를 포르투갈로부터 회수해 네덜란드에 넘겨준 결정적인 이유였다. 돈만을 위한 조직에 충원된 VOC 다국적 선원 가운데 한 명이 도쿠가와 막부 외교 고문으로 일했던 영국인 윌리엄 애덤스였다. 포르투갈과 스페인은 네덜란드에게 시장을 넘겨주고 사제와 상인 전원이 일본에서 퇴출됐다.

어떻게 신생국 네덜란드가 동서 무역을 주도하게 됐을까. 16~17세기 발생한 종교 난민宗敎難民 덕분이었다.

1492년 3월 31일 스페인 왕실이 발표한 알람브라칙령에 의해 유대인들이 이베리아반도에서 추방됐다. 8만 명에 이르는 유대인들이 3주 만에 국경 밖으로 쫓겨났다.[246] 이들이 택한 목적지가 암스테르담이었다.[247] 다른 유대인들은 스위스로 갔다. 스위스 유대인들은 시계를 만들었고 네덜란드 유대인들은 훗날 네덜란드 동인도회사와 암스테르담 주식거래소를 설립했다. 영국으로 간 유대인들은 더 훗날 산업혁명의 종자돈을 대는 자본가가 되었다.

1598년 프랑스 왕 앙리 4세가 낭트칙령[248]을 반포했다. 종교개혁으로 인해 발생한 신교와 구교 사이 갈등을 봉합하는 조치였다. 신교도인 위그노 교도가 종교의 자유를 얻고 자유롭게 상업 활동을 할 수 있게 됐다. 그런데 1685년 루이 14세는 퐁텐블로칙령을 통해 낭트칙령을 폐지해버렸다. 다시 탄압을 받게 된 위그노 40만 명이 프랑스를 탈출했다. 목적지는 네덜란드와 영국과 프로이센이었다. 탈출한 위그노들은 대부분 상인과 장인, 군인, 그리고 기사들이었다.

보면, 보인다. 체제 유지를 위해 발전과 성장 대신 규제와 억압을 주된 정책으로 삼으면 그 나라가 어떤 꼬라지가 되는지, 다 보인다. 근세 여명기에 네덜란드가 성장했던 이유는 더도 덜도 아니고 비합리적 규제와 차

1782년 일본 학자 하야시 시헤이(林子平)가 네덜란드 상선을 그린 '아란타선도설(阿蘭陀船圖說)'.

별을 철폐하고 능력으로 세상을 꾸며나가는 지극히 본능적인 국가 운영 방식에 있었다. 유럽대륙 내부에서 발생한 종교 난민은 바로 그 규제와 억압이 만든 산물이었다. 한 나라에서 쫓겨난 난민들이 다른 나라에 정착해 그 나라를 부강하게 만들었으니, 참으로 역사는 사슬처럼 서로 연결돼 있다. 네덜란드는 뒤에 살펴볼 조선 정부의 '무본억말務本抑末' 정책과 완전 반대인 그 정책과 세계관으로 오래도록 지구를 지배했다. 자본과 폭력과 탐욕이 바다 위를 넘실거렸다. 마침내 바다에 폭풍이 불어 닥쳤다. 폭풍 이름은 '아편전쟁'이다.

### 아편전쟁과 천하의 붕괴

19세기가 왔다. 정치혁명과 산업혁명과 과학혁명이 유럽대륙을 휩쓸었다. 1688년 영국에서 명예혁명이 벌어졌다. 1776년 신대륙 미국에서 독립혁명이 벌어졌다. 1789년 프랑스에서 시민혁명이 벌어졌다. 과학혁명에 이어 연쇄적으로 일어난 시민혁명에 마침내 유럽에서는 봉건제도가 붕괴됐다. 곧이어 영국을 시작으로 산업혁명의 불길이 대륙을 휩쓸었다.

종교 굴레에서 해방된 인류는 전 지구를 무대로 시장개척 전쟁을 벌였다. 유럽 전사들은 근대 철학과 사상으로 무장했고, 전사들이 탄 배는 대량 살상 무기로 무장돼 있었다. 평화로운 개방이 불가능하면 언제든 폭력을 쓸 욕망이 충만했다.

동아시아와 유럽이 만난 공간은 동남아시아였다. 선사시대부터 중동과 인도와 아시아 세력이 교차하던 장소였다. 17세기, 이 공간에 유럽인들이 당도했다. 네덜란드 상관을 수비하던 병력은 믈라카에 400명, 브루나이에 357명, 반달에 300명, 바타비아에 360명으로 다 합쳐야 2,000명이 되지 않았다. 포르투갈과 스페인도 마찬가지였다. 그럼에도 이들은 동남아를 점령하고 식민지를 건설했다.[249]

가능했던 원인은 대량살상무기였다. 소규모였지만 선진 무기와 조직된 무력은 창과 칼과 몽둥이로 무장한 동남아를 순식간에 뒤집어엎을 수 있었다. 조공朝貢을 통해 질서를 유지하던 청나라표 국제법은 더 이상 유지될 수 없었다.

그리고 1840년 아편전쟁이 터졌다. 신과 권력으로부터 해방된 욕망이 산업혁명으로 대량생산된 군사력을 통해 폭발한 사건이다.

영국은 청나라와의 무역에서 만성적자에 시달렸다. 적자 해소를 위해 영국은 인도산 아편을 청나라에 수출했다. 영혼을 중독시키는 상품 판매로 적자는 단번에 해소됐다. 대신 청나라는 영적으로 망가졌다. 도시들은 아편굴에서 내뿜는 아편 연기로 앞이 보이지 않았다. 이에 청나라 관리 임칙서林則徐가 국제법에 의거해 아편 2만 상자를 태워버렸다.

이를 핑계로 영국이 대포를 쏘댄 사건이 아편전쟁이었다. 그 막강한 군사력에 패한 청은 홍콩을 영국에 넘기고 서양 군함 출입을 허용해야 했다.

부도덕했다. 하지만 욕망의 분출구를 노리던 유럽 제국은 아무도 이를 부도덕하다고 비난하지 않았다. 대신 그들은 보았다. 머리를 조아리고 황제 앞에 무릎을 꿇어야 상품 거래를 허용해주던, 그 오만하고 강력한 아시아 제국 청나라의 실체를. 청은 천하를 호령하는 황제국이 아니라 뭣도 없는 허수아비에 불과했음이 만천하에 폭로됐다.

청나라 황제 천자天子 아래 무릎을 꿇고 질서정연하게 움직이던 천하天下는 완전히 붕괴됐다. 아시아는 탐욕스러운 유럽 문명에 적나라하게 노출된 사냥터임이 드러났다. 천하는 사라지고, 세상은 힘이 주도하는 '세계世界'로 전환했다. 지금도 마찬가지지만, 그 세계에 도덕 따위는 존재하지 않았다. 오로지 힘이었다. 과학혁명과 산업혁명이라는 대각성 과정을

1840년 프랑스 잡지에 실린 아편전쟁 삽화. "아침 식사 때 차를 마시려면 너희들에게 독을 팔아야 하니 당장 아편을 사라"라고 적혀 있다. 영국 장교 다리 사이로 아편에 취한 사내가 누워 있다. /장 쟈크 그랑빌(1840)

수료한 유럽이 마침내 세계사의 주인공으로 등장했다.

불행하게도 청나라 황제 도광제道光帝는 청이 영국보다 (당연히) 우세하다고 믿었다. 전쟁 종료 또한 (당연히) 영국에 패배한 게 아니라 무역확대를 원하는 서양 오랑캐[洋夷, 양이]를 안정시켰다고 생각했다. 아편전쟁에서 패했다는 사실이 무슨 뜻인지, 천자는 알지 못했다. 천자는 아편전쟁을 약간의 양보로 해결된 양이의 소요사태로밖에 보지 않았다.[250] 천자의 나라 바깥에서는 천하가 붕괴됐다는 뉴스가 퍼져나갔다.

### 나가사키와 막부의 정보력

1808년 영국 군함이 앙숙지간인 네덜란드 상선을 추적해 나가사키까지 왔다. 영국 배는 네덜란드 깃발을 배에 걸고 입항해 데지마를 포격하고 도주했다. '페이튼호 사건'이다.

영국이라는 존재가 등장하자, 막부는 나가사키 통역관들에게 영어 학습을 명했다. 영국은 이후 수시로 출몰해 교역을 요구했다. 막부는 1825년 쇄국령을 발동했다. 이름 하여 '두 번 생각하지 않고' 격침시키는 '무이념타불령無二念打拂令'이다. 타격령은 1842년 폐지됐다. 이유가 있다.

나가사키의 네덜란드 상인들은 정기적으로 막부에 보고서를 제출했다. 〈화란풍설서和蘭說書〉라는 이 보고서에는 싱가포르의 유럽 신문을 정리한 세계정세가 적혀 있었다. 네덜란드와 함께 나가사키에서 무역활동이 허용된 청나라 상인들도 〈당풍설서唐風說書〉를 의무적으로 제출했다.

1840~1842년 아편전쟁 기간, 막부 정부는 기존 풍설서보다 더 세밀한 보고서를 요청했다. 그때 상인들이 제출한 풍설서는 23건이었다. 개방의 준비가 시작되고 있었다. 이미 아편전쟁 3년 전인 1837년 막부 막료 에가와 히데타쓰江川英龍는 이렇게 말했다.

"불란서의 가짜 황제 보나파르트가 구라파제국을 병탄하고자 하여 그로 인해 전쟁이 그칠 때가 없고 이로 인해 포술이 참으로 정밀해졌다고 한다. 이국을 방어하기 위해서는 우리나라에서도 포술을 정밀하게 하지 못하면 커다란 손해가 있을 것이다."[251]

그때 일본 지도자들은 아시아 동쪽 끝 에도에 앉아서 나폴레옹이 황제로 등극해 유럽이 전란에 휩싸였음을 알고 있었다. 바다 건너 조선 정부에서는 자꾸 출몰하는 이양선과 외국인 정체도 파악하지 못하고 허둥대던 때였다.

그리고 아편전쟁이 터졌다. 개전 두 달 뒤인 1840년 8월 란가쿠 학자 다카시마 슈한高島秋帆이 막부에 이렇게 건의했다.

"영국은 청과 비교하면 땅도 좁고 전쟁의 발단이 너무나 이치에 어긋나므로 영국이 승리할 까닭이 없었을 것이다. 그럼에도 이처럼 대담하게 내습해 청은 패망에 이르렀고 영국 쪽은 한 명도 죽지 않았다는 것은 오로지 평소에 갖추고 있는 무비武備에 관련된 것이다. 청의 포술은 어린이 놀이 같고 일본 포술도 극히 유치하여 이를 개선하지 않으면 무서운 사태를 불러올 것이다."[252]

1841년 1월 일본 막부 고위관료 미즈노 다다쿠니水野忠邦 또한 이렇게 말했다.

"이국異國의 일이라도 곧 우리 경계가 될 일이다."

군사학자이자 경제학자인 사토 노부히로佐藤信淵는 다다쿠니에게 이렇게 말했다.

"그 옛날 십만 몽골 강병을 물리쳤듯, 포대를 쌓고 실탄을 터뜨려야 한다."

1842년 6월 "아편전쟁으로 인해 일본 또한 안심할 수 없으리라는 풍문이 있다"는 데지마 풍설서가 막부에 도착했다. 그 네덜란드와 청상 보고서를 종합한 끝에 그 해 7월 23일 막부는 '청나라와 네덜란드 선박을 제외하고는 무조건 격퇴한다'는 이국선 무이넘타불령을 전격 철회했다. 막부는 '조난당한 선박은 연료와 물을 보급한다'는 '신수급여령薪水給與令'으로 쇄국령 수위를 낮췄다. 무작정 타격을 하기에는 유럽 선박 군사력이 너무 강력했던 것이다. 8월에는 에도만 방비체제 개혁작업에 돌입했다.

숨이 찰 정도로 긴박하고 신속했던 막부의 움직임 뒤에는 사토 노부히로의 지혜롭고 냉철한 분석이 숨어 있다. 그가 내린 결론은 이러했다.

"천지개벽 이래 미증유의 진사珍事다. 나는 이를 심히 경이驚異로 여긴다."[253]

아편전쟁이 천하가 붕괴되고 상상하지 못했던 새로운 국제질서가 시작되는 징조였음을 사토 노부히로는 정확하게 예측하고 있었다. 천재여서, 혹은 그가 혜안이 있어서가 아니었다. 데지마를 개방해 놓고 그 좁아터진 인공섬을 통해 역사적으로 쌓아놓은 정보가 있었기에 가능했던 일이다.

### 적에게서 배운다

에도 막부가 가지고 있던 외세에 대한 경계심은 아편전쟁 이전에도 생산적인 방식으로 표출됐다. 1808년 영국 군함 페이튼호가 네덜란드 깃발을 꽂고 나가사키항에 무단 입항했다. 데지마를 무력으로 탈취하려 했던 작전은 실패했다. 대신 페이튼호는 물과 식량을 보급 받은 후 퇴각했다. 막부에서 파견한 나가사키 감독관은 침입을 막지 못한 책임으로 할복했다. 이듬해 에도 막부는 네덜란드어 통역가 6명에게 영어 학습을 명했다.

이들은 영어에 능통했던 데지마 네덜란드 상관장 얀 콕 블롬호프Jan Cock Blomhoff로부터 영어를 배웠다. 1811년 이들의 합작으로 최초의 영일사전《암액리아언어화해諳厄利亞言語和解》가 나왔다. '암액리아'는 영국을 뜻한다. 1814년 이를 더 확대한《암액리아어림대성諳厄利亞語林大成》15권이 출간됐다.[254] '난학'에서 '영학'으로 유럽의 창을 전환한 것이다. 이 사전에는 영어단어 6,000개가 일본어와 네덜란드어로 설명돼 있었다.

1848년 미국 포경선 선원 로널드 맥도널드가 홋카이도에 무단상륙했다. 맥도널드는 나가사키로 이송돼 감옥에 수감됐다. 맥도널드 심문은 영어를 공부한 네덜란드어 통역가 모리야마 에이노스케森山榮之助가 맡았다. 그런데 맥도널드는 에이노스케의 영어를 한 마디도 알아듣지 못했다. 네덜란드 악센트가 너무 심했던 것이다.

그때 지도자의 판단력과 과감한 실천력을 목격할 수 있는 장면이 연출됐다. 나가사키 감독관은 모리야마를 포함한 통역가 14명으로 하여금 수감 중인 죄수 맥도널드로부터 영어를 배우라고 명령한 것이다.

7개월 뒤 맥도널드가 미국으로 송환됐다. 일본 통역가들은 미국에서 온 군함 선원들과 따로 통역을 거치지 않고 협상할 수준으로 영어를 듣고 말할 수 있었다.

모리야마는 1854년 페리 2차 내항 때도 통역을 맡았다.[255] 네덜란드어 통역가들이 영어를 듣고 말하고 읽고 쓰는 네 기능을 습득함으로써 일본은 이후 국가 존망의 위기를 여러 차례 넘길 수 있었다.[256] 데지마 개항때 네덜란드어를 통해 란가쿠가 수입된 것과 마찬가지로, 이번에는 영어를 통해 영국의 문명이 들어왔다. 참으로 아슬아슬한 타이밍이었다. 조선은, 아니 조선 지도자들은 어떠했는가.

### "문자는 같은 줄 알았네"

19세기는 이양선異樣船의 시대였다. 일본은 물론 조선에도 정체를 알 수 없는 커다란 배들이 나타나 교역을 요구하곤 했다. 사람들은 그 배를 이양선이라 불렀다. 모양이 다른 배라는 뜻이다.

1801년 8월, 이국인 5명이 제주에 표류했다. 얼굴과 몸이 모두 검고 말을 알아들을 수 없었다. 그 해 10월 조정에 말도 글도 안 통해 정체불명의 표착인이 있다는 보고가 올라왔다. 대왕대비 정순왕후가 이리 물었다. "(말만 아니라) 문자도 다르다고?"²⁵⁷ 임금을 대신해 국정을 운영하는 자가, 나라마다 알파벳이 다르다는 사실도 모르고 있었다. 그때 조선은 그랬다. 이 얼굴 검고 말도 이상한 사람들 정체는 자그마치 8년 뒤에 문순득에 의해 밝혀졌다.

문순득은 1802년 홍어를 잡으러 나갔다가 표류해 오키나와-필리핀-마카우-북경 경로로 귀국한 흑산도 어민이다. 2년 뒤 그가 귀국했을 때 흑산도에 유배 중이던 정약전이 그의 표류기 《표해시말》을 썼다. 문순득이라는 어부가 외국에 표류했다 돌아왔다는 사실을 정부가 파악했다. 이에 정부 관리들이 《표해시말》에 적힌 여송국(呂宋國, 필리핀) 말로 이들을 조사하니 "미친 듯이 바보처럼 정신을 못 차리고 울기도 하고 외치기도 하다가"²⁵⁸ 북경을 통해 돌아갔다. 문순득은 이 소식을 듣고 "부끄러워 땀이 솟는다[可愧汗, 가괴한]"라고 했다.²⁵⁹ 그런 상황이 종료되지 않은 상태에서 조선에 아편전쟁 소식이 들려왔다.

전쟁 기간 사신으로 간 조선 공무원들은 정보를 수집했다. 조선 최고 엘리트들이었으니, 정보는 정확하고 신속했다.

영국은 화기火器가 특히 교독巧毒하며, 사교를 전파해 이미 해외 여러 나라가 사교를 믿게 되었다. 연전에 영국 배가 충청도 홍주에 와서 교역을 요구했었다. 이들이 다시 오면 몰아낼 수 있도록 바다 방위를 엄히 해야 한다.²⁶⁰

전쟁이 터진 1840년 조선 정부는 황제국에 아편이 대량으로 유입되고 이로 인해 중국인 목숨이 희생되고 은이 서양으로 유출된다는 사실을 정확하게 파악하고 있었다. 그리고 그 서양은 뛰어난 군사력으로 기독교를 전파하고 민심을 현혹하는 영국이라는 사실도 알고 있었다. 그런데 이 같은 정보 수집능력과 분석력은 해가 갈수록 어이없이 추락해갔다.

영국이 난을 일으켰는데 대단한 걱정거리는 아니나 소요는 적지 않다.[261]

1841년 3월에 조정에 올린 보고는 '대단한 걱정거리는 아니다'였다. 그 해 12월 6일 헌종이 내린 결론은 이러했다.

'영국이 근래에 토평되었다 하니 다행이다.'[262]
'오랑캐 목을 천 여급 베고 열 척 이상 오랑캐 함선을 포로 격침시켰다.'[263]
'이미 화친하였다 하며 토색질은 없었다.'[264]
'전에는 광동 한 곳에서만 무역을 허용했는데 소요 후에는 네 군데로 늘었다. 이로써 소란거리는 없어지고 세상은 맑은 저녁처럼 편안하다.'[265]

해가 갈수록 청나라에 파견된 외교관들의 보고서는 무사안일로 흘러갔다. 이유가 있다. 주된 정보 출처는 청 정부 관보인 〈경보京報〉였다. '적은 퇴각했으니 국민 여러분은 안심하고 생업에 종사하라' 따위가 끄적여진, 방대하고 치밀하게 조작된 신문이었다. 사신이 수집한 정보 또한 방대하고 치밀했으되, 희망으로 포장한 조작된 정보였다. 국가의 존망이 걸린 사태에 대해 왜 이런 장밋빛 가득한 보고서가 나왔는가.

정조가 죽고 나서 조선 지배 구조는 노론 가운데 안동 김씨와 풍양 조씨를 중심으로 한 세도정치로 바뀌어 있었다. 권력이 집중된 두 가문이 권력을 유지하려면 변혁은 금기였다. 정적政敵이 그 시스템에 들어오거나 새로운 정치세력의 탄생도 금기였다. 그런 폐쇄된 지도체제 지속을 위해서는 시스템에 충격을 줄 정보는 차단하거나 축소해야 했다. 현 상황을 위기로 인정한다는 것은 정권의 장악과 유지에 대한 정당성을 훼손하는 일이었다.[266] 그리하여 1845년 3월 28일 청나라에서 귀국한 사신 이정응이 조정에 이렇게 보고했다.[267]

"아무 일이 없다[無事矣, 무사의]."

**아무 일이 없다.** 자그마치 5년 동안 전쟁터에서 수집한 정보와 목격한 장면과 귀로 주워 담은 일들을 종합해서 내린 결론이, '아무 일 없다'였다. 천하는 맹수들이 으르렁대는 무법천지 정글로 뒤덮였다. 조선 지도자들은 폐허가 된 천하를 외면하고 무사안일을 택한 것이다. 무사안일과 경계의 갈림길. 운명의 1543년 철포와 성리학을 각각 선택했던 일본과 조선은 300년 뒤 또 상이한 선택을 하고 말았다.

# 일본의 부국강병과
# 히젠의 요괴 妖怪

"서양인도 사람이고 사가 사람도 사람이고 사쓰마 사람도 똑같이 사람이다. 연구하라."[268]
　　　　　　　　　　　　　　　– 사쓰마번 번주 시마즈 나리아키라島津齊彬 –

### 히젠의 요괴 나베시마 나오마사

철포에서 데지마로, 데지마에서 란가쿠와 풍설서로 톱니바퀴 돌 듯 정교하게 돌아가는 일본 역사는 소름이 끼친다. 민족주의적 눈으로 보면 불쾌하기 짝이 없지만, 이제 역사는 시작이었다. 새로운 시대 주인공은 '요괴妖怪'들이었다.

1830년, 열일곱 먹은 나베시마 나오마사鍋島直正가 사가번佐賀藩 10대 번주에 취임했다. 새 번주 취임식은 막부가 있는 에도에서 벌어졌다. 취임식을 마치고 영지 사가로 돌아가는 일행을 빚쟁이들이 가로막았다. 아버지 나리나오齊直는 사치스러웠다. 사치가 낳은 가난과 자연이 안긴 태풍이 휩쓸었다. 그 쑥대밭을 아들이 물려받았다. 치욕을 씹으며 나오마사는 번으로 돌아가는 길목에서 첫 방문지로 나가사키를 택했다. 막부 직할지였던 나가사키는 사가번이 경비를 맡고 있었다. 나오마사는 '난벽蘭癖 영주'라 불렸다.

'난벽蘭癖'. 데지마를 통해 유입된 유럽 문물에 미쳐버렸다는 뜻이다. 일
단 난벽에 걸리면, 그 다이묘 또는 상인은 학문은 물론 일용품에서 생활
양식까지 유럽식을 모방했다. 수입품이니 당연히 막대한 돈이 들어갔고,
사람들은 부자들의 낭비벽이라고 비난했다. 하지만 이 같은 습속이 훗날
부국강병으로 가는 최선봉이 될 줄은 아무도 몰랐다.

나가사키에 도착한 나오마사는 그 길로 네덜란드 상선에 올라 샅샅이
구경을 하고 사가로 돌아갔다. 이후 행보는 어지러울 정도다. 1835년 사
가성에 불이 났다. 나오마사는 이 화재를 호기로 삼았다. 나오마사는 이
보다 100년 전에 화재로 전소된 본성本城까지 재건하겠다고 선언하고 이
를 핑계로 공무원 수를 3분의 1로 감축했다. 개혁을 방해하는 수구세력
을 숙청해버린 것이다. 빚쟁이들에게는 빚을 최고 100년까지 장기로 분
할 상환하겠다고 선언하고 재건 헌금은 현금으로 받았다. 독재도 이런
독재가 없었지만, 정책은 그대로 강행됐다. 확보된 현금은 면화, 감자 재
배 그리고 석탄 탄광 개발비로 투입됐다.

히젠의 요괴, 나베시마 나오마사.

그리고 나오마사가 돈을 투입한 분야가 '자기瓷器산업'이었다. 마을 전체가 태풍과 화재로 사라져버린 도자기 마을 아리타有田에 세금을 면제하고 뿔뿔이 흩어져버린 주민들을 불러 모았다. 아리타는 정유재란 때 끌려온 조선 도공 후손들이 사는 마을이다. 마을 전체가 도자기를 굽는 일본 요업산업의 핵심기지다. 나오마사는 번의 특산물 감독기관인 '국산방國産方'을 확대해 도자기 품질 관리를 실시했다. 아리타 도자기는 사가번의 유일한 재원이었다. 태풍 피해가 복구될 때까지 소작료도 3분의 1로 인하하는 개혁도 실시했다. 그리고 1841년 나오마사는 아리타 자기를 막부를 통하지 않고 나가사키 네덜란드 무역상과 직접 거래할 수 있도록 승인했다.

1840년 아편전쟁이 터졌다. 나오마사는 서양 총포술을 도입했다. 1844년 네덜란드 군함 팔렘방호가 나가사키에 기항했다. 나오마사는 관리들과 함께 배에 올라 시설을 견학했다. 이 배에는 네덜란드 국왕이 보낸 국서가 실려 있었다. 국서에는 '조만간 미국 군함이 가서 통상을 요구하면 응하는 게 이롭다'고 적혀 있었다. 나오마사는 무기연구소인 '화술방火術方'을 설치해 무기 연구 개발과 훈련에 착수했다. 1849년 나오마사는 종두법을 도입해 맏아들에게 우두를 주사했다. 천연두 세균이 번주 아들 몸속으로 스며들자 근대 종두법이 일본 전역으로 퍼져나갔다.

1850년 사가번은 근대 용광로인 '반사로反射爐' 제작에 들어갔다. 기존 일본 용광로는 연료와 철광석을 한꺼번에 섞어서 가열해 결과물에 불순물이 많았다. 반사로는 용광로 내부를 격벽으로 분리하고 한쪽에 있는 연료의 열을 천정으로 반사해 반대편 철을 녹이는 용광로다. 연료 찌꺼기에 오염되지 않는 고품질 철을 얻을 수 있는 첨단기술이었다. 설계는 1826년 네덜란드 장교 울리히 휴게닌Ulrich Huguenin이 쓴 책《루이크 왕립

철제대포 주조소의 주조법Het Gietwezen in's Rijks Ijzer-Geschutgieterij te Luik》을
참고로 했다. 불과 30년 전 유럽 첨단기술을 오직 책에 적힌 설계도를 토
대로 습득했다. 중증 난벽 환자가 아니라면 불가능한 일이었다.

1851년 나오마사는 번립 난학 교육기관인 '란가쿠료蘭學寮'를 설치했

위쪽은 조슈번에 남아 있는 실험용 반사로. 사가번이 반사로 제작에 성
공하면서 일본 전역에 반사로 붐이 일었다. 아래쪽은 사가현 혼마루역
사관에 재현해놓은 반사로 모형.

다. 유학 교육기관인 '고도칸弘道館' 학생들이 대거 자퇴하고 란가쿠료로 전학했다. 1852년 이화학理化學 연구소인 '정련방精鍊方'을 세웠다. 증기기관과 사진과 유리와 화약과 전신기 같은, 유럽 문물이라면 뭐든지 다 연구하는 연구소였다. 그 해 완공된 반사로가 정련방을 통해 철제 대포를 쏟아냈다. 대포는 나가사키항에 배치됐다. 막부는 사가번에 철제 대포 50문을 주문했다. 1853년 페리 제독이 몰고 온 미국 군함이 에도 앞바다에 포격을 하고 돌아갔다. 일본인들은 "흑선黑船이 왔다"고 호들갑을 떨었다.

난벽 환자들은 호들갑을 떨지 않았다. 이미 이들 수중에는 대포가 있었고 군함이 있었다. 각 번에 반사로 제작 붐이 불었다. 나오마사는 네덜란드로부터 군함을 주문하고 정련방에서 완성한 증기기관으로 일본제 증기선을 만들었다. 신세계를 향한 준비는 그렇게 시작되고 있었다.

1853년 미국 페리 함대가 일본에 왔다간 직후 네덜란드 군함 게데이호가 나가사키에 입항했다. 나오마사는 게데이호에 올라 "승선한 선원들은 다른 상선으로 보내고 이 군함을 팔라. 선불로 주겠다"고 우겨 함장을 곤혹스럽게 했다.²⁶⁹ 정치도 안중에 없고 오로지 부국과 강병에 미친 듯이 매달리는 나오마사를, 소설가 시바 료타로는 '히젠의 요괴肥前の妖怪'라 불렀다. 대포, 증기기관 따위의 근대 문물 개발에 열중할 뿐 정치색을 알 수 없는 사람이라는 것이다. 히젠은 사가번의 옛 이름이다. 돈을 따지고 이해관계를 따지는 그를 사람들은 소루반 다이묘라고도 불렀다. '주판 영주'라는 뜻이다.

그런 그가 1852년 반사로 제작을 성공했을 때, 다섯 살 많은 이웃 사쓰마번의 번주가 이렇게 말했다. "서양인도 사람이고 사가 사람도 사람이고 사쓰마 사람도 똑같이 사람이다. 연구하라."²⁷⁰

어디서 들어본 듯하지 않은가. 93년 전인 1759년 '요 임금 내장도 내

장이고 폭군 걸의 내장도 내장이고 북쪽 남쪽 오랑캐 창자도 창자일 뿐'
이라고 했던 란가쿠 의사 야마와키 도요의 말과 똑같다. 각성과 실천은
하루아침에 솟는 힘이 아님을 보여주는 증거다.[271] 사쓰마번 번주 이름은
시마즈 나리아키라島津齊彬. 역시 난벽 환자였다.

### 난벽 영주 시마즈 나리아키라의 개혁

1851년 11대 번주가 된 나리아키라는 바로 그해 '집성관集成館'을 설치
했다. 옷감부터 사진, 유리, 조선과 대포까지 만드는 근대 공업단지였다.
이 또한 오로지 란가쿠로 배운 책에 의지했다. 나리아키라는 취임 전 아
편전쟁 이후 정세에 관한 정보를 모은 〈아편전쟁문서聞書〉를 완성해 놓은
인물이었다. 1857년 11월 2일, 일본 최초로 사진을 찍은 사람이기도 했
다.[272]

집성관에 나리아키라는 인재를 모았다. 똑똑하고 비전 있는 사람이라
면 신분과 상관없이 하급무사들도 끌어 모았다. 사이고 다카모리西鄕隆盛,
오쿠보 도시미치大久保利通, 고다이 도모아쓰五代友厚 같은 메이지유신 주인
공들과 근대 일본 실업가가 집성관에서 나왔다.

일본 최초로 촬영된 난벽 영주 나리아키라 인물사진(1857).

나리아키라와 사가의 나베시마 나오마사는 어릴 적 에도에 살 때 친구였다. 그래서 나오마사가 반사로 설치에 성공했을 때 '사쓰마 사람도 사람이다'라는 말을 할 수 있었다. 나리아키라는 1854년 대포 16문이 달린 370톤짜리 군함을 완공해 막부에 헌납했다. 일본이 미국과 수호조약을 맺고 문호를 개방한 바로 그 해다.

1857년 집성관에서도 반사로 제작에 성공했다. 사가번주 나오마사의 브레인인 사노 쓰네타미佐野常民가 집성관을 찾아 축하인사를 했다. 쓰네타미는 나오마사가 란가쿠료를 만들었을 때 유학 교육기관인 고도칸을 자퇴하고 란가쿠료로 전학한 인물이다.

1858년 사가번주 나오마사가 국산 증기선을 타고 나리아키라를 극비 방문했다. 당시 막부 허가를 받지 않은 타 번 방문은 불법이었다. 대화 내용은 알려지지 않았지만 란가쿠에 심취한 이들 '실천 다이묘'들이 나눈 대화는 부국과 강병에 대한 논의가 아니었을까.[273]

### 또 적에게서 배운다

1862년 가고시마 거리에서 하급 사무라이와 영국인 사이에 싸움이 벌어져 영국인이 죽었다. 1863년 영국 함대가 가고시마항을 포격했다. 복수극이었다. 사쓰마는 포격으로 맞섰지만 집성관이 전소되고 가고시마 시가지가 불탔다. 이를 '사쓰에이薩英 전쟁'이라 한다. 영국도 사쓰마도 서로의 힘에 놀랐다. 양측은 평화협정을 맺었다.

1858년 미국과 통상조약을 맺으며 막부는 조약에 '군함 및 무기 구입과 교관 초빙' 조항을 삽입했다. 또 네덜란드와 근대 조약을 맺으며 네덜란드 학자 지볼트를 외교 고문으로 초빙했다. 지볼트는 데지마 시절 간첩 혐의로 쫓아냈던 학자였다. 1855년 막부는 데지마 옆에 해군훈련소 겸 군함 제작소인 해군전습소를 설치했다. 각 번에서 인재들이 네덜란드

1, Raechorse. — 2. Pearly. — 3. Coquette. — 4. Perseus. — 5. Arjan. — 6. Euryalus.— 7. Batteries japonaises.— A. 3 steamers japonais incendiés, — B. Jonque japonaise incendiée.
C. Palais. — D, Factorreries.
EXPÉDITION DU JAPON. — Bombardement de Kagosima par la flotte anglaise. (D'après un croquis de M. Barbier.)

1863년 12월 5일 자 프랑스 르몽드 일러스트. 1863년 일본 가고시마를 포격하는 영국군함들 삽화다. '사쓰에이(薩英) 전쟁'이라 부르는 포격전 끝에 가고시마는 불바다가 됐고, 사쓰마번은 부국강병을 택했다. /디킨슨대학 House Divided Project(위쪽)

사쓰에이 전쟁 후 영국과 협상에 나섰던 사쓰마 협상단. /폴 게티박물관(아래쪽)

교관으로부터 근대 무기와 병술을 배워갔다. 1860년 막부는 바로 그 미국과 유럽으로 견학단을 보냈다. 사가번 관리 3명도 함께였다. 1862년 막부는 해군훈련소 출신 학생 2명, 막부 번역소 학생 2명, 나가사키 의학생 2명, 조선 기술자 1명을 네덜란드로 유학시켰다. 일본 최초의 유학생이다.

1855년 일본 중앙정부인 막부가 나가사키에 세운 해군전습소(가운데 건물들). 네덜란드 교관이 증기선 제작 교습과 해군 훈련을 맡았다. 네덜란드 국기가 있는 쪽은 네덜란드 상관이 있는 인공섬 데지마(出島)다. 1842년 영국에 청나라가 무릎을 꿇는 아편전쟁과 1853년 함포로 무장한 페리의 미 군함을 실감한 뒤 일본은 쇄국이 불가능함을 깨닫고 개국과 강병으로 정책을 전환했다. /일본 사가현 혼마루역사관

사쓰에이 전쟁에서 서양의 힘을 경험한 사쓰마는 2년 뒤 무사급 3명과 통역관 1명과 학생 15명을 비밀리에 영국으로 보냈다. 이들의 동상이 가고시마 역 앞에 서 있다. 가고시마 시는 동상 이름을 '젊은 사쓰마의 군상若い薩摩の群像'이라 지었다. 유학생을 이끌었던 하급무사 고다이 도모아쓰는 런던에서 방적기와 소총 3,000정을 구입했다. 집성관은 재건돼 영국 기술이 총집결했다. 적의 힘을 경험하고 바로 그 적에게 기술을 배운 것이다.

사가번 군사력은 나오마사가 취임하고 20년 사이에 급속도로 강화됐다. 반사로 제작도 막부보다 7년 빨랐고 군함도 빨랐다. 시바 료타로에 따르면 당시 사가번 군사력은 세계 최강인 프러시아에 필적했다.[274] 사쓰마번도 마찬가지였다.

대한민국 징비록

사쓰마번이 개설한 치엔칸 학생들과 네덜란드 선교사 베어벡의 단체사진. 메이지 원년인 1868년 찍은 사진으로 추정된다.

1860년 막부 견미사절단 일원으로 미국에 다녀온 사가번 고이데 센노스케小出千之助가 나오마사에게 진언했다. "기술 혁신은 영국이나 미국이 중심이다. 세계에 통용되는 언어도 영어다." 1867년 나가사키에 영학 교육기관 '치엔칸致遠館'이 설립됐다. 막부에서 영어를 가르치던 네덜란드 선교사 귀도 베어벡Guido Herman Fridolin Verbeck을 고액 연봉을 주고 스카우트했다. 사가번만 아니라 다른 번에서도 치엔칸에 학생을 파견했다.[275]

1867년 파리박람회가 열렸다. 사가번과 사쓰마번이 도자기를 출품했다. 사가번 아리타 도자기는 일본 열풍을 일으킬 정도로 인기였다. '아리타초사有田町史'에는 박람회가 종료되고 11월 29일 박람회 대표단 통역가 고이데 센노스케가 보낸 편지가 실려 있다.

귀국편 화물은 철포를 본체로 하고, 나사 등 여기에 따로 구입한 물품을 더해서 다음 달 나가사키로 가는 배에 싣고 갈 예정입니다.[276]

이와 함께 사가번 대표단 부단장 사노 쓰네타미는 네덜란드에게 군함 닛신호日新丸를 발주했다. 1,468톤에 710마력짜리 엔진과 대포 6문이 장착된 배였다. 닛신호는 1884년 조선에서 갑신정변이 일어났을 때 인천항 앞바다에서 경비정으로 활동했다.

난벽 환자들 재활 치료기를 읽다보면, 주어와 목적어가 뒤죽박죽이 돼버린다. 주어가 나오마사이기도 하고 나리아키라이기도 하다. 주어를 지우고 읽어도 내용은 동일하다.

치유하는 방식도 똑같았다. 현실 인식과 준비, 그리고 실천이다. 위기를 맞아 각성을 하고 신문물을 받아들였다. 암기된 공식이 아니라 역사적으로 축적된 경험이 기른 추론 능력으로 준비를 했다. 서두르지 않고 때가 이르렀을 때 부국강병을 실천했다. 준비와 실천에는 신분과 무관하게 인재를 등용했다. 그 어느 서구 국가도 그런 일본을 침략하지 못했고 일본을 대등한 파트너로 인정할 수밖에 없었다.

# 요괴들의 돈보따리,
# 조선 백자

"이들이 일본의 보물을 만들 것이다"
- 정유재란 때 조선 도공을 끌고 간 나베시마 나오시게鍋島直茂 -

## 혼마루역사관의 대포와 대은인

사가현 혼마루역사관은 나베시마 나오마사 시대의 향수가 가득하다. 마당에는 그가 만든 철제 대포가 서 있고, 전시실에는 정련방에서 탄생한 근대 과학기술 열매들이 주렁주렁 달려 있다. 역사관 바깥에는 거대한 나오마사 동상이 서 있다. 나오마사 탄생 100주년이던 1913년 사가번 주민들이 세운 동상이다. 동상은 1944년 일본이 도발한 태평양전쟁 때 포탄 제작용으로 공출됐다. 2009년 사가번 주민들은 혼마루 옆에 이 명군名君의 동상을 재건했다.

나오마사의 진흥책으로 부활한 도자기 마을 아리타는 평화롭다. 아기자기한 작품과 고풍스러운 분위기를 즐기는 관광객으로 붐빈다. 개혁, 개방 혹은 변혁 같은 단어보다는 관광과 문화 같은 단어가 더 어울리는 마

을이다. 그런데 1996년 아리타 세계 불꽃박람회 공식 역사서인《불꽃의 마을 아리타의 역사 이야기炎の里有田の歷史物語》의 저자 마쓰모토 겐지松本源次는 이렇게 기록했다.

나는 이 대포도, 군함도 아리타 자기가 가져다 준 것임을 아리타 주민들은 기억해야 한다고 생각한다.[277]

히젠의 요괴가 만든 대포와 군함이 이 아리타에서 나왔다는 향토사학자의 주장이다. 이 무슨 말인가. 아리타는 임진왜란 때 조선으로 출정한 나베시마 나오시게鍋島直茂가 조선도공을 끌고 와 만든 마을이다. 산꼭대기에는 도조陶祖 이삼평 기념비가 서 있다. 비석 뒷면에는 찬사가 가득하다. 그 가운데 세 글자가 눈에 띈다.

'대은인大恩人'

사가현 혼마루역사관 정원에 있는 대포.

그냥 은인이 아니라 '대은인'이다. 대은인, 그리고 대포와 군함. 우리는 성리학과 란가쿠가 만들어버린 역사의 교차점으로 진입했다.

### 끌려간 조선 도공

임진왜란 때 조선 도공 이삼평李參平은 일본으로 끌려가 아리타에 살다 죽었다. 아리타에는 그를 기리는 신사가 있다. '도잔신사陶山神社'다. 신사 정문인 도리이는 청화백자로 만들었다. 아리타는 도자기 마을이다. 신사 주신은 하치만八幡神이고 좌우 배신은 이삼평과 임진왜란에 참전한 사가 번 번주 나베시마 나오시게鍋島直茂다. 나오시게는 조선 도공을 납치한 번 주 중 하나다.

1716년 사가번 무사 야마모토 조초山本常朝가 구술한 말을 기록한 책 《하가쿠레葉隱》에는 이런 내용이 나온다.

> 나오시게 공이 고려국으로부터 귀국할 때 일본의 보물을 만들겠다고 생 각하고 도자기를 잘 굽는 사람 67명을 데리고 와 긴류산金立山에 두어 도자 기를 굽게 했다[直茂公高麗國より御歸朝の時日本の寶になさるべくと候て燒物 上手頭六七人召連れられ候金立山に召置かれ燒物仕り候].[278]

보물, 그리고 함께 신이 된 납치범과 희생자. 자, 이 모순된 풍경화 감 상법이다.

### 3만 8,717명의 귀, 산 사람 80명

전쟁은 참혹하다. 임진왜란도 그랬다. 일본군 종군 승려 게이넨慶念은 '일본에서 따라온 상인들이 남녀노소 할 것 없이 줄로 목을 묶어 몰고 가 는데, 지옥의 나찰귀가 죄인을 잡아들이는 듯하다'고 기록했다.[279] 1598

년 10월 말 사쓰마번 번주 시마즈 요시히로島津義弘 부대가 귀국할 때, 배에는 3만 8,717명의 귀와 조선인 80여 명이 실려 있었다.[280] 산 사람과 죽은 귀가 한 배를 타고 끌려갔다. 노동력과 기술력을 확보하려는 전범戰犯들의 폭력이었다.

그 흉포한 납치극 희생자들은 다음과 같이 살았다.

### 신이 된 조선의 도공

사가번 번주 나베시마 나오시게는 '일본의 보물을 만들기 위해' 도공을 끌고 왔다. 보물은 백자白磁다. 자기 기술자는 납치해왔는데 자기를 만들 흙이 없었다. 1,300도 고온에 부서지지 않고 녹아서 결합할 수 있는, 철분 없는 순백의 자석磁石이 필요했다. 1616년 조선인 이삼평이 다른 도공 18명과 함께 이즈미야마泉山에서 백자토를 발견했다. 나오시게는 그에게 가네가에金江라는 성을 주고 하녀와 결혼시켰다.[281] 아리타가 만든 백자는 인근 이마리伊万里항을 통해 불티나게 팔려나갔다. 사가번은 부자가 됐다. 궁벽한 산골 아리타로 일본인들이 몰려들었다.

1637년 나베시마 가문은 이삼평의 건의로 아리타 지역에 몰려온 일본인 도공 826명을 추방하고 조선인에게 독점권을 줬다. 이삼평은 백자토광 관리권과 채굴권, 휘하 도공 감독권에 이어 독점생산권을 가진 사무라이가 되었다.[282]

1828년 아리타는 새로 신사를 지으며 '도잔신사'라 명명하고 이삼평을 주신인 하치만 옆에 모셨다. 이삼평을 끌고 온 나베시마 나오시게도 함께 모셨다. 1888년 주민들은 신사 정문 도리이를 청화백자로 만들어 세웠다.

1917년 아리타 주민들은 신사 위 렌게이시산蓮花石山 정상에 '도조 이삼평 비'를 세웠다. 일본이 조선을 먹어버리고 조선인은 조센징이라 천대

도자기 마을인 일본 사가현 아리타(有田)에는 임진왜란 때 조선에서 끌려간 사기장 이삼평(李參平)을 기리는 신사가 있다. '도잔신사(陶山神社)'다. 신사 정문인 도리이(鳥居)는 청화백자로 만들었다. 이삼평은 1616년 아리타에서 자기 원료인 백자토를 발견해 일본에서 처음으로 백자를 만들었다. 1917년 아리타 주민회는 이삼평을 일본 백자의 도조(陶祖)로 인정하고 신사 위 산꼭대기에 기념비를 세웠다. 훗날 와세다대학을 세운 사가번 출신 거물 정치가 오쿠마 시게노부(大隈重信)가 후원했다. 사람들은 이후 그의 일본 이름 '가나가에 산베에(金江三兵衛)'에서 유추해 그를 '이삼평(李參平)'으로 부르기 시작했다. 납치된 도공들은 지역 영주의 엄격한 통제와 풍족한 경제·사회적 지원을 받으며 자기를 생산했다.

하던 시대였다. 그럼에도 아리타는 '이삼평'이라는 조선 본명을 내세워 기념비를 만들었다. 우익들이 반대했지만 일본 총리를 역임한 거물 정치가 오쿠마 시게노부大隈重信를 후원회 명예총재로 내세워 계획대로 통과됐다. 시게노부는 지역구가 사가현이라 아리타 주민들을 무시할 수 없었다.

일본 요업계는 이삼평이 백자토를 발견한 1616년을 일본 백자의 원년으로 삼고 있다. 아리타 입구에는 '일본 자기 발상지'라는 탑이 서 있다. 비를 세울 때 사람들은 그의 일본명 '가나가에 산베에金江三兵衛'에서 유추해 그를 '이삼평'으로 부르기 시작했다. 실명은 모른다.

조슈번 번주 모리 데루모토毛利輝元 또한 도공들을 끌고 갔다. 이들은 복잡한 과정을 거쳐 지금 야마구치현 하기萩에 정착했다. 그 원조는 이작광

도잔신사가 있는 아리타 연화석산(蓮花石山) 꼭대기 '도조 이삼평 비'.

李勺光과 이경李敬이다. 이작광은 히로시마에서 활동했고 이경은 하기에 정
착해 '하기야키萩燒[283]'의 원조가 됐다. 이작광은 분쟁 끝에 살해됐다고 전
하고 이경은 모리 가문으로부터 사카모토 고라이자에몬坂本高麗左衛門이라
는 이름과 사무라이 신분을 받았다. 이작광 후손도 마찬가지다. 하기에는
이경, 이작광 외에 다섯 명이 더 활동했다.[284]

    가고시마를 지배했던 사쓰마번 번주 시마즈 요시히로는 스물두 성씨
남녀 80여 명을 끌고 왔다. 1598년 도요토미 히데요시 사후 도쿠가와 이
에야스와 히데요시 지지세력 사이에 천하를 두고 세키가하라 전투가 벌
어졌다. 궁핍하게 살았던 도공들은 전쟁 후 나에시로가와苗代川로 집단 이
주 됐다. 현 가고시마 미야마美山다.[285]
    1614년 조선인 박평의가 백토를 발견했다. 아리타의 백토처럼 순백純
白은 아니었지만 이 또한 사쓰마 자기의 원조가 됐다. 이후 나에시로가와
도공들은 사무라이 신분을 받고 대대로 다양한 종류의 그릇을 구워냈다.

여기까지 대한민국 사람이라면 누구나 대강은 알고 있는, '만리타향에서 역경을 딛고 업을 이룬 선조의 혼魂' 이야기였다.

그리하여 아리타에 가면 한국인은 자부심과 분노를 느낀다. 납치된 조선인 손에 의해 원시적인 일본 도자기 산업이 발전했다는 사실이 자랑스럽다.

이 자랑이 자랑으로 그치면 '자만自慢'이 된다. 지금 일본에서 만들어내는 저 화려한 일본 도자기들과 달항아리로 상징되는 질박한 조선 그릇은, 뿌리만 같을 뿐 질적으로 다른 작품들이다. 눈으로 목격하는 그 결과물을 외면하면서 사람들은 400년 전 역사만 생각하며 분노를 느낀다.

### 일본 자기의 혁신

분노는 조금만 하고, 자랑 또한 조금만 해야 한다. 일본 자기산업은 대혁신을 거듭 겪었다. 이삼평이 백토를 발견하고 28년 뒤인 1644년 히가시지마 도쿠에몬東島德右衛門이라는 아리타 상인이 나가사키에서 중국인 주진관周辰官에게 거액의 은을 주고 붉은 염료법 아카에赤繪를 배웠다. 금색 염료법도 배웠다.[286]

결국 3년이 지난 1647년 6월 이마리 상인들은 국내 다이묘에게 여러 색 유약을 칠한 도자기를 팔 수 있게 되었고, 그 후 중국과 네덜란드 상인들에게도 팔게 되었다.

그러니까 1647년 6월 이전에는 화려한 아리타식 채색 자기가 없었다는 뜻이다.[287] 얇고 강도 높은 조선 백자 소성 기술에 명나라 채색 기술이 융합돼 지금 아리타 자기가 탄생한 것이다.[288]

중국의 대표 도요지는 경덕진景德鎭이다. 1636년 청이 개국했다. 1654년 청 황실은 경덕진 자기공장들에게 황실용 그릇 생산령을 내렸다. 하지만 명청이 교체되는 혼란기에 공장들은 생산을 중단한 상태였다. 게다가 1673년 오삼계의 반란으로 도요지는 대부분 파괴됐다. 1662년 명나라 잔존 세력이 세운 남명이 멸망하고 일부가 대만으로 건너가 정씨왕국을 건설했다. 1683년 정씨왕국의 지도자 정성공 일파가 청에 항복했다. 그제야 해외 무역이 정상적으로 회복되고 경덕진 또한 자기 수출을 재개했다.[289]

이 잃어버린 50년이 일본에게는 하늘이 준 기회였다. 그 사이 수입선이 끊긴 네덜란드 동인도 회사가 아리타 자기를 유럽으로 가져갔다. 그러자 유럽 부자들이 화려한 아리타 자기를 대량으로 주문하는 게 아닌가. 내수용 자기를 찾던 일본인의 폭력적 노력이 수출로 연결되는 희한한 일이 벌어진 것이다.

영업을 재개한 경덕진 또한 아리타 자기를 흉내 낸 그릇을 제작해 팔았다. 이 짝퉁 일본제를 차이니즈 이마리Chinese Imari라고 한다. 짝퉁이 오리지널을 눌러버린 17세기 위대한 무역전쟁이었다.

1657년에 3,040점의 히젠 도자기와 '다양한 샘플이 들어 있는 상자'가 네덜란드로 수출됐다. 1659년에는 네덜란드, 동남아시아, 인도 그리고 아라비아 지역에 3만 3,910점의 히젠 도자기가 네덜란드 선박에 의해 수

18세기 나가사키 데지마를 통해 유럽으로 수출된 아리타 도자기(왼쪽). 알파벳 'A'가 그려져 있다. 가운데는 조슈하기에 끌려간 1대 사카고라이자에몬(坂高麗佐衛門) 이경(李敬)의 작품. 오른쪽은 사쓰마에 끌려간 14대 심수관이 만든 성금칠보설륜문 대화병.

출됐다.[290] 경덕진이 부활하면서 아리타의 수출은 반짝하고 끝났지만, 그게 끝이 아니었다.

1867년 파리 만국박람회에 사가번과 사쓰마번이 도자기를 출품했다. 아리타 자기가 박람회 대상을 탔다. 화려하고 큰 일본 자기에 유럽시장이 활짝 열렸다. 유럽에 '자포니즘japonisme'이 불었다. 이 또한 끝이 아니었다. 사가번 부대표였던 사노 쓰네타미는 독일인 과학자 고트프리트 바그너를 자기 기술 고문으로 초빙했다. 아리타는 고가인 코발트 안료 대신 저렴한 화학 안료를 도입해 자기 원가를 혁신적으로 낮출 수 있었다. 아리타 자기는 1873년 빈 만국박람회에서도 역시 대상을 수상했다. 사가번은 도예가 3명을 독일로 유학시켰다.[291]

뿌리는 폭력적으로 끌고 간 조선 도공이 내렸으나, 이후 일본을 자기 명가로 만든 동력은 이 혁신이었다. 일본 다인들이 "흙과 기술은 조선 것이고 오로지 '불만 일본 것[火ばかり, 히바카리]'"이라며 좋아했던 초기 조선 스타일은 완전히 사라졌다.[292]

## 군함을 만든 조선 도공의 기술

사가번이 반사로를 만들 때 응용한 기술은 아리타에서 사용한 가마 기술이었다. 1,300도 이상 고열을 견뎌내는 백자 가마는 철을 녹이는 반사로 내열고로를 만드는 데 그대로 이용됐다. 사쓰마 역시 근대식 설계와 사쓰마 자기 가마의 내열 기술을 사용했다. 반사로 내부에 사용할 내화벽돌 제작을 위해 나리아키라는 사쓰마요에 있는 도공들을 동원해 벽돌을 개발했다. 개발은 집성관에 설치한 재래식 가마를 통해 이뤄졌다.[293] 조선 도공이 가져간 그 원천기술이 무기로 둔갑한 것이다.

용광로를 만들고 철광을 개발하고 철을 만드는 데 쓰인 자금은 이들

번에서 300년 동안 운영했던 자기산업에서 나왔다. 그러니까 도자기로 국내외에서 번 돈이 저 거대한 군수산업 운용에 투입된 것이다.

《아리타정사》를 쓴 사가 미야타 고타로宮田幸太郎는 "막부 마지막 15년 간 사가번의 아리타 도자기 무역 자료는 한 조각도 남아 있지 않다"고 했다. 군사력 증강을 금지한 막부에 들키지 않으려고 자본에 대한 증거를 인멸했다는 것이다.[294]

이게 사학자 마쓰모토 겐지가 사가번 대포와 군함이 아리타 자기가 가져다줬다고 주장한 이유다. 아리타 산꼭대기 거대한 비석에 새겨져 있는 '대은인大恩人'이라는 단어는 그래서 예사롭지 않다.

어쩌면 나베시마 나오시게가 만들려고 한 '보물'은 백자가 아니라 이 군함과 대포였는지도 모른다. 할아버지 나오시게의 보물은 아득한 손자 나오마사에 의해 근대의 보물로 재탄생했다. 1533년 은 제련법을 유출 당하고, 1588년 조선 손아귀에 들어왔던 철포를 흘려보낸 그 어이없는 상실이 또 벌어진 것이다. 대한민국 민족주의자는 분노해야 마땅하다. 하지만 이때 분노는 이중적이어야 한다.

전쟁이 끝나면 국교 재수립이 관례고, 그 관례에 따라 양 전쟁당사국 사이 포로 교환 협상도 있어야 한다. 그런데 임진왜란 후 포로 쇄환을 명하는 지도자 선조는 이상하리만치 애매했다.

우리 백성은 천자의 친자식들이다. 고국으로 쇄환시켜야 한다. 그들이 따라주지 않아 쇄환하지 않는다 하더라도 손해 볼 일이 없다[在我無損].[295]

명나라 자식이니 쇄환은 해야겠는데, 안 해도 그만이라는 뜻이다. 기록상 종전 후 귀국한 포로는 모두 5,667명에 불과했다.[296] 오히려 하기에 끌려간 도공 이작광은 조선으로 돌아가 동생 이경을 데려갔다.[297] 사쓰마에 끌려갔던 도공 존계尊階는 조선으로 돌아와 자기 제자들을 데리고 일본으로 돌아갔다.

폭력적인 도해渡海와 초기 정착기 서러움을 또렷하게 기억했을, 조선 도공들은 돌아오지 않았다. 조선 도공들은 일본의 보물이 됐다. 조선은 왜 보물을 일본에 강탈당했는가.

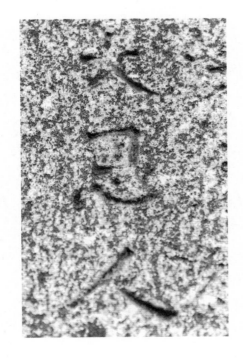

아리타의 도조 이삼평 비 뒷면에 있는 '대은인'.

# 돌아오지 않은 도공들

'농사에 힘쓰고 상업을 억제하여 이익된 일을 일으키고 해되는 일을 제거한다
[務本抑末 興利除害].'[298]

## 황제의 하사품, 청화백자[299]

1428년 7월 19일, 한성에 도착한 명나라 사신이 명 황제 선덕제 하사품인 청화백자를 세종에게 선물했다. 커다란 쟁반 다섯 점과 작은 쟁반 다섯 점이다.[300] 청자보다 선진기술로 만든 백자에 왕실은 매혹됐다. 조선은 청자에 흰색 유약을 바른 분청사기粉靑沙器를 만들던 때였다. 그런데 20년 뒤인 1448년 왕실에서는 중국과 자기 무역을 금지했다. 명나라가 청화백자 유출을 금한 탓이다. 막막해진 왕실에서는 백자를 만들 백토白土 채굴과 백자 제조기술 개발에 매달렸다.

고려청자 노하우가 있던 나라인지라, 백자 기술은 순식간에 개발됐다. 백자를 장식하는 파란 코발트 안료는 100% 수입품이었다. 고가高價였다. 비용을 감당할 수 없었던 조선은 1466년 세조 때 민간에게 청화백자 제작을 금지했다. 백자기白磁器는 진상 받은 그릇과 이전에 제작한 것을 제

외하고는 일체 사용을 금했다. 민간 제작도 금했다. 백토 생산지에서는 관청에서 그 채취를 통제하고 장부에도 빠짐없이 기록해 공조工曹와 승정 원에 보고하도록 했다.[301]

이듬해 1467년 왕실이 직접 자기를 생산하는 관요官窯가 경기도 광주 에 설치됐다. 이전에는 그릇도 다른 공물과 함께 지방으로부터 세금으로 거둬 관청과 왕실에서 사용했다. 관요 설립으로 이제 품질을 감독하고 표준화가 가능해진 것이다. 관요를 관장하는 관청은 사용원司饔院이고 책 임자인 도제조는 왕족이나 의정부 정승이 겸임했다. 생산도, 사용도 국가 가 독점했다.

명나라, 베트남과 함께 17세기 당시 세계에서 자기 제작이라는 첨단기 술을 가지고 있는 조선에서, 민간에서는 그릇을 마음대로 만들 수도, 사 용할 수도 없게 됐다는 뜻이다. 기술은 개발이 됐지만 민간에서는 그 생 산과 사용이 불가능해진 것이다. 조선백자를 조선 백성은 구경할 수도, 사용할 수도 없었다.

《경국대전》에 규정된 사용원 소속 사기장沙器匠 정원은 380명이다.[302] 이들은 모두 국가가 정한 시방서에 따라 그릇을 만들고 사용원 본사에 납품했다. 수요 시장이 없고 생산 시장 또한 경쟁이 불가능하니 기술자 의 양적 충원이나 기술 진보도 불가능했다. 이들 가운데 상당수가 임진 왜란 때 폭력적인 방법으로 일본으로 건너갔다. 수요와 공급이 인위적 으로 통제된 결과, 전쟁 종료 후 조선 음식 문화에 재앙에 가까운 사건이 연속으로 벌어졌다. 지금으로 치면 조달 시장이 붕괴돼 버린 것이다.

### 퇴화하는 백자 기술

임진왜란이 끝나고도 오래도록 조선 자기산업은 복구되지 못했다. 전 화에 백자가 모두 부서져버리고 관요는 파괴됐다. 사기장은 살 길을 찾

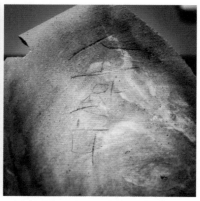

조선이 자랑하는 청화백자(왼쪽). 하지만 그 찬란한 작품을 만든 장인 이름은 단 하나도 기록에 없다. 경기도 광주 분원에서 나온 자기 파편에는 도공 이름으로 추정되는 '손많소니(?)'라는 손글씨가 남아 있다(오른쪽).

아 흩어져 버렸다. 국가에서는 국가 행사에 쓸 고급 용기가 단 한 점도 없어서 민간 관리로부터 그릇을 받아야 했다. 전쟁이 끝나고 20년이 지난 1618년 광해군은 지방 관리 박우남이 올린 화준(畵樽, 꽃병) 두 개로 국빈 잔치를 치렀다. 둘 다 뚜껑이 없고 하나는 주둥이가 부서져 있었다.[303]

후임 임금인 인조 때는 그릇 만들 사람이 없다 보니 명나라로부터 수입을 하기도 했다.[304] 결국 값비싼 청화백자는 포기하고 철분이 든 석간주 유약을 쓴 철화백자를 만들다가[305] 아예 백자 생산을 2년씩 금지하기도 했다.[306] 청화백자보다 질이 낮은 철화백자로 퇴보하거나 아예 자기 생산을 포기하는 일이 벌어진 것이다.

왜 조선 후기 자기산업은 퇴화했는가.

임진왜란 때 일본이 사기장을 대거 납치했기 때문일까? 민족주의와 반일의식이라는 유전자는 산업의 퇴보 이유를 본능적으로 일본에게서 찾는다. 그러면 단순명쾌하고 통쾌하다. 하지만 본질적인 원인은 조선 지식 권력의 가면 뒤에 숨어 있다.

## 영조의 검약 정치

1724년 영조가 즉위했다. 2년 뒤 영조는 3대 국정지표를 발표했다. '계붕당戒朋黨', 당파 싸움을 금했다. 둘째 '계사치戒奢侈'다. "면백綿帛도 따뜻한데 어찌 꼭 비단으로 수놓은 옷[錦繡]인가?" 마지막으로 '계숭음戒崇飲'이다. 금주령이다. "술은 사람을 미치게 하는 약[狂藥, 광약]이다. 맑은 기질을 혼탁하게 만들고 아름다운 기질을 악하게 만드는 것이 술 때문이 아니고 무엇이겠는가? 술을 금하면 민생이 안정되고 직무를 거행할 수 있으리라."

서른둘 먹은 젊은 군주의 명에 우의정 조도빈이 한걸음 더 나갔다. "서민의 처첩들도 비단옷을 보통으로 여기니 먼저 궁중에서 검소함을 따르면 감화되리이다."[307]

1733년 12월 21일 영조는 왕실 비단 생산을 금지시켰다. 비단을 생산하는 기계를 폐기시키고 "다시는 거론하지 말라"고 명했다.[308] 영조는 "생고기를 먹고 짐승 가죽 걸치고 살 때도 존비귀천의 예절은 다 행해졌다"며 모든 사치를 금하라고 했다.

영조가 폐기한 비단 생산기계 이름은 '문직기紋織機'다. 금실로 무늬를 넣는 기계다. 이 기계가 폐기됨으로써 금사金絲 기술은 2015년 한국전통문화대학교가 복원할 때까지 282년 동안 조선에서 사라졌다. 1746년에는 중국산 무늬 비단 수입도 금지시켰다.

1756년에는 부녀자들 가체를 금하고 족두리를 쓰라고 명했다. 혼인 못하는 것도 사치, 장례 못 치르는 것도 사치, 제사를 홀대하는 것도 사치 때문이라고 영조는 주장했다.[309]

1755년 영조는 금주령을 강화한다. 영조는 "제사는 단술[醴酒, 예주]로 허락하되 탁주와 보리술은 일체로 엄금하라."고 명했다. 훗날 철회해

달라는 신하들 간청에 영조는 "단술(예주)도 술이다"라고 단칼에 거절했다.[310] 단술, 즉 식혜에 '술 주'자가 들어갔으니 술이라는 억지에 한 동안 조선 왕국 혼령들은 술 구경을 할 수 없었다.

1762년 9월 함경도 북청 병마절도사 윤구연이 금주법 위반 혐의로 체포됐다. 윤구연의 집에서 술 냄새가 나는 항아리가 발견된 것이다. 영조는 그달 17일 남대문에서 윤구연을 직접 문초하고 목을 베라 명했다[親御南門 斬九淵]. 이를 말리는 세 정승은 파면됐다.[311] 금주령은 재위 52년 내내 실시됐다.

영조가 궁극적으로 지향한 이상사회는 '가난 속에서도 제사를 지내며 귀신을 섬기던' 요순시대였다. 요순시대를 떠받치는 근본 산업은 농업이었다. 조선 권력층에게 그 농업을 제외한 모든 경제적 활동은 병리학적인 제거대상이었다. 이름 하여 '농자천하지대본農者天下之大本'이요 '무본억말務本抑末'이다.

### 무본억말과 굶어죽은 도공들

'본'은 농업이고 '말'은 상업이다. 농사에 힘쓰고 상업을 억제한다는 뜻이다. 농업을 중시하고 상업을 천시하는 '무본억말'은 조선 개국부터 멸망까지 일관된 경제정책이었다. 상업을 억제한 이유는 명쾌하다.

"장사치들이 (시장을 빙자해) 이익을 거둬들이게 되니 백성들이 다투어 장사를 하게 됩니다. 이 또한 도둑질의 뿌리가 되니 마땅히 금해야 합니다."[312]

농사에 힘쓰고 상업을 억제하여 이익 된 일을 일으키고 해되는 일을 제거한다[務本抑末 興利除害].[313]

조선왕조는 개국 이후 상업을 병리학적인 이상 현상으로 취급했다. 이윤을 추구하는 상업은 성리학이 추구하는 도덕사회에 악惡이라는 논리다. 인간의 이기심을 부추기고 도덕을 떨어뜨리는 행위라는 논리다. 농부[農]는 학문하는 선비를 뒷받침하는 가장 중요한 직업인이다. 공인[工]은 생활에 필요한 기물을 생산하는 천민이다. 상인[商]은 사치를 부르는 천박한 업종이다.

"여러 고을에서 매월 두 차례 시장을 여는데, 근본을 버리고 끝을 따르는 것이라 금지시켰다"고 전라관찰사 김지경이 보고했다. 보고를 받은 호조판서가 왕에게 이리 권했다.
"청컨대 다시 관찰사로 하여금 엄중히 금지하게 하소서."[314]

매월 두 차례 열리는 장을 아예 금지시켜 근본을 버리고 끝을 따르는 반反 무본억말적인 병리현상을 치유하라는 조치였다.

이런 국가에서, 기껏 개발해 놓은 첨단기술인 백자 제조기술은 자멸할 수밖에 없었다. 성리학의 원류인 중국에서 직업분류로 쓰였던 사농공상士農工商은 조선에서 신분 차별로 바뀌어 있었다.

1795년 광주 관요에서 '기묘하게 기교를 부려 제작한 것들'을 만들고 있다는 감사 보고서가 올라왔다. 정조는 이렇게 명했다.

"쓸데없고 긴요하지 않은 것은 일체 만들지 말도록 엄금하라."[315]

오로지 시방서에 적혀 있는 규격품만 만들고 창조력은 발휘하지 말라는 소리였다. 왕실 그릇공장 관요는 고품질 백토와 수입 청화안료와 도공을 독점했다. 사옹원에서 내린 시방서에 따라 백자를 생산했다. 지시한

조선왕조 마지막 관요였던 경기도 광주 남종면 분원리 가마터에는 비석들이 서 있다. 관요를 관장한 사옹원 도제조, 관요 감독관인 번조관 선덕비들이다. 모두 열아홉 개인데, 예상하다시피, 그릇을 직접 만든 장인 이름은 보이지 않는다.

대로 만들면 그만이니 창의성보다는 관성이 작용했고, 천한 도공 신세를 면할 수 없으니 의욕이 있을 리 없었다. 민간에서는 저질 흙과 흔한 안료로 철화백자와 진사백자를 만들었다. 왜란과 호란 이후 나라가 가난해지면서 관요에서도 청화백자를 포기하고 철화백자를 생산했다.

그리하여 조선의 최첨단 산업, 도자기 제조업은 민간에게는 생산, 유통, 소비 모든 부문이 금지됐다. 이 명을 발한 시기가 1795년이니, 조선왕조 최전성기라 불리던 18세기 말이었다. 이후 조선 자기산업, 나아가 조선의 산업 전반은 사멸의 길을 걸었다.

조선왕조 마지막 관요였던 경기도 광주 남종면 분원리 가마터에는 비석들이 서 있다. 관요를 관장한 사옹원 도제조, 관요 감독관인 번조관 선덕비들이다. 모두 열아홉 개인데, 예상하다시피, 어느 비석에서도 관요에서 그릇을 직접 만든 사기장 이름은 보이지 않는다.

대한민국 징비록

1697년 숙종 때 《승정원일기》에는 그 광주 관요에 관해 참담한 기록
이 나온다.

> 농업이나 상업 같은 생계를 꾸릴 방도도 없이, 이익을 위해 그릇을 만들지
> 도 못하니, 분원에서 굶어 죽은 자가 39명이나 된다.[316]

농업도 금지, 상업도 금지, 그릇 따로 만들어서 개인 이득을 취하는 행
위도 금지. 죽으라는 소리다. 이에 비변사가 숙종에게 "광주부윤 박태순
을 엄히 추고하겠다"고 하자 숙종은 이를 허락했다.

경제활동을 악이라 규정하고, 굶어죽은 이유가 뭔지 명백하게 알고 있
음에도 그들은 지방 행정관만 징계했을 뿐, 경제활동에 대한 규제 해제
를 거부했다.

더 큰 문제는, 이 같은 규제는 오로지 백성에게만 적용되고 지식권력
집단 스스로에게는 너무나도 관대했다는 사실이다. 위선이라고밖에 할
수 없는 이중적인 도덕률과 소비형태, 이게 조선의 경제를 더욱 모순덩
어리로 만들었다.

### 지식권력의 위선_책가도와 송절차와 노비

서울 국립고궁박물관 전시장에는 책장을 그린 병풍이 한 폭 있다. '책
가도冊架圖'라고 한다. 귀한 책들을 꽂은 서가를 그린 그림이다. 차곡차곡
쌓아놓은 책들 사이에 문방사우文房四友 또한 그려 넣었다. 20세기 초 창덕
궁 세자 침실에 있던 책가도다. 조선 후기 정조시대 이후 유행한 그림이
다. 그린 사람은 알 수 없다.

자세히 보면 왼쪽 아래 공작새 깃털을 꽂은 꽃병이 보인다. 녹색이다.
화병 가운데는 회색으로 둘러놓았다. 그 오른쪽 위 칸에는 빨간 찻잔과

국립고궁박물관에 있는 19세기 말 책가도. 세자 시절 순종 침실에 있던 병풍이다. 책들 사이에 앉아 있는 그릇들은 몽땅 수입한 청나라, 일본 그릇들이다. 아래 두 사진은 일부를 확대한 것이다.

갈색 주전자가 보인다. 그 오른쪽 아래 칸에는 정교하게 만든 물고기와 역시 빨간 찻잔이 보인다. 이 요사스러운 그릇들은 모두 '메이드 인 차이나'요 '메이드 인 재팬'이었다.

금주禁酒를 3대 국정지표 가운데 하나로 강조하고, 자기 손으로 금주령을 어긴 사람 목을 벴던 영조는 어떠했나. 실록에 따르면 1769년 어느 날 영조에게 기분 좋은 일이 있었던 모양이다.

임금이 송절차松節茶를 가져오도록 명하고 말했다. "경들이 한 잔씩 나에게 권하도록 하라." 홍봉한이 말했다. "남은 것을 맛볼 수 있으면 다행이겠습니다." 임금이 여러 신하들에게 돌아가며 취하도록 마시라고 명했다. "취해서 쓰러지더라도 허물로 삼지 않겠다."[317] 넉 달 뒤 그가 다시 이리 말한다. "나중에는 졸졸 흐르는 물이 강과 바다가 될 것이다. 다시는 술을 만들

대한민국 징비록

지 말라."

영조 후임인 정조 때 이덕무와 함께 서얼 출신이었던 규장각 학자 성
대중은 《청성잡기》에 이런 일화를 기록했다.

영조가 언젠가 무강武講에 친히 임했을 때에 홍건이라는 사람이 말단 무관
으로 참여했다. 강론하는 글에 '정흉모丁胸矛'라는 말이 있었다. 영조가 마
침 송절차를 마신 터라 약간 취한 채 말했다. "네가 어찌 정흉모를 알겠느
냐. 정흉모는 사람의 가슴을 찌르는 창이다."
이에 홍건이 영조의 질문에 끝내 대답하지 않자 영조가 병조판서에게 곤
장을 치게 했다. 곤장을 거의 반쯤 쳤을 때 영조가 더욱 성난 목소리로 말
하였다. "저놈은 요상한 놈이다. 곤장으로는 안 되겠으니 내가 직접 신문
하여 혼내 주겠다." 홍건은 행보와 기색이 평소와 다름없이 천천히 아뢰
었다.
"용사는 죽음을 두려워하지 않는다고 하였으니, 제가 감히 목숨을 아끼겠
습니까. 단지 성상의 말씀이 평소 알고 있던 것과 달라서 감히 즉시 대답하
지 못하고 제 나름대로 생각하다 보니 저도 모르게 대답이 늦었습니다."
영조가 물었다. "무슨 생각을 했느냐?" "제가 강론한 부분은 몇 쪽에 있고
정흉모에 관한 주석은 그 위 몇 쪽에 있었는데 살펴보니 거마창拒馬槍이었
습니다. 말의 가슴을 찌르는 것이기 때문에 '정흉모'라 한 것입니다."
영조가 기특하게 여기고 이조판서를 돌아보고 수령 자리가 있는지 물었
는데, 마침 서천 수령 자리가 비어 있어서 급히 홍건을 임용했다.[318]

송절차는 차茶가 아니었음이 분명하다. 차라고 쓰고, 도덕주의자의 위
선이라고 읽으면 된다. 말단 무관 눈에도 평소 듣던 위엄 있는 임금과 행

동이 다를 정도로 그는 취해 있었다. 그리하여 곤장을 치고, 종9품짜리 말단을 지방 수령에 임명하는 황당한 일을 저지른 것이다.

영조에게 화유옹주라는 딸이 있었다. 영조가 죽고 이듬해인 1777년 죽었다. 2005년 화유옹주 묘를 발굴하니 부장품이 쏟아졌다. 그 중에 분채황지장미문병이 있었다. 노란 유약을 바른 꽃병에 갖가지 그림을 그린 화려한 병이다. 청나라 수입품이다. 중국도자기를 금하고 청화백자를 금했던 임금님 따님 무덤에서 바로 그 금지품목이 나온 것이다.

사대부들은 안빈낙도와 청빈함을 인생 모토로 삼았다. 실제 경제생활은 그 모토와 맞아떨어지지 않았다. 퇴계 이황은 예안, 봉화, 영천과 풍산, 선영 4개 지역에 모두 355필지 2,915두락(마지기)에 이르는 거대한 토지를 소유하고 있었다. 노비들이 운영하는 전답 또한 116두락을 소유하고 있었다.[319] 서울에 근무하며 수시로 아들에게 편지를 보내 "게으른 노비 중 심한 자는 매를 때려 경계시키라"고 할 만큼 노비 관리도 철저했다.[320] 이황의 아들 준이 자녀들에게 상속한 노비가 367명이니 이황도 그에 버금가는 노비를 거느리고 있었을 것이다. 이황은 이들 노비로부터 받아야할 공물이 늦으면 '통렬히 징계해 하나하나 받으라'고 아들에게 요구했다.[321]

또 다른 사림의 거두 김종직 재산규모는 전답이 602마지기에 노비는 45명이었다.[322] '마지기'는 '한 말[一斗, 한 두]의 씨앗을 뿌릴 만한 면적'을 뜻한다. 논은 200평이 표준이고 밭은 200평 혹은 100평이 표준이었다. 이황이 소유한 땅은 58만 3,000평이었고 김종직 소유 전답은 12만 400평이었다. 이들이 정말 안빈낙도와 청빈을 실천하고 학문을 숭상하는 사대부였는지, 의문이다.

그럼에도 불구하고 이황 살림은 '맑고 가난해 집은 겨우 비바람을 가렸고 거친 밥에 나물 찬으로 사람들이 견뎌내지 못할 정도'였다.[323] '굶주림을 면할 수 없을 정도로 '흉년인 때도 많았다.

김종직은 아내 조씨가 '노비들의 농사가 부실해 봄을 넘기기가 어렵다'고 편지를 보낼 만큼 가난했다.[324]

굶어죽을 정도라는 말이 사실이라면, 60만 평에 이르는 광대한 토지와 노비를 소유하고도 생계가 어려울 정도로 조선의 농업 생산성이 낮았다는 뜻이다.

그 큰 토지 지주가 흉년이면 굶어죽을 걱정을 하고 평년에도 늘 생계를 걱정했다. 거짓말이라면 이는 위선이다. 진실이라면 조선왕조는 주력 산업인 농업 진흥정책에 근본적인 모순이 있었다는 의미다. 다시 말해, 조선왕조의 성리학적 경제 정책은 천하의 근본이라고 내건 농업 생산력을 향상시키고 농민과 사대부를 책임질 능력이 없었다는 뜻이다.

조선을 지배하는 지식권력집단에게 국가 경제를 운용할 능력이 없었다는 말이다. 대지주들이 가난에 시달렸으니 중소 지주 혹은 노비의 삶은 짐작이 가고도 남는다. 각론 없는 인성론과 위선으로 유지된 권력은 그렇게 현실에 무능했다.

정조 때 실학자 박제가는 이리 말했다.

"물건이 없어서 못 쓰는 것은 가난이지 검소함이 아니다. 조선은 반드시 검소함 탓에 쇠퇴할 것이다."[325]

반은 맞았고 반은 틀렸다. 쇠퇴의 원인 가운데 절반은 검소함을 강요해 나라를 가난으로 몰아넣고 자신들은 수입 그릇에 술을 부어 마시고 안빈낙도를 주장하며 거대한 장원莊園에서 삶을 즐긴 지식권력자들의 위선이었다. 세상을 그 가난과 위선으로 이끈 철학이 바로 조선화된 성리학이었다.

### 일본으로 돌아간 도공들

여기까지가 천민 도공 39명을 굶어죽게 만든 본질적인 이유다. 말末을 고사시키고 본本을 극단적으로 추구한 '무본억말'이 그 원인이고, 금주령을 내리고 본인은 주정을 부린 영조와 병풍에 수입자기를 잔뜩 그려 넣은 정조의 위선이 그 이유다.

19세기가 됐을 때 조선 자기는 일본인들이 모두 조선이 아니라 필리핀 일대에서 만든 그릇으로 착각할 정도로 품질이 떨어져 있었다.[326]

국내시장은 정책적으로 억제됐다. 천시된 생산은 천민이 맡았다. 천대 속에 굶어죽을 것인가, 아니면 무사로서 인생을 향유하며 전문가로 살 것인가.

답은 명백했다. 도공 이작광은 조선으로 돌아와 동생 이경을 데리고 일본으로 돌아갔다. 또 다른 도공 존계는 제자들을 이끌고 다시 일본으로 가 그곳에서 생을 마쳤다. **무명 도공 이삼평은 신神이 되었다.**

명나라 조공 요구에 맞서 조선 정부가 내놓은 조치는 금은광 폐쇄였다. 청화백자 생산에 비용이 들자 조선 정부는 민간에게 청화백자 사용을 금지했다. 채광과 제련 기술을 확보하려는 노력은 없었다. 도공 교육을 통해 인력을 충원하고 기술을 개발하려는 노력도 없었다. 조선 권력자들은 자기의 품질을 지속적으로 낮춰 현실과 타협했다. 일본에서는 원천기술을 폭력적으로 확보해 훗날 그 기술로 나라의 보물을 만들었다. 그 사이, 원천기술 보유국가인 조선은 권력집단에 의해 성리학이 추구하

경기도 광주 쌍령고개 옆에 서 있는 '무명도공의 비'. 1977년에 세웠다. 국내 기록으로 남아 이름이 알려진 도공은 한 사람도 없다.

는 도덕국가를 향해 끝없이 추락하고 있었다.

경기도 광주 쌍령고개에는 '무명도공의 비'가 서 있다. 1977년에 세운 비석이다. 그 찬란한 조선 백자를 만들고 '무명씨'로 남은 옛 기술자들을 기리는 비석이다. 우리는, 찬란한 고려 상감청자와 담백한 조선 백자를 만든 장인들 이름을 단 하나도 알지 못한다. 이삼평, 심수관 같은 장인은 모두 일본에서 활동했고, 일본에서 이름이 남았다. 19세기 천하天下가 붕괴되던 날, 조선이 탈출구를 찾지 못하고 동반 붕괴된 이유가 바로 여기에 있다.

# 일본 근대화 시작의 주요 지역

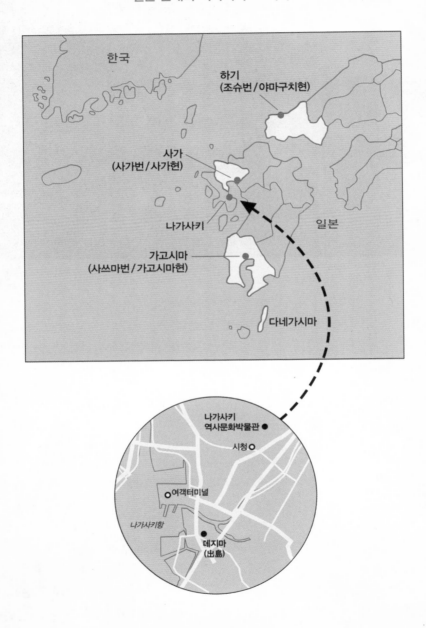

7장

／

일어서는 일본

# 근대에 대처했던 두 나라의 자세

아편전쟁 이후 지구의 동과 서는 폭력적인 형식으로 연결됐다. 유럽은 산업혁명을 거쳐 대량살상무기를 대량으로 생산하는 능력을 갖췄다. 탐욕을 가득 담은 유럽 상선은 살상무기를 장착하고 아시아 바다를 휩쓸기 시작했다. 아시아는 제국주의 사냥터로 변했다. 그 배들을 조선 사람들은 '모습이 다른 배', 이양선異樣船이라 불렀다.

이양선에 대처하는 조선과 일본의 자세는 달랐다. 1853년 미국 함대가 도쿄 앞바다에서 바다를 향해 함포를 쏴댔다. 이듬해 막부는 그 위력에 눌려 강제로 나라 문을 열었다. 하지만 일본은 그리 당황하지 않았다. 일본은 이미 데지마를 통해 200년 이상 누적된 직접 교역과 간접 경험이라는 역사적인 자산을 가지고 있었다. 이 자산은 근대화 충격을 흡수하는 강력한 쿠션으로 작용했다.

1876년 2월 조선과 일본이 강화도조약을 체결했다. 일본은 메이지유신을 선언하고 공식적으로 근대화에 뛰어든 지 8년째 되는 나라였고, 조선은 근대화 입구에서 망설이던 국가였다. 일본은 그런 조선 정부에 사절 겸 견문단 파견을 권유했다. 1811년 통신사 사행 종료 후 처음으로 수신사 김기수가 일본을 공식 방문했다.

　　숙소에 틀어박혀 있는 그에게 강화도조약 실무자였던 모리야마 시게루森山茂가 함께 돌아다니자고 권했다. 김기수가 "내가 성품이 고요함을 좋아해 놀고 구경 다니는 데 흥미가 없다"고 답하자 시게루가 이렇게 격하게 말했다.

　　"답답하게도 공은 끝내 나의 고심함을 알지 못하십니까. 누가 공에게 구경만 시키려는 것입니까. 군제軍制를 두루 살펴 좋은 것은 개혁하는 것이 한 가지 일이요, 기계를 자세히 보아서 편리한 것을 모방함이 두 가지 일이요, 풍속을 두루 살펴보아서 채용할 것은 채용함이 세 가지 일입니다."

조선의 국서를 싣고 일본의 강을 건너는 배 '국서루선도(國書樓船圖)'. /국립중앙박물관

이어 강화도조약 부관인 이노우에 가오루井上馨가 숙소를 찾아왔다. 이런저런 얘기를 나눈 끝에 김기수가 말했다. "선왕先王의 말이 아니면 말하지 않고 선왕의 의복이 아니면 입지 아니한 지가 500년이나 되었습니다. 비록 죽고 망하는 한이 있더라도 기이하고 과도한 기교를 부려 남과 경쟁하기를 원하지 않으리라는 것은 공도 알 것입니다."

그러자 가오루가 단호하게 답했다.

"그렇지 않습니다[不然]."

가오루의 말이 이어졌다.

"귀국이 이미 계획을 세워 뒷날의 후회가 없기를 바라서이니 선생은 돌아가거든 반드시 귀국 조정에 거듭 말씀을 드려 이 성의를 저버리지 않는다면 이것이 우리의 소망입니다."[327]

일본 관리들 충고에 마침내 여관 문을 나선 김기수가 증기기관을 보았다. 난생 처음 보는, 그 어마어마한 동력 앞에서 김기수는 이렇게 탄식했다.

"기교가 어찌 이럴 수가 있는가! 화륜 한 개로 천하의 능사能事를 다 만들게 되니 기교가 이럴 수가 있겠는가. 공자께서 말씀하시지 않은 괴이한 일이니, 나는 이것을 보고 싶지 않다."[328]

충격을 흡수할 쿠션이 전무한 상태에서 근대와 마주친 조선 지식인의 탄식은 공포에 가까웠다.

1868년 일본은 천황 중심의 근대화에 시동을 걸었다. 난벽 영주가 이끌던 사쓰마번과 사가번, 요시다 쇼인吉田松陰이 이끈 조슈번의 지사들이 거국일치擧國一致로 연맹해 막부 체제를 붕괴시켰다. 이름만 남아 있던 천황天皇을 앞세워 명분을 찾고 실질적인 근대적 국가 건설을 시작했다. 그때 천황인 메이지明治 이름을 따, 이 근대화 혁명을 '메이지유신明治維新'이라고 한다. 일본에게는 국가의 운명을 건 실험이었다.

조선에게는 불행이었다. 조선이라는 사냥감을 노리는 또 다른 사냥꾼이 탄생했으니까. 조선이 뒤늦게 근대화에 뛰어들 무렵, 일본까지 제국주의에 가세한 것이다. 지도자의 그릇된 착각으로 조선은 타이밍을 잃고 말았다. 조선은 이제 마지막 남은 사냥감으로 전락했다. 1845년 아편전쟁 5년 뒤 "아무 일 없다[無事矣, 무사의]"고 결론을 내려버린 무사안일한 조선 권력층이 저질러버린 일이었다. 조선이 붕괴되고, 일본이 굴기했다.

# 목숨을 건 개국,
# 목숨을 건 쇄국

앞날의 대업 성공 여부가 그대들에 달려 있다.[329]
– 1871년 12월 23일 이와쿠라사절단 송별사 –

## 척화비와 이와쿠라사절단

경상북도 구미 구미국가산업 2단지에는 석현이라는 고개가 있고 그 고개 옆 언덕 잔디밭에는 큰 바위가 있다. 높이 1.75미터 너비 1.86미터다. 이렇게 새겨져 있다.

洋夷侵犯 非戰則和 主和賣國(양이침범 비전즉화 주화매국)

서양 오랑캐가 쳐들어오는데 싸우지 않으면 화친이요 화친은 매국이다.

이 글을 지은 해는 1866년 병인년이고, 비석을 세운 해는 1871년 신미년이다.

조선이 나라 문을 또 한 번 단속한 바로 그 1871년, 일본은 고위 관료로 구성된 근대 견학단을 서양으로 보냈다. 이후 약 2년 동안 사절단은 세계를 일주하며 근대 문물을 배터지게 들이마셨다. 사절단 이름은 '이와쿠라사절단岩倉使節團'이다.

## "본디 우리는 외교가 없으니"

순조 32년인 1832년 6월 26일 영국 상선 암허스트호가 공충도(公忠道, 충청도) 홍주 고대도에 들어와 통상을 요구했다. 실록에는 이들이 누구며 원하는 바가 뭔지 육하원칙에 따라 자세하게 기록돼 있다.[330] 홍주목사 이민회와 서울에서 온 역관 오계순은 이리 답했다. "번신은 외교가 없다 [藩臣無外交, 번신무외교]." 황제국 청나라만 타국과 수교를 할 수 있고, 제후국인 조선은 불가능하다는 말이다.

사대를 근거로 한 거듭된 통상 거부에 암허스트호는 "글러먹었다(evidently fruitless)"고 결론내리고 철수했다.[331] 조선 정부가 이 사실을 청 황실에 보고하자 이듬해 청 황제는 "대의를 크게 밝혀 가상하다"며 조선 국왕에게 갖가지 비단 30필을 상으로 내렸다.[332]

7년 뒤 아편전쟁이 터졌다. 서양 함대에 대청 제국은 발톱도 이빨도 없는 늙은 호랑이임이 폭로됐다. 일본 막부와 각 번은 기민하게 강병 모드에 돌입했다. 일본 지도자들은 조선 도공이 자기 가마를 만든 원천기술로 용광로를 만들어 대포와 군함을 생산했고 국내외로 그릇 팔아 모은 돈을 군비로 투입했다.

## 권력 유지를 위한 천주교 탄압

1866년 병인년 1월 11일, 좌우 포도청은 '눈은 우묵하게 들어가고 콧마루는 덩실하게 높은' 7척 거인을 체포했다고 조정에 보고했다.[333] 거인 이름은 장경일張敬一, 밀입국해 선교 중이던 프랑스 외방전교회 조선교구장 베르뇌Simon Francais Berneux였다. 이후 천주교도 학살극이 시작됐다.

1871년까지 8,000명 넘는 천주교도가 처형됐다.

흥선대원군은 원래 천주교를 이용해 당시 두만강을 넘나들던 러시아를 견제하려 했다. 아내 민씨도 천주교도였고, 아들 명복(고종)의 유모 마르타 또한 세례 신도였다. 1864년 양력 8월 18일 베르뇌가 북경 외방전교회 조선교구 주교에게 보낸 편지에 따르면 대원군은 운현궁에서 신도인 전前 승지 남종삼을 만나 "러시아인을 몰아내면 종교 자유를 주겠다"고 제안했다. 남종삼은 "드디어 수도에 세울 큰 교회 짓는다"며 흥분했다.[334]

청나라에서 천주교 탄압사건이 발생하고 이를 빌미로 반 대원군 파가 이의를 제기했다. 상황이 돌변했다. 1865년 3월 29일, 성리학과 노론의 상징인 만동묘를 철폐한 이후 권력집단 틈에 반 대원군파가 급증한 터였다. 권력 위기를 느낀 대원군은 정통성 회복을 위해 사학邪學인 서학西學 탄압으로 정책을 급선회했다.

조선 역사에서 또 한 번 국내정치가 개방의 기회를 압살한 순간이었다. 남종삼이 첫 타자로 죽었고 전국에서 색출된 프랑스 신부 9명이 목이 잘려 죽었다. 이에 프랑스 함대가 벌인 복수전이 1866년 여름 벌어진 '병인양요'다.

### 매국, 망국, 위국

1866년 7월, 복수를 하겠다는 프랑스의 통보에 청나라 조정이 조선에 '비자飛咨'를 보냈다. 비자는 긴급전문이다. '프랑스가 곧 군사를 소집할 듯하니 심사숙고하라.'

달을 가리키면 달을 보지 않고 손가락을 보는 바보들이 있는 법이다. 대원군은 "수만리 떨어진 프랑스에 누군가가 알려준 것"이라며 천주교도 색출 강화령을 내렸다.[335]

경북 구미 국가산업 2단지 돌고개(석현) 언덕에 서 있는 척화비(斥和碑). '오랑캐가 침범하는데 싸우지 않으면 화평하는 것이요, 화평은 매국이다'라고 새겨져 있다. 1866년(병인년) 프랑스군이 강화도를 침입했을 때 흥선대원군이 제시한 국정 지표였다. 1871년(신미년) 강화도에서 미 해군을 '격퇴한' 뒤 대원군이 전국 교통 요지에 세웠다. 조선 정부가 척화비를 세운 바로 1871년 일본에서는 미국과 유럽 12개국 근대 문명을 견학하는 이와쿠라사절단이 요코하마항을 떠났다. 외무부장관을 단장으로 한 각 부처 국장급 공무원과 유학생 등 107명은 1년 10개월 동안 근대국가를 견학했다.

1866년 병인양요 직후 조선은 강화도 덕진진에 '외국 선박 항해 금지'를 선언한 척화비를 세웠다(왼쪽). 5년 뒤 신미양요 때 덕진진은 미 해군에 의해 쑥대밭이 됐다. 오른쪽은 신미양요 때 미 군함에 오른 조선 관리들(오른쪽·폴게티박물관).

9월 11일 프랑스함대가 강화도에 도착했다. 강화도 순무영이 "배는 2척에 불과하고 사람도 1,000명이 안 되니 도륙되기 전에 돌아가라"고 경고했다. 이날 대원군이 의정부에 글을 내렸다. "화친은 매국이다[若和親則是賣國也]." 교역은 망국 행위며 도주 행위는 위국危國, 나라를 위태롭게 하는 행위라고 했다.[336]

전쟁은 벌어졌다. 강화도는 섬 전역이 불탔다. 프랑스군은 경미한 인적 물적 피해와 함께 왕실 도서와 은괴를 들고 철수했다.

11월 5일 뒤늦게 청나라 비자가 도착했다. '군사를 일으키겠다는 프랑스 말은 거짓말이 아니다.' 청나라는 겁에 질려 있었다. 1860년 2차 아편전쟁 때 북경까지 탈탈 털린 터라 사대 본국다운 처신은 불가능했다. 하지만 조선은 승리했다! 순조 때처럼 비단 포상은 못 받았지만, 조선은 "서양 오랑캐들에게 곤란을 당할지언정 절대로 시행할 수 없다"고 답했다.[337]

### "일본이여 조심하시게"

"서양 배 30여 척이 백성을 살해하고 책들을 약탈해갔다. 여러 성을 습격했는데 성을 지키는 장수들에 의해 격퇴 당했다. 저 오랑캐들이 장차 사단을 일으키려는 것이다."[338]

병인양요 종료 사흘 뒤 조선 정부가 일본 막부에 보낸 전문이다. 1811년 끝난 통신사 외교 이후 55년 만에 이뤄진 공식 통보였다. 전문이 이렇게 이어졌다.

"귀국은 방비를 갖추고 변란에 대처하고 있는가?"

부끄럽고 땀이 솟구치는 질문이었다. 이미 12년 전 일본이 개항했다는 사실도, 미국과 유럽으로 청년들이 집단으로 유학을 간 사실도 조선 수 뇌부는 전혀 알지 못했던 것이다.

## 장엄하고 처참했던 신미양요

1871년 6월 1일, 그 미국 함대가 강화도 앞바다에 나타났다. 미군은 통상을 요구하다 강화도에 포격을 하고 돌아갔다. 함대 총사령관은 일본 을 개항시킨 페리 제독의 외손자 로저스 제독이었다. 미군은 강화도 초 지진을 시작으로 덕진진, 광성보를 초토화시켰다.

장엄하였다. 미군 기록에 따르면 '호랑이 사냥꾼 출신인 조선군은 돌 멩이와 칼, 창, 흙을 던지며 죽을 때까지 싸웠다.'[339] 작전에 참전했던 미 해군 소령 윈필드 슐리Winfield Schley는 이렇게 기록했다. "조선군은 필사 적인 용기로 싸웠다. 그들은 아무런 두려움 없이 제자리를 지키며 영웅 적으로 죽어갔다. 그 어떤 나라 사내들도 이들처럼 가족과 국가를 위해 싸우지 못했을 것이다."[340]

장엄했으되, 처참하였다. 전투 종료 후 들판에는 조선군 전사자 243명 시신이 연기를 날리며 쌓여 있었다. 바다에는 100여 시신이 떠 있었다. 조선군 전사자들이 입은 아홉 겹 누비솜 방탄복은 여전히 불타고 있었 다. 대원군 때 개발한 방탄복 면제배갑綿製背甲은 너무 두꺼워 병사들 동작 도 어렵게 만들었을 뿐 아니라 미군이 소지한 레밍턴 소총 탄환은 막지 도 못했다. 솜에 박힌 탄환은 병사가 죽을 때까지 솜덩이 옷 내부를 활활 불태웠다. 48시간 작전이 종료됐을 때 손돌목돈대 주변에는 '9인치 포에 맞아 숯처럼 타버렸거나 흰 옷 위로 선혈 낭자한 200여 조선 병사 시신 이 흩어져 있었다.'[341] 미군 전사자는 3명이었고 부상병은 10명이었다.

1871년 신미양요 때 강화도 광성보에서 미군에 전멸한 조선군(왼쪽). 미군은 이곳에서 사령관 어재연의 깃발 '수자기(帥字旗)'를 노획했다(오른쪽). /폴게티박물관

세상천지가 바뀐 지 30년이 지났다. 병인양요를 통해 서양 군사력을 경험한 것도 불과 5년 전이었다. 하지만 조선군은 여전히 함포 사격은 물론 곡사포와 대포 사격에 대비하지 않았다. 장엄했던 신미년 병사들은 지금 광성보 신미의총에 묻혀 있다. 이들의 희생은 누가 보상해야 하는가. 3년 뒤 고종과 영의정 이유원이 어전회의에서 이런 대화를 나눴다.

"서양인이 만든 무기들은 모두 제갈량이 쓴 '무비지武備志'에 실려 있습니다. 연전에 또 양요를 겪어 서양놈들 장점과 단점을 남김없이 잘 알고 있으니, 오늘날 군병을 임진년 왜란 당시에 비교하면 도리어 나은 데도 있다고 봅니다."[342]

산업혁명이 만든 학살무기의 실체를 제갈량 책에서 찾고 신미양요를 임진왜란과 비교하고 앉아 있으니, 아편전쟁 때 "아무 일 없다"고 안심하던 그 작태에서 조금도 벗어나지 못한 정신 나간 사람들이었다. 이 어전회의가 끝나고 정확하게 1년 2개월 뒤 일본 군함 운요호가 강화도를 무자비하게 포격했다. 300년 전 임진왜란보다 나은 군병으로 자만하고 있던 조선 권력자에 대한 역습이었다.

미국은 조선 개항에 실패했다. 조선은 쇄국에 성공했다. 조선의 정신 승리였다. 전투가 종료되고 미군이 퇴각한 바로 그날 조선 정부는 전국 교통 요지에 5년 전 대원군이 선언한 척화의 뜻을 새겨 비석을 세우도록 지시했다.[343] 1871년 양력 6월 12일이었다.

## 근대국가의 문, 이와쿠라사절단

6개월 뒤인 1871년 양력 12월 23일, 일본 요코하마항에서 미국 국적 화륜선 아메리카호가 샌프란시스코로 출발했다. 배에는 외무대신 이와쿠라 도모미岩倉具視를 비롯한 고위 관료와 유학생 107명이 타고 있었다. 사절단 이름은 단장 이와쿠라 이름을 따서 '이와쿠라사절단'이라 했다. 그때 일본 한 해 예산은 5,773만 엔이었고, 이들의 여행 예산은 50만 엔이었다. 국가예산 1%가 투입된 고관대작 호화 여행단이었다.

1854년 미국을 시작으로 일본이 서양과 맺은 조약은 불평등했다. 이와쿠라사절단의 공식 목적은 역사적인 기독교 박해에 대한 오해 해소와 조약 개정이었다. 그런데 당시 태정대신(국무총리) 산조 사네토미三條實美 송별사에는 비장미가 스며 있었다.

"앞날의 대업 성공 여부가 이 출발과 그대들에 달려 있다. 사명을 완수해야 한다. 가라. 바다에서 증기선을 옮겨 타고 육지에서 기차를 갈아타며 만 리 각지를 돌아 그 이름을 사방에 떨치고 무사히 귀국하기를 빈다."[344]

외부 충격과 내부 갈등을 거쳐 천황 메이지明治를 구심점으로 근대국가 건설작업이 시작된 때였다. 지역 다이묘들이 권력을 쥐던 각 번藩을 행정 단위인 현縣으로 격하시키고 일본은 중앙집권국가가 되었다. 외교권과 군사력은 중앙에 독점됐다.

하지만 천황은 상징일 뿐, 실질적인 작업은 젊은 각료들이 주도했다. 이들은 샌프란시스코에서 미 대륙을 횡단하고 대서양을 건너 영국과 프랑스와 벨기에와 네덜란드와 독일과 러시아와 덴마크와 스웨덴과 이탈리아와 오스트리아와 스위스, 그러니까 크고 작은 모든 유럽 국가를 돌아보고 1873년 9월 13일 요코하마로 돌아왔다.

### 사활을 건 근대화

수뇌부 절반이 빠져나갔다. 외무부장관을 비롯해 국장급 공무원 47명이 사절단으로 출국했다. 실세 정치가와 국장급 공무원이 대거 사절단원으로 나가버린 그 2년 동안 정부는 '유수留守 정부'라 불렸다. '남아서 자리 지키고 있는' 정부라는 뜻이다. 기시감이 느껴지지 않는가.

그만큼 그때 일본은 사절단에 목숨을 걸었다. 장장 1년 10개월에 걸친 여행에서 조약 개정은 실패했다. 대신 사절단은 근대의 풍경에 충격을 받았다. 한 나라는 철포를 받아들이고 한쪽은 그 철포를 거부했던 아찔했던 장면이 떠오른다.

충격은 컸다. 단장 이와쿠라는 일본적인 것들에 대한 고집과 신념이 있는 사무라이였다. 그래서 첫 기항지인 샌프란시스코에서 이와쿠라는 다른 사람들과 다르게 일본 전통 복장과 상투를 하고 기념사진을 찍었다. 한 달 뒤인 2월 26일 대륙 동쪽 시카고에서 이와쿠라는 상투를 잘라버리고 양복을 입었다. 난생 처음 본 근대의 충격은 그렇게 거대했다.

사절단은 자기 분야의 충격을 꼼꼼하게 관찰하고 묻고 기록했다. 영국 신문 〈타임스The Times〉는 "세계에서 전례가 없는 중대한 실험을 하고 있

1872년 1월 23일 미국 샌프란시스코 사진관에서 촬영한 이와쿠라사절단 수뇌부(왼쪽). 가운데 대표인 이와쿠라 도
모미는 서양 구두에 일본 전통 의상과 상투를 하고 있다. 한 달 뒤인 2월 26일 시카고에 도착한 이와쿠라는 상투와
전통 복장을 버렸다(오른쪽). 근대가 던진 충격이었다. 메이지 정부의 실세들로 구성된 이와쿠라사절단은 1년 10개
월 동안 12개국을 순방하며 부국강병의 각론(各論)을 배웠다.

다"고 했다.[345]

유럽 근대화는 아래에서 위로의 혁명으로 시작한 실험이었다. 지배세
력이 스스로 구체제를 허물며 혁명을 하려는 일본이 그들에게는 경이로
워 보인 것이다. 미국 워싱턴에 도착했을 때 하원의장이 의회에서 이렇
게 이들을 환영했다.

"정복과 약탈을 꿈꾸며 아메리카대륙에서 서쪽으로 향한 우리들의 진로
가 일본에서 동으로 향한 역류와 맞닥뜨렸다. 그 흐름은 전리품을 추구하
는 것이 아니고 보다 빛나는 평화의 승리를 구한 것이었다. 이 두 흐름이
적절한 때를 만나 위대한 태평양 연안에서 합류한 것이다."[346]

정부에 복귀한 지도자들은 영국에서 취한 산업과 미국에서 취한 언론
과 스위스의 교육과 독일의 법률을 그대로 정책에 적용했다. 영국에서는

광업을 배웠다. 산업혁명 기초가 석탄과 철에 있음을 이들은 깨달았다.

영국 부의 기반은 광업에서 발생하는 이익이었다. 영국 국내의 철과 석탄 생산 규모는 세계 최대수준이었다. 영국인은 이 두 가지 자원을 이용해서 증기기관, 증기선, 철도를 발명하고 화력으로 증기를 돌림으로써 경제력을 키워 방직과 해운에서 독점권을 소유한 결과 세계로 웅비하는 나라가 되었다.[347]

독일에서는 갓 독일을 통일한 프로이센 재상 비스마르크를 만났다. 비스마르크는 이들에게 '아주 중요한' 충고를 준다.

"지금 국제간 '만국공법(국제법)'은 모든 나라의 권리를 보전하는 법전이라고 말하기 어렵다. 소국은 이 법을 지키려고 노력하는 데에 반해 강대국은 자기에게 불리하면 군사력을 동원해 이를 무시한다. 약소국은 자주의 권리를 유지하지 못한다. 이것이 내가 약소국에서 태어나 그 상황을 잘 알게 된 것이며 가장 깊이 이해하는 부분이다."[348]

그리고 이들이 찾아낸 서양 근대화의 힘은 교육이었다. 사절단이 정치 및 경제 분야 이외에 관심을 기울인 분야는 교육 부문이었다. 미국을 방문하는 동안 사절단 부사였던 기도 다카요시木戶孝允는 사절단원인 다나카 후지마로田中不二麿로 하여금 특별시찰반을 이끌고 미국 교육제도를 자유롭게 조사하도록 지시했다. 또한 모리 아리노리森有礼는 미국의 주요 교육자들에게 서한을 보내 물질적 번영과 국민의 도덕적 상황에 미치는 교육의 영향에 대해 답변을 구했다.[349]

메이지 정부는 사절단 복귀와 함께 광업 진흥을 통해 국부 성장정책에 돌입했고, 즉시 전 국민을 상대로 보통교육을 실시했다. 그리고 세상은 '만인 대 만인의 투쟁'이라는 냉혹한 국제질서에 도태되지 않기 위해 강력한 군사력 강화작업에 돌입했다.

조선 정부는 그런 나라에 "방비가 돼 있냐"고 물은 것이다. 300년 추론 학습을 마치고 미적분을 끝낸 수험생에게 이제 막 인수분해 공식을 암기한 동급생이 공부 잘하라고 충고를 던지고 자기는 교과서를 덮어버린 것이다. 그리고 그 수험생은 '2000년 이상 지켜온 사회모델을 해체하고 지위를 스스로 포기한 채 중대한 사회혁명을 시작할 참이었다.'350 그 중대한 사회혁명 이름이 일본의 근대화 작업, '메이지유신明治維新'이다.

1844년 조슈 하기에서 만든 대포. 조슈와 서양제국 사이에서 벌어진 시모노세키 전쟁 때 해안부대에 설치됐던 대포다. /시모노세키시립역사박물관

# 메이지유신과 목숨을 건 혁명가들

일본은 근대화에 성공해 강국 대열에 합류했다. 조선은 일본의 강국 건설 과정에서 제물이었다.

왜 한 나라는 다른 나라의 심장을 도려내 제단에 올려놓았고, 왜 한 나라는 제사상에 올라야 했는가. 서기 1543년 철포에 대한 선택에서부터 엇갈린 두 나라 운명이 300년 뒤 한갓진 일본 시골 동네에서 재회한다. 훗날 조선을 식겁하게 만든 이 동네 이름은 조슈번長州藩 하기萩다.

## 시골 서당 쇼카손주쿠 동창생들

1858년 어느 날 동네 훈장이 운영하는 서당에서 청년들이 공부를 한다. 여섯 평짜리 서당 기둥에는 그날그날 뉴스가 적힌 '히지초모쿠[飛耳長目, 비이장목]' 공책이 걸려 있다. 히지초모쿠는 '멀리 듣고 멀리 보는 관찰력과 견문'을 뜻한다. 대개는 다다미방에 앉아 있는데 가끔 문턱 밖에 서

대한민국 징비록

1857년 조슈번 하기 시에 요시다 쇼인(吉田松陰)이 만든 사립학교 쇼카손주쿠(松下村塾). 쇼인은 이 서당에서 존왕양이와 막부 타도를 내건 혁명가집단을 길렀다. 1년 2개월 남짓 운영된 이 학교에서 일본 근대사의 핵심 세력이 배출됐다. 오른쪽은 하기에 있는 요시다 쇼인 동상.

서 강의를 듣는 아이도 있었다. 학교 이름은 '쇼카손주쿠松下村塾'다. 사람들은 이 학교 학생들을 '난민亂民'이라 불렀다.[351]

그럴 만했다. 스물여덟 먹은 훈장 요시다 쇼인吉田松陰은 문제가 많았다. 1851년 나이 스물한 살에 번주 허가 없이 에도와 일본 동북쪽 땅을 여행하는가 하면(당시 일본에서는 허가 없이 주민들이 자기 소속 번을 벗어날 수 없었다), 1853년 미국 페리 함대가 흑선을 몰고 오자 밀항을 시도하다 실패해 체포되기도 했다.

14개월 옥살이 끝에 출옥한 이 망나니 교장 선생에게 학부형 그 누구도 자기 아이를 맡길 까닭이 없었다. 1년 하고 두 달 운영됐던 난민 학교에 등교한 학생은 모두 90명 정도다.

부모 눈을 피해 야밤에 통학했던 청년은 이름이 다카스기 신사쿠高杉晋作다. 신사쿠는 쇼인으로부터 국가를 배웠다. 국가 건설을 위해 필요하다면 학파를 초월해 모든 가치를 동원하여 실천했다. 신사쿠는 '화한란인和漢蘭人'이라 불렸다.[352] 란가쿠가 가르쳐준 실용, 중국 철학[漢]이 전수해준 도덕률, 일본적인 가치[和]를 가리지 않은 인물이었다.

1866년 막부가 조슈를 정벌하려던 2차 조슈-막부 전쟁에서 신사쿠는 4,000 조슈 군사를 이끌고 15만 막부군을 격파했다. 구체제를 고집하는 막부에 결정적인 일격이었고 메이지유신으로 가는 최대 장애물을 제거한 싸움이었다. 전광석화 같은 그의 실천력이 없었다면 메이지유신은 불가능했다.

한 동네 살며 요시다에게 배웠던 기도 다카요시木戸孝允 또한 오쿠보 도시미치大久保利通, 사이고 다카모리西郷隆盛와 함께 메이지 '유신 3걸'로 불리는 혁명 주역이 되었다.

사무라이들 눈치를 보며 문지방 밖에 서서 강의를 듣던 천민 출신 청년들 이름은 야마가타 아리토모山縣有朋와 이토 슌스케伊藤俊輔다. 이곳 1년이 학력의 전부인 야마가타 아리토모는 훗날 일본 육군을 창설하고 초대 총리가 되었다. 역시 쇼카손주쿠 수업이 전부인 이토 슌스케는 메이지유신을 성공적으로 완성하고 총리가 되었다. 그가 조선의 원흉, 이토 히로부미伊藤博文다.

소름 끼치지 않는가. 일본의 영웅들, 그리고 조선의 원흉들이 이 작은 마을 하기의 이 작은 서당 동문들이라니.


### 260년을 기다린 복수극

임진왜란 직후인 1600년 10월 21일, 동서로 갈라진 일본에 세키가하라関ヶ原 전투가 벌어졌다. 단 하루 만에 끝난 이 전투에서 도쿠가와 이에야스를 지지하는 동군이 도요토미 세력을 지지하는 서군에 승리했다. 서군에 가담했던 모리 데루모토毛利輝元는 히로시마 너른 평야에서 척박한

하기에 있는 고성(古城) 유적. 1600년 세키가하라 전투에서 도쿠가와 이에야스의 적군으로 싸웠다가 변방으로 쫓겨난 모리 가문이 만든 성이다. 복수를 벼르던 조슈번 번주와 무사들은 260년 뒤 도쿠가와 막부를 타도하고 메이지유신을 주도했다. 1874년 '폐번치현'을 주도한 조슈번은 권력을 천황에게 넘기고 성을 파괴했다. 성은 복원되지 않은 채 폐허로 남아 있다. 260년 만의 복수극이며 동시에 근대국가 일본을 만드는 혁명이기도 했다.

북서쪽 해안으로 쫓겨났다. 그곳이 지금의 야마구치현山口縣 하기다.

　권력과 영토를 잃은 모리 가문은 북쪽 바다에 솟은 산기슭에 동북쪽 막부 방향으로 성을 쌓고 도쿠가와 막부에 이를 갈았다. 해마다 신년이면 하기성에서는 "올해는 막부를 쳐야 하지 않겠습니까?" "아직 기다리자"는 대화가 국민의례처럼 오가고 정식 다례를 시작했다는 전설이 남아 있다. 260년 뒤 그 조슈번이 도쿠가와 막부를 타도하고 천황을 옹립한 주역이 되었다. 조슈번 차원에서 메이지유신은, 복수였다.

## 조슈번의 큰 그림, 존왕양이와 국가주의

1840년 아편전쟁에서 청이 영국에 참패했다. 대항해시대를 거쳐 과학혁명과 산업혁명으로 무장한 서구 제국주의가 아시아를 완전히 역전했다. 1801년 영국 페이튼 함대를 시작으로 무장 함선이 일본에 출몰했다. 1853년 미국 페리 함대가 에도 앞바다에서 함포를 쐈다. 1863년 영국 함대가 가고시마항을 불바다로 만들었다. 막부와 난벽 영주 나베시마 나오마사(사가번)와 시마즈 나리아키라(사쓰마번)가 앞장서서 용광로를 만들고 군함과 대포를 만들었고 영국과 미국으로 유학생과 견문단을 보내 유럽을 배웠다. 보낸 이유는 명쾌했다. '약하면 먹힌다.'

조슈의 각성은 조금 달랐다. 서양에 무릎 꿇는 막부를 목격한 조슈 지도자들은 막부 타도를 계획했다. 260년 만에 찾아온 복수의 기회이기도 했고 동력이 끊겨가는 일본을 개혁할 기회이기도 했다. 단순한 강병책이 아니라 혁명적인 제도 개혁이 필요했다. 그 기회를 찾아낸 사람이 망나니 교장 요시다 쇼인과 제자들이었다. 쇼인 교장이 하는 강의는 젊은 '난민'들 심장을 뛰게 하는 바가 있었다.

성현의 말을 따라 충효심을 기르고, 나라를 위협하는 해적海賊을 멸하자.

이름 하여 '존왕양이론尊王攘夷論', 왕을 앞세우고 오랑캐를 배척하자는 뜻이다.

서양 제국주의에 위협받는 아시아 국가들 꼬락서니는 히지초모쿠를 통해 매일 업데이트되고 있었다. 미국 함포 사격에 강제로 개항 당한 일본의 미래를 망나니 교장 쇼인은 이 난민들에게서 찾으려 했다. 번들이 경쟁하며 재산과 군사력 강화 경쟁을 벌일 때, 쇼인은 난민 제자들에게

번이 아니라 왕으로 상징되는 국가, 일본을 강조하며 부국강병의 비전을 제시했다. 힘을 먼저 기르기 전에는 서양 세력을 무작정 배척[攘夷]할 수 없다는 것이다.

## 다카스기의 각성

1854년 요시다 쇼인은 에도에서 두 번째 내항했던 페리 함대를 목격했다. 번을 이탈해 전국을 주유하며 각 번의 학자들에게 세상을 배우고 난 이후였다. 엄청난 무력에 압도된 쇼인은 즉각 함선에 올라 미국으로 보내달라고 요구했다. 요구는 거부됐다. 그는 체포돼 하기로 압송됐다. 번주 모리 다카치카毛利敬親는 번번이 법을 어기는 범죄인 쇼인을 처형하지 않고 살려주곤 했다.

1859년 막부는 막부 요인 마나베 아키카쓰間部詮勝 암살 기도 사건으로 요시다 쇼인 목을 베어버렸다. 1년 2개월이라는 짧은 기간 그에게 배운 제자들이 조각난 시신을 운구해 장례를 치렀다. 그리고 그들은 각성覺醒을 했다.

1862년 4월 27일, 쇼인의 수제자 다카스기 신사쿠가 청나라 상해로 파견됐다. 목적은 제국주의 서양 세력에 내몰리고 있는 청나라 정세 파악이었다. 도착 직후 신사쿠는 상해 외곽에서 들려오는 포성을 들었다. 태평천국의 난을 진압하는 연합군 포성이었다. 5월 21일 신사쿠가 일기를 쓴다.

"상해는 중국 땅임에도 외국인이 중국인을 부려 먹는다."

이틀 뒤 또 일기를 쓴다.

"영국인이 다리를 만들어 통행료를 받고, 공자묘에 영국군이 병영을 구축했다. 너무도 개탄스럽다."[353]

연속된 충격은 위기감으로 바뀌었다. 위기감은 일본의 총체적 개혁이 필요하다는 자각으로 바뀌었다.

### 조슈 5걸의 밀항

1858년 막부는 서양 국가와 연속적으로 개항조약을 맺었다. 이에 당시 천황 고메이孝明는 무기력한 개항을 반대하며 각 번에 양이 전쟁 개전을 선언했다. 1863년 5월 10일 존왕양이를 주장하던 조슈 해군이 시모노세키 앞바다를 봉쇄하고 서양 상선을 포격했다. 전쟁이 벌어지고 조슈가 판정패했다.

왜 졌는가. 패인은 군사력 열세였다. 한창 전쟁이 벌어지던 바로 그달 12일 조슈번은 무사 계급 다섯 명을 영국으로 밀항시켰다. 겉으로는 과격한 양이攘夷였지만 속에는 그 양놈 오랑캐로부터 근대를 배우겠다는 본심이 숨어 있었다. 막부 허가 없는 도항은 반역이었다. 하지만 강병에 대한 욕구가 더 컸다. 도항 요청은 요시다 쇼인의 제자들이 했다. 제자들은 스승이 불 지핀 '개화를 통한 혁명'을 꿈꿨다.

6월 27일 이토 히로부미, 야마오 요조山尾庸三, 이노우에 가오루井上馨, 엔도 긴스케遠藤謹助, 이노우에 마사루井上勝가 요코하마에서 영국 화륜선에 올랐다. 이들은 에도에 있는 조슈번 사무실에서 공금을 훔쳐 경비로 썼다. 이들은 사무실에 "부정하게 돈을 가졌으나 살아 있는 무기로 돌아오겠다"고 편지를 남겼다.[354]

긴 항해 끝에 런던에 도착했을 때, 이들은 고층빌딩과 기차와 가스등이 즐비한 야경에 충격을 받았다. 군사력을 강화해 서양에 맞서려던 계획은

대한민국 징비록

1863년 6월 27일 영국으로 밀항한 조슈(長州) 유학생 5명. 이토 히로부미(伊藤博文), 야마오 요조(山尾庸三), 이노우에 가오루(井上馨), 엔도 긴스케(遠藤謹助), 이노우에 마사루(井上勝·오른쪽 위부터 시계 방향).

그 순간 사라지고, 두려움이 엄습했다. 대적할 상대가 아니었던 것이다.

런던칼리지대학교에 갓 입학했을 무렵 조슈번이 2차 시모노세키 전쟁을 준비한다는 소식이 들려왔다. 이토 히로부미와 이노우에 가오루는 "이길 수 없는 전쟁"이라며 급거 귀국했다. 다섯 모두 귀국하려 했지만 이토가 "미래를 위해 누군가는 배워야 한다"고 말렸다. 귀국 도중인 1864년 8월 전쟁이 터졌다. 조슈번은 참패했다.

정전협상은 다카스기 신사쿠가 맡았다. 신사쿠는 "조슈군은 명령대로 했을 뿐"이라며 배상 책임을 막부에 돌렸다. 결국 배상은 막부가 했고, 다시 한 번 막부 권위는 추락했다.

### 쇼카손주쿠의 사내들과 조선

'조슈 파이브' 혹은 '조슈 5걸'이라고 불리는 런던 유학생들은 세상을 뒤집어엎고 새로운 일본을 만드는 혁명을 주도해나갔다. 이들을 비롯해 요시다 쇼인의 쇼카손주쿠 출신 인물들은 근대 일본이 부국강병을 이루는 데 주역이었다.

동시에 조선을 희생시킨 주역들이다. 이노우에 가오루는 청일전쟁과 민비 살해사건 때 조선 공사였다. 야마가타 아리토모는 청일전쟁 당시 조선주둔군 사령관이었다. 이토 히로부미는 초대 조선 통감이었고 을사조약 체결 당사자였다. 가쓰라 다로桂太郎는 을사조약 당시 총리였다. 가쓰라는 미국 육군장관 태프트와 함께 필리핀과 조선을 서로에게 '양보하는' 가쓰라-태프트 밀약을 맺은 인물이다. 조선 지도자들이 10년만 일찍 근대화에 눈을 떴어도 벌어지지 않을 수도 있던 일이었다. 근대 일본의 영웅이 조선에는 용서할 수 없는 흉적인, 이 모순의 원인은 무엇이었을까.

## 다카스기의 헌신과 회천 거병

조슈번의 거듭된 반反 막부 과격행동에 막부는 조슈 정벌 전쟁을 준비했다. 1864년 35개 번 15만 병력이 출정한 첫 번째 전쟁은 조슈가 항복하며 무혈로 끝났다. 1866년 두 번째 전쟁 주역은 1차전 항복 협상을 주도한 다카스기 신사쿠였다.

조슈번 지도부는 절대적인 군사력 열세에 전쟁을 포기했다. 그때 시모노세키 옆 작은 절 고잔지功山寺에서 거병한 신사쿠는 동서남북에서 밀려오는 막부군을 완파했다. 신사쿠는 사무라이에게만 인정되던 무장 전쟁 권리를 평민에게도 부여하고, 무사와 평민 혼합군인 '기병대奇兵隊'를 이끌고 나가 승리했다. 서양에 무릎 꿇고 조슈번에 무릎을 꿇은 막부는 이후 힘을 잃었다.

신사쿠의 쿠데타는 '하늘을 돌린다'는 '회천 거병回天擧兵'이라 불린다. 그의 선언대로, 신사쿠는 일본 구체제 위에 떠 있던 하늘 빛을 완전히 신세계로 돌려버렸다.

회천 거병은 혁명 세력이 정국을 휘어잡는 결정적인 계기였다. 1차 조슈 정벌 전쟁에서 막부 주력군이었던 사쓰마도 조슈와 함께 막부 타도 연합전에 뛰어들었다. 이듬해 다카스기는 폐결핵으로 죽었다. 스물여덟

살이었다.

1867년 11월 9일, 일본 도쿠가와 막부가 천황에게 통치권을 반납했다. '대정봉환大政奉還'이라고 한다. 임진왜란 직후인 1600년 도쿠가와 이에야스가 권력을 잡은 이래 267년 만이었다. 점진적인 개혁을 막부 주도로 추진하되 구체제는 유지하겠다는 계획이었다.

막부에게 선수를 빼앗긴 유신 지사들은 곧바로 천황 명의로 왕정복고王政復古를 선언했다. 천황 메이지明治가 실질적인 일본 왕이 되었다. '메이지明治' 연호가 시작된 1868년은 메이지유신의 공식적인 시작이었다.

그리고 아주 피비린내 나고 끔찍한 내전을 거쳐 1869년 7월 25일 반半독립국이던 각 번藩은 토지와 백성을 천황에게 반납했다. '판적봉환版籍奉還'이다.

또 숨 막히는 갈등이 벌어지고 1871년 8월 29일 메이지는 봉건영주들의 영지인 261개 번을 행정단위로 격하하고 지사를 중앙에서 파견했다. 서기 1543년 철포를 받아들인 이래 300년 넘게 진행해온 변혁 시리즈의 마지막 회였고 군국軍國 일본의 서막이었다.

1874년 메이지 정부는 각 번의 성을 철거했다. 첫 번째로 성을 부순 곳이 야마구치현, 바로 옛 조슈번이었다. 지금도 옛 하기성은 축대만 남고 폐허로 남아 있다. 274년 전 원수를 갚고, 혁명 완수와 함께 혹시 떠오를 옛 권력의 향수마저 지워버린 것이다.

### 목숨을 건 혁명가들

일본 야마구치현 하기 시에 있는 기도 다카요시 생가 대들보에는 '사이후이死而後已'라는 낙서가 적혀 있다. '죽어야 그친다'는 뜻이다. 논어 태백편에 나온다. 목숨을 건다는 말이다. 기도는 사이고 다카모리, 오쿠보

하기에 있는 기도 다카요시(木戸孝允) 생가 대들보에 기도가 적어놓은 '死而後已(사이후이·죽어야 그친다)'. 목
숨을 걸고 대업을 이룬다는 뜻이다. 기도 다카요시는 메이지 유신을 완성하고 병사했다.

도시미치와 함께 메이지유신 3걸로 불리는 혁명가다. 간신배는 목숨을
걸지 않는다. 바로 그 목숨을 위해 나라를 버린다. 혁명가, 지사는 목적을
위해 목숨을 건다.

### 풍운아 사카모토 료마

바다를 내려다보는 나가사키 가자가시라 공원에는 사카모토 료마 坂本
龍馬 동상이 서 있다. 동상까지 오르는 가파른 골목길에는 료마의 캐릭터
그림들이 붙어 있다. 이 골목길은 '료마의 길'이라고 불린다. 사카모토 료
마. 사쓰마번과 조슈번의 동맹인 '삿초동맹薩長同盟'을 성공시키고 막부가
자발적으로 통치권을 천황에게 돌려준 '대정봉환大政奉還'을 설득한 사람
이다. 삿초동맹은 메이지유신의 가장 강력한 엔진이었고 대정봉환은 구
체제 붕괴의 서곡이었다.

료마는 소속 도사번을 탈출한 떠돌이 무사였다. 집안이 부유한지라 일
찌감치 세상을 떠돌면서 속칭 '중2병'적인 글을 쓰고 다니던 반항아였다.
그런데 1853년 에도 앞바다에 들어온 미국 함대를 목격하고 사람이 바
뀐다. 그가 남긴 글에 따르면, 료마는 "일본을 다시 태어나게 하고 싶을
뿐"이라는 생각을 품게 되었다.

도사번으로 복귀한 료마는 이후 막부가 창설한 해군전습소에 입소해
서양 병술을 익혔다.

나가사키 가자가시라(風頭) 공원에 서 있는 사카모토 료마(坂本龍馬) 동상. 오른쪽 깃발은 그가 운영했던 주식회사 '가이엔타이(海援隊)' 깃발이다. 가이엔타이는 가메야마사추의 후신이다. 하급 무사였던 료마는 1865년 서로 원수지간이던 사쓰마번과 조슈번을 극적으로 화해시켰다. '삿초동맹'은 메이지유신의 실질적인 추진 동력이었다. 이어 막부에 권력을 천황에게 돌려주는 대정봉환을 제안해 실현시켰다. 대정봉환 한 달 뒤 료마는 암살당했다. 32세였다. 19세기 말 일본은 목숨을 건 혁명가들이 변혁을 이끌었다.

1864년 사쓰마번으로 활동장소를 옮긴 뒤 료마는 번의 지원 속에 '가메야마사추亀山社中'라는 주식회사를 설립했다. 일본 최초 주식회사였다. 세상을 주유하며 조슈번의 혁명가 기도 다카요시를 만났고 사쓰마의 실력자 사이고 다카모리도 만났다. 어디에도 속하지 않는 이 자유인에게 이들은 친구가 되었다.

페리 함대의 목격, 가메야마사추의 설립, 그리고 혁명가집단과의 친분. 권력이나 금력은 없지만 그는 비전과 인적 네트워크를 통해 세상을 뒤흔들 큰 사건을 일으켰다.

### 료마와 사쓰마—조슈의 연합

요시다 쇼인의 제자들이 힘을 기르고 있던 조슈번은 존왕양이의 땅이었다. 막부를 몰아낸 천황 중심 국가가 목표였다. 1863년과 1864년 조슈번이 시모노세키에서 천황 명을 따라 서양 연합군과 전쟁을 일으켰다. 서양에 나라 문을 열겠다는 막부의 뜻에 반하는 행동이었다. 막부는 조슈 정벌을 계획했고 이에 앞장선 번이 사쓰마번이었다. 사쓰마 또한 개혁을 원했으나, 막부 타도까지는 아니었다.

1864년 천황이 있는 교토에서 사쓰마 군사는 상경한 조슈 군사를 궤멸시켰다. 두 번은 원수지간이 되었다. 그런데 개혁을 위해서는 당시 가장 막강한 이 두 번의 협력이 필수적이었다.

1866년 막부가 조슈를 다시 정벌하겠다고 결정했다. 사쓰마는 "재정벌은 불의不義"라고 반대했다. 이게 두 앙숙 번 사이 화해의 계기였다.

1866년 3월 7일 사카모토 료마 중재로 두 번 사이에 거국적인 회담이 열렸다. 사카모토와 함께 중재역을 맡은 히치카타 히사모토土方久元가 "작은 분노는 국가의 큰 미래를 위해 누르자"고 했으나 회담은 지리멸렬했다. 서로를 믿지 못했다. 실질적인 조건이 필요했다. 사카모토가 실용적인 안을 내놨다. "사쓰마의 군함과 상해에 있는 무기를 사쓰마 명의로 사서 조슈에 주고, 조슈는 남아도는 쌀을 사쓰마에게 군량미로 대시라." 어느 편도 자존심을 꺾지 않고 서로에게 도움을 주고받는 합리적인 제안이었다. 드디어 명분과 실리를 다 갖춘 대안에 합의가 이루어졌다.[355]

영국 유학 도중 귀국했던 이토 히로부미와 이노우에 가오루가 나가사키에서 영국 무기상 글로버와 계약을 맺었다. 돈은 조슈가, 명의는 사쓰마가, 운반은 사카모토 료마의 가메야마사추가 분담했다. 조슈번은 이듬해 4월 29일 사쓰마번에 군량미 500석을 제공했다. 두 번 사이 맹약은 료마가 보증섰다.

그 해 7월 18일, 두 번째 터진 막부의 조슈 정벌 전쟁에 사쓰마번은 응하지 않았다. 조슈번은 해군사령관 다가스키 신사쿠의 활약으로 대승을 거뒀다. 사카모토 또한 조슈 쪽 해군에 참전했다. 이후 조슈번 번주 모리 다카치카와 사쓰마번주 시마즈 히사미쓰島津久光는 구원舊怨을 풀고 혁명 동지가 되었다. 일개 떠돌이 무사에 의해 적들이 반 막부 동맹이 된 것이다.

이듬해 1867년 사카모토 료마는 '선중팔책船中八策'이라는 향후 비전을 완성해 막부에 보냈다. 이 책략 1조가 '천하의 정권을 조정에 봉환한다'였다. 그 해 11월 9일 막부는 통치권을 천황에게 자발적으로 반환했다. 이게 '대정봉환'이다. 이후 구체제는 급속도로 붕괴됐다. 료마는 대정봉환 한 달 뒤 수구파에 의해 암살당했다. 32세였다. 그가 제시했던 국가 비전은 그가 이룬 삿초동맹이 달성했다.

### 선공후사의 희생, 가쓰 가이슈

사카모토 료마를 혁명가로 이끈 사람은 막부 관료 가쓰 가이슈勝海舟다. 료마는 그를 "일본 제일의 인물"이라고 했다. 가쓰 가이슈는 란가쿠에 입문해 항해술과 포술을 익힌 관료였다. 가이슈는 1860년 막부의 견미사절단 부함장으로 미국을 다녀왔다. 가쓰가 쓴 《분언일서慎言―書》라는 책에는 이렇게 적혀 있다.

가쓰 가이슈(勝海舟). 막부 관료였던 가쓰 가이슈는 신정부군을 이끌고 에도로 진격하는 사이고 다카모리와 담판을 벌여, "나라를 생각하라"며 에도 진격을 막고 자진해서 성문을 열었다.

천하의 대권은 개인이 아니라 공공에게 돌아가야 한다.

대정봉환에 이어 1868년 1월 천황의 왕정복고가 이뤄지자 체제 유지를 주장하는 막부파가 전쟁을 일으켰다. 보신전쟁戊辰戰爭이라고 한다. 신정부군은 근대 무기로 무장했고 구체제 막부 세력 주력무기는 전통적인 칼이었다. 사쓰마와 조슈, 사가와 도사번이 연합한 신정부군은 막부 세력을 몰아 에도까지 진격했다.

막부 육군 총재인 가쓰 가이슈는 당시 쇼군 도쿠가와 요시노부德川慶喜에게 직언했다. "막부는 해군력이 있으니 반란군을 이길 수는 있다. 하지만 싸우면 상처는 깊어지고 서양 열강과 싸우는 것은 불가능해져 일본을 지킬 수 없다. 스스로 물러나는 것이 국가를 구하는 길이다." 한 번도 전쟁을 치러본 적이 없던 쇼군 요시노부는 진언을 받아들였다.

1868년 3월 사이고 다카모리가 이끄는 신정부군이 에도에 접근했다. 목표는 에도 초토화焦土化였다. 막부의 강경파들도 결사항전을 다짐하고 있었다. 300년 전 도요토미 히데요시가 끝냈던 전국시대가 재림할 판이었다.

가쓰는 신정부군 총사령관 사이고 다카모리에게 편지를 썼다. "지금은 국민끼리 싸울 때가 아니다. 당신이 현명한 조치를 취하면 에도도, 나라도 구할 수 있지만 판단을 그르치면 나라는 붕괴된다."

4월 5일과 6일 사이고와 가쓰가 담판을 가졌다.

사이고가 단도직입적으로 말했다. "에도를 넘기시라."
가쓰가 말했다. "넘기겠다."
"무기와 탄약도 넘기시라."

"넘기겠다. 단, 바로 무기를 반납하면 강경파가 반발해 전쟁이 터진다. 반납 시기는 늦춰 달라."

5월 3일 막부는 에도 성문을 열었다. 신정부군은 무혈 입성했다. 그리하여 100만 인구가 사는 에도는 전화戰火를 피했다. 두 거인이 '나라'라는 공공선 앞에서 평화를 합의한 것이다. 프랑스대혁명에서는 프랑스 국내 약 60만, 대외 전쟁에서 약 140만, 합계 약 200만 명의 정치적 사망자가 발생했다. 메이지유신기 추정 사망자는 3만 명에 불과했다.[356]

사이고 다카모리는 이후 사쓰마번 무사들이 봉기하자 함께 반군을 일으켰다가 할복했다. 가쓰는 메이지 정부에서 요직을 지냈다. 도쿄 가쓰 가이슈 부부 무덤 옆에는 가쓰 가이슈가 세운 사이고 다카모리 유혼비가 서 있다.

2차 조슈 정벌 전쟁 때 다카스기 신사쿠는 결사대 4,000명을 지휘해 15만 막부군을 패퇴시켰다. 아무도 감히 막강한 막부를 토벌할 생각을 하지 않던 그때 신사쿠가 없었다면 혁명은 불가능했거나 지지부진했다. 그가 남긴 말은 "나라가 바로 되면 죽어서 고생을 맛본다"였다. 신사쿠는 전쟁 승리 다음 해 폐결핵으로 죽었다. 28세였다.

동과 서를 막론하고 역사상 모든 변혁은 잔혹했다. 그 잔혹한 변혁기를 주도한 사람들을 홀린 듯 이끌어간 가치가 '사이후이'였다. '죽어야 그친다'고 했다.

# 유학생들의 대결투, 청일전쟁

남의 나라 장점이 보이면 일본은 어떻게든 배워서 따라한다.
그게 일본의 미풍양속이다.
- 1876년 모리 아리노리森有禮 -

## 영국의 조공과 건륭제의 거부

1792년 9월 26일, 영국 백작 조지 매카트니가 탄 영국 해군 라이언호 HMS Lion가 영국을 출발했다. 배에는 대포 64문이 장착돼 있었다. 목적지는 청나라였고 매카트니 신분은 특명전권대사였다. 라이언호는 이듬해 5월 마카오에 도착했다. 여행 목적은 그해 9월 82세를 맞은 청나라 황제 건륭제 생일 축하였다. 실제 목적은 영국과 청의 국교 수립이었다. 매카트니는 이를 위해 조지 3세가 쓴 친서를 보석함에 넣어 가져왔다.

9월 14일 새벽 3시, 천진에서 축하연이 벌어졌다. 이에 앞서 청 황실은 매카트니 사절단에게 청나라 전통 황제 알현 의식인 삼궤구고두례를 요구했다. 3회에 걸쳐 세 번씩 머리를 땅에 박고 절을 하라는 것이다. 매카트니는 "영국 황제에게도 똑같이 절을 하면 나도 하겠다"며 거부했다.

복잡한 협상 끝에 매카트니는 국서가 든 보석함을 머리 위로 들고 건

룽제에게 바치고, 한쪽 무릎을 꿇고 고개를 숙이는 영국식 의례를 올렸다. 조선과 태국, 베트남에서 온 축하 사절은 이미 아홉 번 절을 하고 난 다음이었다. 조선에서는 북학파 실학자 박지원이 사절로 참석했다.

10월 3일 조지 3세에게 보내는 건륭제 칙서가 나왔다. 한문으로 적혀 있어 매카트니는 읽을 수 없었다. 그날 오후 매카트니는 '5개 항구를 추가로 개항해달라'는 추가 요구 사항을 황제에게 올렸다. 황제는 즉각 또 다른 칙서를 내렸다. 협상 타결의 냄새를 맡은 매카트니는 흥분했다. 귀국길에 오른 매카트니는 영어로 번역된 칙서를 열어봤다.

영국 왕 보아라. 그 먼 곳에서도 천조국의 축복을 받아 이렇게 조공을 들고 대사를 보내주었구나. 나 또한 대사를 통해 선물을 가득 하사했으니 내 정성은 이미 다 보여주었다.

이후에는 이렇게 적혀 있었다.

유럽 야만국가에서 우리 차와 비단을 원하므로 이제껏 조공에 응해줬다. 하지만 천조국은 부족한 물건이 없다. 따라서 교역은 불허한다. 그대의 대사가 무지하여 내 신하들로 하여금 훈계를 하라고 했다. 그대 나라 영국이 이역만리에 외로이 있는지라 대사의 무리한 요구를 용서하노라. 하지만 대사가 말귀를 못 알아들은 듯하여 그대에게 차근차근 설명하겠다.

일곱 항목에 걸쳐 건륭제는 국교 수립과 교역에 관한 영국의 요구를 일체 거절했다. 그리고 조지 3세에게 이렇게 경고했다. '이 명백한 글을 보고도 야만 상인들이 허가된 지역 외에 상륙을 하려 한다면 그들의 길고 긴 여행이 헛된 짓이었음을 알게 되리라. 두려움을 갖고 이 칙서를 준

수하라.'

대영제국 특권대사는 철저하게 우롱당하고 야만인 대접을 받은 것이다. 런던에 돌아간 매카트니는 조롱거리로 전락했다. 귀국길에 매카트니는 일기장에 이렇게 기록했다.

청제국은 무능한 선장이 지휘봉을 잡으면 기강이나 안전은 사라질 배에 불과하다. 금방 침몰하지는 않으리라. 하지만 청나라는 난파한 채 바다를 떠다니다가 산산이 부서져 해변으로 밀려올 것이다. 하지만 그 어떤 방법으로도 청나라라는 배는 재건될 수 없다.[357]

청나라에 몇 달 머물지도 않았고 문자도 몰랐던 영국 백작이 분노 속에 던진 예언은 적중했다. 47년 뒤 1840년 아편전쟁에서 황제의 나라는 영국에 의해 무자비하게 침몰했다. 천자의 천하 조공질서가 영원하리라는 헛된 착각과 자만, 변화에 대한 무지가 초래한 재앙이었다.

### 1876년 이홍장과 모리의 대화

1875년 9월 20일, 일본 군함 운요호가 조선 강화도 초지진을 포격했다. 조약을 맺고 개항을 하라는 무력 시위였다. 1854년 미국 페리 제독의 함포 사격으로 개항을 한 역사적 경험을 그대로 조선에 적용한 것이다.

이듬해 1월 24일 주중 일본공사 모리 아리노리와 청 북양대신 이홍장李鴻章이 청나라 천진에서 만났다. 목적은 조선의 청 속국 여부에 대한 담판이었다. 이홍장은 청 정부에서 개혁파에 속하는 거물이었다. 아리노리는 "전통적으로 중국에 조공을 바치는 조선이 독립국인가 속국인가"라고 물었고, 이홍장은 "맞긴 하나, 내정은 간섭하지 않는다"고 밋밋하게 답했다.

그 순간 일본은 조약 체결은 물론 조선을 침략할 자유도 얻게 됐다.

두 사람은 다음날 양국 개화開化에 관해 대화를 나눴다. 대화는《모리 아리노리 전집森有禮全集》 '두 번째 인터뷰The Second Interview'에 전문이 실려 있다.[358]

이홍장: "중국 개화 상황은 어떻게 보는가."
모리: "멀었다. 이홍장이 서른 명은 있어야 한다."
이홍장: "하하, 우리에게 이홍장이 백 명은 있다."

그리고 이홍장이 물었다. "왜 귀국은 서양 옷을 입는가."
모리가 대답했다. "옛날 옷은 놀기에 좋았지만 열심히 일하는 데는 절대 맞지 않는다. 우리는 가난하고 싶지 않다. 부자가 되기 위해 옛것을 버리고 새것을 취했다."

이홍장이 반격했다. "의복 제도는 조상에 대한 존중 표시다. 만세 후대에 이어야 한다."
모리가 이렇게 대답했다.
"우리 조상이 살아 있어도 똑같이 했을 것이다. 천 년 전 조상들은 중국 옷이 당시 일본 옷보다 우월해서 중국 옷을 택했다. 남의 나라 장점이 보이면 일본은 어떻게든 배워서 따라한다. 그게 일본의 미풍양속이다."

이홍장이 대답했다. "무기, 철로, 전신은 서양이 최고다. 하지만 제도는 개혁하지 않는다."

이 대화에 19세기 동아시아 3국이 다른 길로 걸어간 이유가 다 설명돼 있다. 근대화에 대한 시각은 매우 달랐고, 그 결과는 더 달랐다. 19년 뒤 일본 시모노세키에서 두 나라 관리들이 재회했다. 일본 관리는 양복을 입고 등장했다. 청나라 공무원은 여전히 변발을 하고 있었다.

### 조기유학 프로젝트 '유미유동'

그때 미국에서는 100명이 넘는 청나라 학생들이 서양 기술을 배우고 있었다. 열두 살부터 열다섯 살까지 소년 120명으로 구성된 이들 유학생 이름은 '유미유동留美幼童'이다.

1860년 2차 아편전쟁 때 북경까지 서양 연합군에 털리고 난 뒤, 청에서는 이홍장 주도로 '양무운동洋務運動'이 벌어지고 있었다. 제도는 그대로 두고[中體, 중체] 기술만 수입하면[西用, 서용] 부강해진다는 중체서용 논리였다.

1871년 청 정부는 자비로 미국 예일대 유학을 다녀온 용굉容閎의 상소를 받아들여 청소년 120명을 선발해 미국으로 보냈다. 이들에게 주어진 임무는 군사, 철도, 전신 같은 중국 근대화에 필요한 기술 습득이었다. 이홍장은 '오래도록 큰 효험을 거두려면 직접 선진국으로 가야 한다'고 보수파를 설득했다.

설득은 쉽지 않았다. 사대부들은 오랑캐 나라로 자식들을 보내지 않으려 했고, 과거科擧 과목이 아닌 공부는 더 기피했다. 용굉이 도시를 돌며 유학생을 모집한 결과 '총명하고 예의바르고 용모 단정한' 소년들이 뽑혔다. 이름도 부르기 좋게 개명한 아이들은 똑같은 비단옷을 맞춰 입고 '부채를 쥐고 백로처럼 두 사람씩 짝을 지어' 줄 서서 증기선에 올랐다. 첫 출발은 1872년 8월 11일이었다.

4차에 걸쳐 30명씩 상해에서 출발해 태평양을 건넌 아이들은 미국 동부 코네티컷주 가정집에 분산 배치돼 공부를 했다. 상류사회 집에 하숙하며 명문고에서 공부했다. 차별받던 초기 중국 이민자와 달리 아이들은 쉽게 백인사회에 적응했다. 야구를 배웠고 교회를 다녔고 조정팀 조타수로 뛰었다.

이들은 15년 동안 중고교 과정과 대학, 대학원 과정까지 끝내고 귀국할 예정이었다. 예일대, 하버드, MIT와 컬럼비아, 렌셀러공과대 같은 명문대에 합격한 아이들도 40명이 넘었다.

그런데 10년 만인 1881년 청 정부는 유동들을 본국으로 전격 소환하고 조기 유학 프로젝트를 폐지해버렸다. 예일대 총장 노아 포터Noah Porter가 "뛰어난 성취를 거두고 있는 훌륭한 아이들을 꺾지 말라"고 편지를 쓰고, 당시 대통령 그랜트가 청원서를 보냈어도 소용없었다. 이유는 명쾌했다. '서화西化', 정신이 오랑캐처럼 변했다는 것이다.

아이들은 매주 한 번씩 청 정부가 만든 유학 교과서 《성유광훈聖諭廣訓》을 외워야 했고 석 달에 한 번 감독관이 있는 하트퍼드 본부에서 사상교육을 받아야 했다. 미국 지리, 피아노, 영시 작문 교육은 금지됐다. 1878년 5월 18일 자 미국 〈하퍼스 위클리Harper's Weekly〉에는 이들 유미유동 특집 기사가 실려 있다. 함께 게재된 그림에는 변발을 한 학생들이 변발을 한 교사에게 꾸중을 듣는 장면이 그려져 있다. 교사가 펼친 책에는 '自由'라는 글자가 적혀 있다. 감독관으로 파견됐던 오자등吳子登은 수시로 "학생들이 유가儒家 책을 읽지 않고 나쁜 습속에 물들었다"고 본국에 보고했다.

결국 1881년 9월 9일, 청 정부는 유학생 소환을 결정했다. 이홍장이 감독관 오자등에게 전보를 보냈다. "전신 기술을 배운 학생을 먼저 귀국시킬 것."

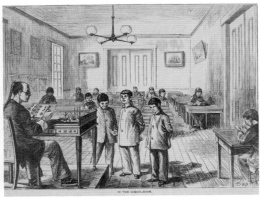

청나라 유학생 '유미유동(留美幼童)'들을 다룬 1878년 5월 18일자 미국 〈하퍼스 위클리〉 지면. 수업 장면 그림에는 변발을 한 학생들이 변발을 한 교사에게 꾸중을 듣는 풍경이 표현돼 있다. 교사가 펼친 책에는 '自由(자유)'라는 글자가 적혀 있다.

요절했거나 소환을 거부한 아이들을 제외하고 94명이 청으로 돌아왔다. 청 정부는 이들을 해군학교, 전신학교 등지로 임의 배치해 재교육을 시켰다. 10년을 허비한 것이다.

### 써먹지도 못한 기술

이후 나라는 퇴화했다. 1889년 유동 중 한 명인 양여호梁如浩는 천진 부두에 도착한 화물선에서 뭍으로 옮겨지는 열차들을 목격했다. 운하를 통해 북경 인근으로 옮겨진 열차는 서태후가 있는 궁궐 서원西苑으로 이동했다. 그런데 열차는 기관차가 아니라 누런 깃발을 흔드는 환관들이 끌고 있었다. 구체제가 기술을 구체제 방식으로 옮기고 있는 것이다. 기술을 도입해놓고 구악舊惡이 그 기술을 짓누르고 있었다.

중국은 이후 제국주의 열강에 의해 나라가 과일처럼 쪼개졌다[瓜分, 과분]. 부서지는 나라를 보며 제정신을 차린 청 정부는 1901년 '광서신정光緒新政'을 통해 개혁을 시도했다. 그제서야 청 정부는 유동들을 하나둘씩

1890년 12월 25일, 성장한 모습으로 만난 유미유동들. 유학생 프로젝트가 미완으로 끝나고, 이들은 근대적 지식을 활용하지 못한 채 세월을 보내야 했다.

등용하기 시작했다. 잃어버린 세월이었다.

1905년 러일전쟁에서 일본이 승리했다. 지식인들은 "입헌立憲이 전제專制를 이겼다"고 주장했다. 전제로 낙인찍힌 정부는 그제야 입헌 개혁안을 내놨다. 늦었다. 1911년 청 제국은 신해혁명으로 멸망했다. 썩어 문드러진 몸을 놔두고 두터운 분칠 몇 번으로 병을 고친 척하다 목숨을 잃고 만 것이다.

### 유학생의 전쟁 1편_청일전쟁

그 사이 청은 1884년 청불전쟁과 1894년 청일전쟁을 겪었고 1904년 러일전쟁을 목격했다. 양무운동 기간 막강한 해군력을 확보한 청이었지만 서양 오랑캐 프랑스를 이길 수 없었고, 서양 오랑캐를 그대로 학습한 일본을 앞설 수 없었다. 중체中體, 구체제를 버리지 못한 탓이다. 청불전쟁에는 해군학교를 나온 유동 6명이 참전했다. 이 가운데 4명이 전사했다.

1894년 7월 25일 조선 아산만 풍도 앞바다에서 청과 일본 군함들이 맞붙었다. 동학농민혁명을 진압하겠다며 조선 국왕 고종이 청군을 불러들이자 함께 들어온 일본군이 터뜨린 전쟁이었다. 선전포고 없이 일본군 함이 불을 뿜었다.

청일전쟁은 그야말로 유학생들의 전쟁터였다. 일본 사령관 쓰보이 고조坪井航三는 미국에서, 함장 가와하라 요이치河原要一는 독일, 또 다른 함장 도고 헤이하치로東鄕平八郞와 사카모토 하치로타阪元八郞太는 영국과 러시아에서 해군학을 배운 유학생들이었다.

청나라 해군도 유학생이 지휘했다. 함장으로는 옥스퍼드 출신 임이중林履中, 그리니치 왕립해군학교 졸업생 방백겸方伯謙, 그리고 렌셀러공과대 중퇴생 유동 오경영吳敬榮. 일등항해사는 유동 진금규陳金揆와 유동 심수창沈壽昌. 부함장 황조련黃祖蓮, MIT 중퇴생 유동 송문홰宋文翽. 어뢰팀장 서진명徐振朋도 예일대를 다니다 소환된 유동이었다. 모두 유동 7명이 참전해 3명이 전사했다.[359] 청은 패했다.

### 유학생의 전쟁 2편_시모노세키

그 승패는 8개월 뒤 일본 시모노세키에서 그대로 재현됐다. 1895년 3월 20일 시모노세키에 있는 요정 슌판로春帆樓에서 강화협상이 열렸다. 청 대표단은 청 전통복식인 변발과 옷자락 늘어뜨린 장포長袍를, 일본 대표단은 서양 복식을 차려입었다.

첫날 회담을 마치고 숙소로 돌아가던 이홍장이 거리에서 얼굴에 권총 총격을 당해 중상을 입었다. 조카 이경방李慶芳이 대리 전권대사를 맡았다. 일본 측 전권대사는 영국 유학파요 이와쿠라사절단원이었고 독일에서 헌법을 공부한 이토 히로부미였다.

이토 옆에는 외무대신 무쓰 무네미쓰陸奧宗光(영국·미국 유학), 서기관장 이토 미요지伊東巳代治(히로부미와 함께 유럽 헌법 연구), 외무 서기관 이노우에 가쓰노스케井上勝之助(영국 유학)와 통역관 무쓰 히로키치陸奧廣吉(영국 유학)가 배석했다.

이홍장 좌우에는 일등참찬관인 청나라 최초 프랑스 유학생 마건충馬建忠, 영국 유학생인 청나라 첫 법학박사 오연방伍延芳과 나풍록羅豊祿이 배석했다.

청은 조선이 독립국임을 선언하고 일본에 영토 할양과 배상금 2억 냥 지급에 합의했다. 4년 반 치 일본 예산이다. 황제의 대신들이 오랑캐 땅에서 오랑캐에게 수모를 당한 것이다. 얼굴에 붕대를 두르고 회담장에 앉아 있던 이홍장은 틀림없이 그 이유를 알고 있었을 것이다.

'유미유동' 이후 청일전쟁까지 청 정부가 보낸 유학생은 유럽 군사 유학생 94명 외에 단 한 명도 없었다. 1868년 메이지유신 이후 일본 정부가 보낸 유학생은 5년 만에 1,000명이 넘었다.[360]

지금 시모노세키에는 이날을 기념하는 '일청강화기념관'이 124년 전

일본 시모노세키 '일청강화기념관'에 있는 회담 장면 그림. 위쪽 이마가 넓은 사람이 일본측 전권변리대신 이토 히로부미, 아래쪽 오른쪽에서 두 번째 뒷모습이 청나라 전권대신 이홍장이다. 양국 협상단 절대다수가 유학파였다.

시모노세키조약 '일청강화기념관' 내부에 보존돼 있는 강화협정 회담장. 청과 일본이 국운을 놓고 양국 유학파들이 대결한 전쟁터였다.

모습 그대로 복원돼 있다. 기념관 건너 바닷가에는 2005년 세운 '조선통신사 상륙엄류지지' 기념비가 서 있다.

청일전쟁 전쟁터도 조선이었고, 시모노세키에서 운명이 결정된 나라도 조선이었다. 하지만 아산만 풍도 앞바다에서도, 시모노세키에서도 조선은 주인공이 아니었다. 청은 두 사건의 주역이었으나 패배자였다. 결국 일본이 승리했다.

1874년 7월 16일, 청 정부가 조선에 전문을 보내 "일본이 침략할 듯하니 미리 서양과 수교하라"고 권유했다.[361] 조선 조정은 "이미 병인, 신미 양요로 서양의 장단점을 다 안다"며 필요 없다고 답변했다.[362] 이듬해 일본 군함 운요호의 함포 사격에 조선 정부는 식겁하고 나라 문을 열었다. 시모노세키의 풍경은 그때 잉태됐다.

대한민국 징비록

영국 국왕을 측은하게 바라봤던 건륭제의 패기는 시대 착오였다. 복식 제도로 상징되는 변혁에 대한 적극적인 의지, 주먹을 쥐고 발을 내디딘 결기와 실천력의 차이였다. '사이후이', 죽어야 끝을 내겠다는 결기 차이였다.

### 죽어서 끝난 다카스기 신사쿠의 회천

회천 거병으로 일본의 변혁을 주도했던 다카스기 신사쿠는 일본 야마구치현 시모노세키 도교안東行庵에 묻혀 있다. 무덤 아래에는 후배 이토 히로부미가 쓴 현창비가 서 있다. 현창비문 첫 문장은 아래와 같다.

움직이면 번개와 같았고 일어서면 비바람과 같았다.
사람들은 너무도 놀라 똑바로 바라볼 수 없었다.
動如雷電 發如風雨 衆目駭然 無敢正視

히로부미가 본 것은 신사쿠의 결단력과 실천력이었다.

다카스기 신사쿠가 막부군에 맞서 거병한 고잔지(功山寺)의 '회천의거상(回天義擧像)'.

그 도쿄안 입구에 작은 신사쿠 동상이 서 있다. 2014년 3월 제막식 때 당시 총리 아베 신조가 휘호를 남겼다.

高杉晋作像
다카스기 신사쿠상
內閣總理大臣 安倍晋三
내각총리대신 아베 신조

아베 신조安倍晋三의 '신조晋三'라는 이름은 다카스기 신사쿠의 '신사쿠晋作'에서 따왔다. 아베 신조의 지역구는 옛 조슈번인 야마구치현이다. 아베가 가장 존경한다고 하는 사람은 다카스기 신사쿠다. 아베 총리의 아버지인 거물 정치가 아베 신타로安倍晋太郎(1924~1991) 또한 그 이름을 '신사쿠'에서 따왔다. 앞 페이지에 나오는 신사쿠의 '회천의거상' 휘호를 쓴 사람은 기시 노부스케岸信介(1896~1987) 전 총리다. 아베 신조의 외할아버지다. 2019년 현재 일본을 이끄는 사람이 아베 신조다. 긴장해야 하지 않겠는가.

전 총리 기시 노부스케가 쓴 회천의거상 휘호(왼쪽). 오른쪽은 노부스케의 외손자 아베 현 총리가 휘호를 쓴 다카스기 신사쿠 동상.

대한민국 징비록

8장
/

붕괴되는 조선

# 서점 없는 나라 조선

한 나라에서는 눈길 가는 곳마다 문을 연 서점들이
사절단들 자존심을 무자비하게 밟아놓았다.
한 나라에서는 땡볕에서 책장사들이 죽음을 기다리고 있었다.
한 나라는 각성된 백성, 호민豪民이 우글거렸고 한 나라는 없었다.
조선과 일본, 역사는 돌이키기 어려운 격차를 두고 진행되고 있었다.

천하天下는 세계世界로 대체됐다. 중국을 중심으로 한 중화 천하는 붕괴됐다. 코페르니쿠스에 의해 신과 인간의 지위가 역전되고, 철포 전래에 의해 동서 교류의 긴 역사가 진행되는 동안 조선 정치권은 철저하게 나라를 세계로부터 격리시켰다. 붕괴되는 천하와 꿈틀거리는 세계를 목격한 일본 지도자들은 톱니바퀴가 돌아가듯 조금씩 정교하게 일본을 변화시켰다. 열다섯 먹은 다네가시마 도키타카는 몰랐을 것이다. 1543년 가을 그가 구입한 철포 두 자루가 300년 뒤 일본을 어떤 방향으로 이끌었는지.

세기가 바뀔수록 난폭해지는 변화를 일본 대중은 큰 충격 없이 받아들였다. 란가쿠로 상징되는 외부 문명이 가랑비 내리듯 파고든 결과, 일본 대중은 일찌감치 '근대화' '개화'라는 단어에 익숙해져 있었다. 조선 대중은 그렇지 못했다. 그들에게 개화는 악惡이었고 변화는 공포였다.

금속활자를 세계 최초로 발명하고 세계 그 어떤 문자보다 단순하고 과학적이고 실용적인 문자를 소유한 나라의 백성이지만, 그들은 무지했다. 지식을 독점한 역대 조선 정권이, 지식을 통한 대중의 각성을 철저하게 통제한 결과였다. 일본 지도자는 그 지식을 대중과 공유했고, 조선 지도자는 독점했다.

서기 1771년 6월 2일, 양력 7월 13일 여름 아침이었다. 태양별 아래 경희궁 중간문인 건명문 앞에는 남정네들이 우글거렸다. 사내들은 모조리 발가벗고 두 손을 뒤로 묶인 채 나란히 엎드려 있었다. 아침부터 이글거리는 태양 아래 거의 죽게 된 자들이 100명 가까이 되었다. 자빠져 있는 사내들은 '책쾌冊儈'와 '상역象譯'이다. 책쾌는 서적 외판 상인이고 상역은 통역관이다.

건명문 앞에는 조선 21대 임금 영조가 앉아 있었다. 영조는 정복 차림인 익선관을 쓰고 곤룡포를 입고 있었다. 얼굴은 밝지 못했다. 이미 닷새 전 영조는 책쾌 다섯을 귀양 보내고 둘은 목을 잘라 용산 청파교靑坡橋에 매달아버린 터였다. 이날 아침 회의에서 영조는 이리 내뱉었다. "이게 사람 사는 세상인가? 내 마음이 백 척 아래 내려앉으니 세상사 다 뜬구름이로다."[363] 248년 전 찌는 여름 아침, 금속활자와 훈민정음의 나라 조선에서 벌어졌던 서적 외판원 대학살극 이야기.

## 훈민정음의 탄생

전前 왕조 고려가 물려준 금속활자를 보유한 조선에 문자가 탄생했다. 1443년 음력 12월 최항, 박팽년, 신숙주, 성삼문 같은 집현전 정5품 이하 20~30대 신진 학자들을 부려서 세종이 만든 훈민정음이다. 맏아들 동궁

(훗날 문종)과 둘째 아들 수양대군, 안평대군 같은 혈족도 함께였다. 두 달 뒤인 1444년 2월 20일 부제학 최만리를 비롯해 집현전 중진 학자들이 뒤늦게 집단 상소를 올렸다.

"넓게 의논을 채택하지도 않고 갑자기 하급 관리 10여 인으로 하여금 가르쳐 익히게 하며, 정치하는 도리에 유익됨이 없는 언문에 동궁께서 사려를 허비하고 있다." 세종이 답했다. "전에는 '불가할 것 없다'고 하더니 말을 바꾸는구나. 아무짝에 쓸모없는 놈들!" 세종은 상소한 이들을 하루 동안 옥에 가둬버렸다.[364]

방해 세력을 진압한 세종은 수정 과정을 거쳐 2년 뒤 1446년 9월 29일 '바람소리와 학 울음, 닭 울음소리나 개 짖는 소리까지 모두 표현해 쓸 수 있는' 훈민정음을 반포했다. 조선은 세상에서 가장 단순하고 효율적인 문자 소유국이 되었다.

### 훈민정음으로 낸 책들

반대 세력을 옥에 가두던 날 세종 말이 이어졌다. "예전에 정창손이 말했다. '삼강행실三綱行實'을 언문으로 번역해도 사람 자질 문제이지 본받지 않을 거라고. 이치를 아는 선비의 말이 아니다." 집현전 중간 간부인 응교 정창손은 그 자리에서 파면됐다.

재위 10년째인 1428년 9월 27일, 김화라는 진주 사람이 아비를 죽인 존속살인사건이 조정에 보고됐다. 그때 세종은 "계집이 남편을 죽이고 종이 주인을 죽이는 일은 혹간 있지만, 아비를 죽인 일은 내가 덕이 없는 탓"이라며 땅을 쳤다. 10월 3일 세종은 "교화하는 데 가장 먼저 해야 할 일"이라며 《효행록孝行錄》 간행을 명했다. 5년 뒤 《삼강행실도三綱行實圖》가 출판돼 종친과 신하, 팔도에 하사됐다.

그리고 세종이 손댄 작업이 《삼강행실도》 언해본 발행이었다. 세종은

'언문을 통해 어리석은 남녀가 모두 쉽게 깨달아 충신, 효자, 열녀가 반드시 무리로 나온다'고 확신했다. 정창손은 그 세종의 역린逆鱗을 건드린 것이다.

세종 사후 1490년 성종 때 마침내 《삼강행실도》 언해본이 출간됐다. 효자, 충신, 열녀 각 35명을 그림과 한자, 그리고 언문으로 소개한 책이다. 사대부들과 간통 행각을 벌인 어우동 사건[365]이 계기였다. 세간에 잘 알려진 '새끼손가락 잘라 피를 먹여 아비 살린 아들', '절개를 지키기 위해 자결한 아녀자' 이야기가 다 이 책에 들어 있다. 조선 정부는 삼강행실 언해 작업을 《경국대전》에 규정해 모범적인 백성을 포상하라고 규정했다.[366] 사림파가 권력을 잡았던 중종 때는 한 번에 2,940질을 인쇄해 전국에 뿌렸다.[367]

1481년 두보의 시를 번역한 《두시언해杜詩諺解》가 출간됐다. 과거시험에 필수적인 '표준 번역' 교과서였다. 《맹자언해孟子諺解》를 비롯한 《사서언해四書諺解》도 나왔다.

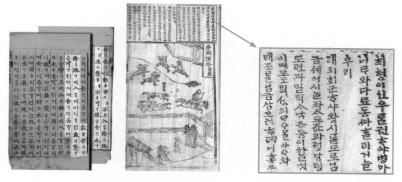

선조 때 만든 《맹자 언해》(왼쪽). '數촉罟고를 不불入입洿오池지면 魚어鼈별를 不불可가勝승食식야'라고 토를 달고 '數촉罟고를 洿오池예入입디 아니하면 魚어鼈별을 不가히 이긔여 食식디 몯하며'라고 풀이했다. 이를 '촘촘한 그물을 웅덩이에 못 넣게 하면 물고기와 자라가 다 먹을 수 없을 만큼 불어날 것입니다'라고 읽을 수 있는 백성은 얼마나 됐을까. 경전 언해는 철저하게 성리학 지식인을 위한 작업이었다. 반면 일반 대중에게 성리학 이념을 전파하기 위해 만든 《삼강행실도》(오른쪽)는 책 위쪽에 순 언문으로 뜻을 풀이해놓았다.

하지만 이런 경서들은, '한국어로 번역한' 책이 아니었다. 한문은 그대로 둔 채 한국어 어순으로 정렬한 책이었다. 선조 때 만든 '맹자 언해' 양혜공편을 읽어본다.

數촉罟고를不불入입洿오池지면魚어鼈별를不가可可勝승食식也야

그 아래에 있는 번역문은 이러하다.

數촉罟고를洿오池지예入입디아니하면魚어鼈별을可가히이긔여食식디몯하며

이 문장을 '촘촘한 그물을 웅덩이에 못 넣게 하면 물고기와 자라가 다 먹을 수 없을 만큼 불어날 것입니다'라고 읽을 수 있는 백성은 얼마나 됐을까. 경전 언해는 철저하게 지식인을 위한 작업이었다. 한자를 모르는 백성은 읽을 수 없는, 표준 해석을 위해 사대부 지식인이 찾아 읽는 전용 교과서였던 것이다.

성리학 이념을 전파하는 《삼강행실도》 언해가 순수 언문으로 돼 있는 반면, 이들 고급 지식은 백성들이 접근할 방법이 없는 닫힌 책들이었다. 어리석은 백성을 위해 발명한 문자가 오히려 그 백성을 고급 정보로부터 차단해버리고 체제에 순응하게 만드는 도구로 쓰여 버렸다.

### 국가가 독점한 출판과 유통

책 매매는 성리학에 반하는 상업 행위였다. 성리학적 윤리를 담은 책들은 모두 국가에서 편찬하고 출판하고 유통시켰다. 공식적으로 책을 사고파는 민간 서점은 존재하지 않았다. 유학자에게 필요한 책은 국가에서

금속활자나 목판으로 찍어 '나눠줬다'.

선비를 제외한 백성은 그 유통 과정에 철저하게 소외됐다. 대신 농서와 의서 언해를 읽었다. 성리학적 세계의 기본 산업인 농업을 진흥하고, 그 종사자를 보호하기 위해서 만든 번역서였다.

그리고 또 다른 독서 대상이 언문 계고 표지였다. 문경새재에는 18세기 표기법으로 새긴 '산불됴심'이라는 표석이 있다. 경남 진주 의곡사에는 한문을 음독해 새긴 비석(1916년)이 있다. 서울 노원구에는 '이윤탁 한글 영비'(1536년)가 있다. 무덤 옆에 있는 이 비석에는 '신령한 비석이니 깨뜨리거나 해치는 사람은 화를 입는다. 글 모르는 사람에게 알린다'라 새겨져 있다. 이미 16세기에 언문이 퍼졌다는 뜻이다.

경기도 포천에 있는 선조의 열두 번째 왕자 인흥군 묘에는 묘역을 알리는 묘계비(1686년)가 서 있다. 왼쪽 옆구리에는 '이 비가 극히 영검하니 어떤 생각으로라도 사람이 거만하게 낮춰보지 말라'라고 새겨져 있

문경새재에 있는 18세기 한글 '산불 조심' 비석.

경기도 포천 인흥군 묘 앞 밭에 놓여 있는 묘계비(仁興君 墓界碑). 선조의 열두 번째 서자 인흥군 이영이 묻힌 곳을 알리는 비석이다. 비석에는 세로로 다섯 줄로 한글이 새겨져 있다. '이 비가 극히 영검하니 어떤 생각으로라도 사람이 거만하게 낮춰보지 말라'는 내용이다. 조선 권력층은 훈민정음을 백성에게 성리학적 윤리관을 주입시키는 도구로 사용했다. 일반 대중을 위해 훈민정음으로 쓴 책은 윤리 서적과 불경, 농서(農書)가 대부분이었다. 서적 출판과 유통은 국가가 독점했다. 백성은 이 효율적인 문자로 만든 책을 읽을 방법이 없었다.

다. 명필인 인흥군 아들 낭선군 이우의 글씨다. 2019년 7월 현재 묘계비는 밭 한가운데에 아무 안내판도 난간석도 없이 6·25 때 탄환 자국을 안고 서 있다.

그렇게 조선 백성은 충성과 효도와 목숨을 바쳐 정절을 지키는 법을 배우고, 사서삼경에는 까막눈으로 살았다. 열녀문과 정절비와 효자비는 널려 있어도 과거 급제해 나라를 살렸다는 백성을 위한 기념비는 전국 어디에서도 찾아볼 수가 없다. 백성들은 그 열녀문과 효자비를 스쳐 지나가며 산으로 가서 산불 조심하고 남의 묏자리 넘지 않으려 조심하면서 살았다.

### 책쾌들의 대학살

다시 1771년 여름날 경희궁으로 가 본다. 서점 없는 나라에서 책에 대한 수요는 책쾌가 책임졌다. 책쾌는 고정된 판매점이 없이 돌아다니며 책을 파는 외판원들이다. 어떤 방법으로든 책이 필요한 사람에게 책을 공급해주는 직업군이었다. 사대부들은 책쾌를 통해 필요한 책을 구입했고, 살림이 궁할 때는 몰래 팔았다. 그런데 1771년 여름 그들이 대학살을 당한 것이다. 연유는 이러하다.

그해 5월 전 지평 박필순이 《강감회찬綱鑑會纂》이라는 청나라 책에 조선 왕실을 비방하는 글이 있다"고 상소를 올렸다. 전주 이씨 왕실이 고려 역적 이인임 후손이라고 돼 있다는 것이다. "청나라에 책을 불태우고 저자 처벌을 요구하자"는 신하들 말에, 영조는 책을 읽은 자는 물론 유통시킨 자들을 전원 색출하라고 명했다. 결국 책을 청에서 사들여온 사신 3명은 섬으로 유배됐다. 그리고 책을 사고판 사대부는 양반 명단인 청금록에서 삭제하고 적발되면 무기징역이라고 선포했다.[368]

다음 날 다시 전원체포령이 떨어졌다. 영조는 과거 합격생 가운데 책을 읽은 자는 합격을 취소하고 수군水軍으로 보내라고 명했다. 26일에는 책을 신고한 박필순도 귀양을 보냈다. 27일에는 책 상인 무리를 전원 체포해 곤장을 치고 수군으로 보내라 명했다. 다음 날 책 저자 '주린'과 이름이 같은 전 참판 '엄린'의 이름을 '엄숙'으로 개명시켰다.

그리고 《청암집》이라는 책에도 똑같이 불순한 내용이 있다는 보고에 6월 2일 서적 외판원들을 체포해온 것이다. 한두 명도 아니고 100명이니, 장안에 있는 책쾌란 책쾌는 전원 검거된 날이었다. 예문관 제학 채제공이 "알고 보니 《청암집》은 존재하지 않는 책"이라고 보고했지만, 영조의 분은 가라앉지 않았고 이후에도 책쾌 금령은 철회되지 않았다. 영조가 죽고 그 손자가 왕위에 오르니 그가 정조다. 학문에 대해 정조가 행한 행적은 앞에 자세하게 기록했다.

## 부활한 책쾌와 책 대여점

19세기 철학자 혜강 최한기惠崗 崔漢綺(1803~1879)는 좋은 책은 가격 고하를 막론하고 구해다 읽었고 다 읽은 책은 헐값에 팔았다. 북경 유리창 서점에 나온 새 책이 서울에 들어오면 최한기가 읽지 않은 책이 없었다.[369]

그 공급을 맡은 사람들이 영조 때 학살당한 책쾌 무리였다. 한때 와해됐던 서적 유통조직 책쾌가 부활한 것이다. 유통망이 와해됐어도 책에 대한 수요는 여전했다는 뜻이고, 그 수요를 좇아 다시 유통망이 부활했다는 뜻이다.

사대부는 책쾌를 통해 암암리에 책을 구했고 일반 백성은 민간에서 목판으로 인쇄한 소설을 구해 읽었다. 돈이 없는 가난한 사대부 또한 민간에서 출판한 경서를 구입해 과거시험을 준비했다. 일반 백성은 언문 소설들을 대여점에서 빌려서 읽었다. 그 돈도 없는 사람들은 장터에서 책 읽어주는 '전기수傳奇叟' 앞에 모여 책을 '들었다'. 책은 《숙향전》, 《심청전》, 《설인귀전》 따위였다. 전기수들은 클라이맥스에서 갑자기 말문을 닫아버리고, 군중은 전기수에게 엽전을 던져 결말을 듣곤 했다.[370] 전기수의 패기 넘치는 낭독에 흥분한 청중이 전기수를 칼로 찔러 죽이는 엽기적인 사건도 벌어졌다.[371]

이들 사건이 터진 시기가 바로 영-정조 속칭 개혁시대였다. 출판업을 국가가 독점한 그 시대에, 민간이 제한된 자원으로 출판한 지식 정보는 너무나도 한계가 명백했다. 일반 대중이 지식에 목말라하던 바로 그 영정조 때에 책쾌들의 대학살이 있었고 소심한 서얼 이덕무가 죽은 것이다.[372]

## 서점 있는 나라와 문명의 진보

1450년 구텐베르크가 만든 금속활자 인쇄술은 유럽을 바꿔놓았다. 수도원과 대학 캠퍼스의 소수 구성원이 독점하던 인간의 지성과 이성이 저렴하게 대량생산됐다. 유럽인은 그 활자로 면죄부도 인쇄했고, 면죄부를 반대하는 95개조 반박문도 찍었고, 신神에 저항하는 지동설 서적도 찍었고 마녀사냥법 책도 찍었다. 이 모든 '서로 다른 주장을 담고 있는' 서적들은 유럽대륙 전역으로 들불처럼 퍼져나갔다. 대량으로 유통된 그 불온한 이성을 막기 위해 구체제는 마녀사냥법과 신학서적을 역시 대량으로 인쇄해 맞섰다.

속칭 '담론'과 '논쟁'이 곳곳에서 터져 나왔다. 지성은 라틴어에서 해방되고 각국 각 민족 언어로 재해석됐다. 독일어로, 영어로 번역된 성경책이 속속 출간됐다. 번역된 성서를 통해 마침내 중세 유럽인은 성경책에 '면죄부', '교황' 같은 단어가 존재하지 않는다는 사실을 알게 되었다! 하늘을 향했던 지성의 눈은 지구로 방향을 틀었다. 지구가 돌고, 유럽인은 그 지구 위 바다를 향했다. 이게 중세 이후 유럽이 세계사 주인공으로 나오게 된 이유였다.

**이후 세상이 회전한 속도는 딱 그 순서대로였다.**

1453년 오스만제국이 동로마를 함락시켰다. 구텐베르크가 활판 인쇄술을 발명한 지 딱 3년이 지났다. 자빠지면 코 닿을 곳에서 탄생한 활판 인쇄술이지만 오스만제국에는 277년 뒤인 1727년에야 첫 인쇄소가 설립됐다. 제국 관용 서류를 필사해주고 먹고살던 코란 필경사들이 이스탄불에만 8만 명이 있었다. 이들이 집단적으로 활판 인쇄를 반대했다.[373]

인쇄소가 설립된 1727년부터 1838년까지 112년 동안 제국 전체에서 출판된 책은 142종류였다. 한 통계에 따르면 1800년 고위 관료 44명이 소장한 책 1,267권 가운데 928권이 종교서였다.[374] 유럽에 르네상스를 안겨다 준 이슬람 과학이 정체돼 버린 이유다. 인쇄술은 오토만의 지적 문화적 삶을 바꿔놓지는 못했다.

일본의 출판산업은 굳이 언급할 필요가 없을 정도다. 이미 에도시대 초기 도쿠가와 요시무네 쇼군 때 교호개혁을 통해 란가쿠를 비롯한 다양한 학문이 활성화되고, 에도는 목판본을 통한 서적 출판이 왕성하게 벌어졌다.[375] 대중을 위한 소설과 만화가 위주였고 지식인을 위한 전문서적도 다양하게 대중적으로 출간됐다.

게다가 이들 책은 중국어 서적도 있었지만 대부분이 일반 대중이 이해할 수 있는 일본어 가나로 출판됐다. 이미 오규 소라이荻生徂徠(1666~1728) 같은 유학자는 일찌감치 '우리가 읽고 있는 논어, 맹자는 중국어라는 외국어로 쓰여 있다. 우리는 옛날부터 번역해서 읽고 있을 뿐'이라며 일본어 가나로 서적을 번역해야 한다고 주장한 바 있다.[376]

에도시대 일본 주요 도시에는 쇼하쿠도松栢堂(교토), 주카도忠雅堂와 오노기호분도大野木宝文堂(이상 오사카), 고쇼도耕書堂(에도) 같은 대형 서점이 생겨났다. 이들은 어엿한 출판 및 인쇄 기업 '한모토版元'였다. 이들이 만든 책을 팔거나 빌려주는 도서 대여점 가시혼야貸本屋도 활발하게 영업을 했다.[377] 가시혼야는 마을 도서관이자 학자 역할도 했다. 그리하여, 앞서 인용했지만, 그 서점의 나라를 목격한 조선 통신사의 감회를 다시 한 번 인용한다.

오사카는 서적의 많음이 실로 천하 장관이었다.[378]

- 1719년 조선 통신사 신유한

### 서점 없는 나라와 무서운 백성

각성 없는 그 시대를 허균許筠(1569~1618)은 이렇게 묘사했다.

"항상 눈앞 일에 얽매여 법이나 지키며 윗사람에게 부림당하는 사람들을

'항민恒民'이라 한다. 항민은 두렵지 않다. 두려워해야 할 백성은 천지간을
흘겨보다가 시대적 변고가 있으면 소원을 실현하고 싶어 하는 '호민豪民'
이다. 호민이 팔을 휘두르며 소리 지르면 항민도 호미, 고무래, 창자루 들
고 따라와 무도한 놈들을 쳐 죽이지 않을 수 없다. 지금 세금 5푼을 내면 4
푼은 간사한 개인에게 흩어진다. 관청이 가난해 일만 있으면 1년에 세금
을 두 번씩 매기고 수령들은 마구 거둬들인다. 그럼에도 위에 있는 사람은
태평스러운 듯 두려워할 줄을 모르니, 호민이 없기 때문이다."[379]

왜 호민이 없는가. 조선 정부가 호민이 될 여지를 없앴기 때문이다. '천
지간 흘겨볼 여유를' 없애버리고 농사나 짓고 충성과 효도를 다하도록
만들었기 때문이다. 세상에서 가장 쉽고 효율적인 문자를 가진 나라 백
성은 그렇게 살았다. 1771년 찌는 여름날 경희궁 궁내에서 발가벗긴 채
죽음을 기다리던 책장사들 운명이 그러하였다.

세월이 흘러 1880년 파리외방선교회가 일본 요코하마에서 '한불자전'
500권을 찍었다. 한글 활자는 도쿄 히라노활판제조소平野活版製造所에서 제
작했다. 최초의 한글 납활자다. 1883년 박영효가 일본에서 납활자를 들
여와 국영 인쇄소 '박문국'을 설립했다. 박문국이 들여온 한글 납활자는
히라노활판제조소 후신인 쓰키지활판제조소築地活版製造所에서 개발했다.[380]
금속활자와 훈민정음의 나라 조선이 제대로 된 출판사나 서점이 없어 헤
매는 동안 프랑스 신부가 주도하고 일본 기술자가 만든 활자가 수입되고
만 것이다.

조선에 민간 서점이 본격적으로 생겨난 때는 1905년 을사조약 직전
〈황성신문〉과 〈대한매일신보〉가 '지식이 전무해 국가 존망이 자기와 상
관없는 줄 알기에 나라가 위태롭다'고 각성을 촉구하면서부터다.[381]

1880년대 초 조선왕조에 영업 중인 서점은 단 한 군데도 없었다. 이스탄불에서 벌어졌던 지식의 참사와 동일하게, 조선 대중은 개화는커녕 옆 동네에서 벌어지는 일에 대해서도 무지했다.

1895년도 조선정부 세입예산은 480만 9,410원이었다. 세출예산은 631만 6,831원으로 150만 원이 적자였다.[382] 정부가 학교 설립을 위해 떼놓은 예산 학교비學校費는 3만 1,219원으로 총예산의 0.5%였다.

정보의 독점에 따른 각성된 대중의 부재. 조선의 개화를 막은 본질적인 원인이었다. 일본은 조선 엘리트들 자존심을 무자비하게 밟아놓았던 서점의 나라였다. 조선은 땡볕에서 책장사들을 죽음으로 몰아넣은 나라였다. 19세기가 닥쳤다. 한 나라는 각성된 백성, 호민豪民이 우글거렸다. 한 나라는 없었다.

# 갑신년 겨울의 녹슨 총,
# 조선 혁명가들의 최후

'총과 칼이란 죄다 녹슬어서 처음부터 탄환을 장전할 수 없는 형편이었다.'[383]
- 김옥균 -

## 민란과 이양선의 시대

1800년 음력 7월 4일, 정조가 죽고 순조가 등극했다. 한 달 뒤 8월 29일 경상도 인동에서 노비들을 규합해 인동 관아를 습격했다. 주동자 장시경은 "민생이 날로 고달프니 국가의 위급함을 구하려 한다"고 했다.[384] 민란이 계속 이어지더니 1811년에는 황해도 곡산에서 주민 130여 명이 관아를 덮쳐 부사 박종신을 멍석말이하고 난동을 피웠다.[385] 이어 12월(양력 1812년 2월) 평안도에서 홍경래가 왕조 전복을 목적으로 난을 일으켰다.

전정, 군정 그리고 환곡을 둘러싼 세금 착취가 극에 달하며 조선 백성이 생존을 위해 몽둥이를 들기 시작했다. 정약용이 살던 강진 유배지에서는 남자에게 세금을 매기는 과도한 군정軍政을 피하기 위해 한 사내가 '성기를 잘라버리는 전대미문의[自古未聞男絶陽, 자고미문남절양]' 사내까지 나왔다.[386]

민란의 시대였다. 무슨 큰 뜻을 품은 것도 아니었다. 그저 먹고살기 고달파서였다. 조선 정부는 난을 일으킨 적괴들을 처벌했을 뿐, 원인을 알려하지 않았다. 허균이 말한 호민이 출현할 무대에는 아직 조명이 켜지지 않았다.

순조 즉위 이듬해 제주도에 포르투갈과 필리핀인이 표착한 이래 바다에는 이양선이 끝없이 출몰했다. 급기야 이들은 함포 사격으로 조선을 개국시키려 했다. 조선은 사력을 다해 막았다. 프랑스군이 침략한 1866년 병인양요와 미군이 침략한 1871년 신미양요에 이르기까지 대원군 때까지 쇄국은 반세기 넘도록 성공했다. 이후는 불가능했다. 프랑스와 미국 함대에 승리했다는 도취감에 조선 정치인들은 나라 문은 물론 세상을 냉정하게 쳐다봐야 할 눈까지 닫아버렸다.

### 동래 난출—왜관을 뛰쳐나온 외교관

1854년 미국에 개항한 일본은 1868년 왕정복고를 선언했다. 그리고 1872년 조선에 근대조약 체결을 요구했다. 1686년 숙종 때 초량에 왜관을 만들며 맺은 계해약조가 불평등하다는 것이다. 초량왜관 앞에 있던 '약조체찰비'에는 이렇게 새겨져 있었다.

대소사를 막론하고 왜관 경계 밖으로 뛰쳐나온[闌出, 난출] 자는 사형에 처한다.

조선은 협상 자체를 거부했다. 1873년 1월, 천황 국서를 소지한 일본 외교관들이 왜관에 도착했다. 왜관을 담당하는 훈도 안동준은 이들과 접촉을 거부했다. 넉 달을 대기하던 외교관들은 5월 27일 새벽 왜관 문을 부수고 집단으로 '난출'을 감행했다. 난출자 56명은 동래부사에게 "국교 수립을 한 목소리로 간절히 아뢰고자 죽음을 무릅쓰고 나왔다"고 했다.[387] 그때 일본은 난출자를 죽인다는 조항이 허세였음을 깨달았다. 9일 동안 왜관 밖을 돌아다닌 그 누구도 죽은 자가 없었던 것이다.

이듬해 5월 도쿄 상인이 왜관에서 물건을 팔다 걸렸다. 동래부사 정현덕이 왜관 앞 게시판에 방을 써 붙였다.

저들 소행을 보니 법을 모르는 나라[無法之國, 무법지국]라고 할 만하다. 목을 보존하고 싶다면 각별히 두렵게 생각하라.[388]

갓 출범한 메이지 정권을 무법국가라 부르며 목 조심하라는 격문에 메이지 정부 강경파들이 격분했다. 이들은 즉각 전쟁을 주장했다. 그때 2년 동안 미국과 유럽 시찰하고 돌아온 실력자 이와쿠라 도모미와 기도 다카요시와 이토 히로부미가 "실력부터 쌓고 하자"며 정한론을 잠재웠다. 강경파는 일괄 사표로 대응했다.

### 고종 친정과 운요호 사건

1863년 고종이 왕위에 오른 이래 국정은 창덕궁 앞 운현궁에 살고 있던 아버지 대원군이 주도했다. 경복궁 중건도 아버지가 주도했다. 병인양요와 신미양요 또한 아버지가 주도한 전쟁이었다. 고종이 왕위에 오른 지 10년이 넘은 1873년 음력 11월 4일 밤 고종이 친정을 전격 선언했다. 아버지와 아들 사이에 벌어진 권력 투쟁이 하룻밤 만에 아들 승리로 돌아간 것이다.

영의정 이유원을 비롯해 대신들은 얼떨떨해 하면서 "원래 친정이신데 무슨 선언을," 하면서도 이를 따랐다. 이전에도 이후에도 두 번 다시 볼 수 없던 '결의 가득 찬' 고종 모습에 질린 탓이다.

'원래 친정이신데'[389]라는 말은 1866년 2월 13일 대왕대비 조씨의 수 렴청정 중단 선언과 13일 뒤 고종이 이를 수락하고 창덕궁 인정전에서 친정 진하를 받은 사실을 가리킨다.[390]

공식적으로 고종은 등극 3년 만에 친정을 해왔다. 하지만 아무도 그 친 정을 제대로 된 친정이라 생각하지 않았다. 그때 고종 나이는 열한 살이 었고 그 뒤에는 천하의 권력자 대원군 이하응이 버티고 있었다.

그런데 1872년 만 스무 살 성인이 된 고종은 아버지 그늘을 벗어나려 고 시도한다. 그 해 말 청나라 황제 동치제가 서태후로부터 독립해 친정 을 선언했다. 동치제는 고종보다 세 살 아래였다. 황제를 이어 고종을 부 추긴 사람은 최익현이었다. 철저한 보수주의자였던 최익현은 그해 10월 25일 "그칠 새 없이 받아내는 세금 때문에 백성은 도탄에 빠지고 떳떳한 의리와 윤리는 파괴되고 선비 기풍은 없어지고 있다"고 상소를 올렸다. 상소 결론은 이러했다.

> "전하 총애만 믿고 본분에 지나친 것을 삼가라는 경계와 복이 지나치면 재앙을 당한다는 교훈을 생각하지 않고 벼슬 반열에 끼어 따라다니고 길 가에서 떠들어대며 의기양양하게 자족하는 사람이 있다."[391]

최익현이 의기양양하게 자족한다고 지목한 사람이 흥선대원군이었다. 고종은 이 발칙하고 위험한 상소를 올린 최익현을 호조참판으로 임명했 다. 한 달 뒤 고종은 야밤에 친정을 전격 선언하고 창덕궁으로 이어지는 대원군 집 운현궁 뒷문을 막아버렸다. 고종은 밤에 벌어진 일에 대해서 는 승정원일기에도, 관보官報 격인 조보에도 싣지 않는 데 동의했다.[392] 권 력 기반은 처가인 민씨 척족이었다. 이후 고종 정권 고위직은 민씨들로

차곡차곡 채워져갔다.

동서고금을 막론하고, 새로운 권력은 옛 권력이 남긴 흔적을 새하얗게 지워버린다. 고종도 똑같았다. 아들은 '대원군이 만들고 설치한 모든 것은 선악을 불문하고 모두 뜯어고쳤다.'[393] 고종은 대원군의 권력 기반을 파괴하면서 권력을 다져나갔다.

문제는, 권력은 획득했지만 아버지 대원군이 가지고 있던 결단력과 판단력이라는 미덕은 물려받지 못했다는 사실이다.

신미양요 이후 대원군이 강화도에 설치한 각 군영도 교혁 대상이었다. 1874년 고종은 강화도 해군인 진무영 사령관을 무관에서 문관으로 교체했다. 이듬해 진무영 예산을 무위소로 옮겼다. 무위소는 국방과 무관한 궁궐 수비대다. 궁궐 주위 치안과 왕실 경호 담당 부대다.

이듬해 1875년 4월 20일, 일본 군함 운요호가 부산 앞바다에 나타나 조약 체결을 요구했다. 5월 10일 조정에서 회의가 열렸다. 심야까지 이어진 회의에서 대신들 사이에 의논이 일치하지 않았다. 그때 고종과 대신들 대화 하나를 짤막하게 인용해본다.

고종: "날이 더우니 물러가고 여러 재신들이 의논하여 정론을 세우라."
영의정 이유원: "위에서 처분하시기에 달려 있는 것인데, 어찌 다시 상의할 것이 있겠습니까?"[394]

전쟁이 날판인데 한 나라 국왕은 날씨를 핑계로 회의를 끝내려 했고, 결론 또한 대신들에게 미뤘다. 그 꼬라지를 보다 못한 영의정이 항의한 것이다. 속마음은 이러했을 터이다.

"니가 결정해야 할 일을 또 우리한테 미루는구나!"

끝내 고종은 결정을 하지 않고 대신에게 미뤘다. 친정을 선언했던 3년 전 모습과는 전혀 딴판이었고, 이 모습이 1907년 강제 퇴위 때까지 그가 보여준 본색이다.

석 달 뒤 부산 앞바다에서 사라졌던 운요호가 강화도를 포격했다. 1811년 대마도에서 조선통신사 사행이 종료되고 64년 만이었다. 먹과 붓이 아니라 포탄과 대포로 무장하고 일본이 돌아온 것이다. 조선 해군은 영종진 수병 500명이 패주했고 포로 16명, 전사 35명. 대포 365문과 화승총 130여 정을 약탈당했다. 일본 해군은 부상자가 2명이었다.[395] 한성 앞바다까지 난출한 일본인 난동에도 조선은 아무 대응을 하지 못했다. 차곡차곡 근대화 과정을 밟아온 일본에게 조선은 무자비하게 조롱당했다. 1874년 고종이 강화도 진무영을 없앴을 때 대원군은 가슴을 어루만지며 "이 군대가 국가에 무슨 해를 끼쳐서 그 장성을 파괴하는가[壞長城也]?"라고 한탄했었다.[396] 권력 강화를 위해 군사력을 감축한 고종을 운요호는 그렇게 조롱했다.

결국 조선은 1876년 2월 강화도 진무영 병영에 있는 연무당에서 일본과 강화도조약을 체결했다. 일본으로 돌아가던 날 사절단 멤버 미야모토 고이치宮本小一가 조선 접견대관 신헌에게 이렇게 말했다.

"귀국은 마치 깊은 산속에 있는 것과 같아서 국외의 일은 돌아보지 않았다. 이제 각성한 이후 후회할 만한 부분이 있을 것이다." 신헌은 이 말을 듣고 '수염이 흔들릴 정도로 크게 웃었다.'[397]

## 초점 빗나간 근대화

조약 체결을 마친 일본은 조선에 분당 400발을 발사하는 개틀링Gatling 기관포 1문과 탄약 2,000발을 선물했다. 개틀링 기관포는 〈터미네이터〉, 〈람보〉 같은 할리우드 액션영화에서 주인공이 한 손으로 들고 총알을 퍼붓던 대량살상무기다. 총신이 회전하며 탄환을 발사한다고 해서 '회선포回旋砲'라고 불렀다. 접견대관 신헌은 고종에게 이렇게 보고했다.

"회선포라는 것은 옛 방법에 없던 포입니다. 총신 열하나를 합하여 1위位를 만들어 수레 위에 싣고 그 총신 뒤에서 장전하여 쏘며 그 기계를 솜 타는 씨아처럼 돌립니다. 왼쪽으로 돌리면 끊임없이 잇달아 나가고 오른쪽으로 돌리면 화약을 장전하는 구리통이 나옵니다. 화약을 장전하는 방법은 구리로 붓대처럼 두 치쯤 그 안을 비게 주조하여 화약을 담고 위에 동화모銅火帽를 얹고 그 위에 탄환을 넣습니다. 그 수를 한정하지 않고 총통 뒤에서 손으로 넣어 끊임없이 연속하니, 그 제도가 매우 공교하여 과연 적을 막는 좋은 기계입니다."[398]

신식무기에 관심이 많았던 고종은 이 첨단 살상무기를 곧바로 구입했다. 조선을 방문했던 미국 선교사 윌리엄 길모어는 이렇게 기록했다.

국왕은 개틀링포를 몇 문 구입하고 이 포를 수시로 훈련에 투입했다. 이유는, 개틀링포 사격 소리를 왕이 즐겼기 때문이다.[399]

근대화에 앞서나갔던 일본 말단 관리의 충고를 조선 정부는 크게 웃어 젖히고 말았다. 조선 최고지도자는 경고 섞인 조언에 귀를 기울이는 대신 그들이 선물한 화려한 무기에 취하고 말았다.

이후 고종은 일일이 언급하기도 힘든 어마어마한 무기 쇼핑 시리즈를 벌여나갔다.[400] 하지만 '각 병영에 저장된 무기와 탄약은 명색만 있고 실속이 없으며 모두 어리석고 미련한 것들이고 수량도 거짓으로 기록돼 있었다.'[401] 보유하고 있는 무기는 녹슬고 망가져서 쓸모가 없었다. 무기를 사는 즐거움만 있었고 그 무기를 관리하고 사용하는 수고로움은 관심 밖이었다.

1894년 여름 동학 농민혁명을 빌미로 청일 양군이 조선에 진입했다. 그 해 7월 23일 일본 혼성9여단이 경복궁을 무장 점령했다. 이틀 뒤 풍도에서 일본 군함이 청 군함을 격침시키고 연이어 성환에서 일본군이 청군을 섬멸했다. 8월 1일 상황을 장악한 일본이 청에 선전포고했다. 경복궁을 점령한 일본군은 무기고에 있던 조선군 무기를 효창동에 있는 여단 사령부로 옮겼다. 무기 목록은 이렇다. 크루프 산포 8문, 개틀링 기관총 8문, 모젤, 레밍턴, 마르추 소총 2,000정, 화승총과 활 다수, 군마 14필.[402]

1895년 서울을 찾았던 러시아 육군대령 V. 카르네프와 중위 미하일로프는 이렇게 기록했다. '목조 헛간에는 개틀링 기관총 10문과 7.5센티미터 구경 크루프 포 6문이 망가진 채 뒹굴고 있었다. 남의 나라 일이었지만 그렇게 스산하게 망가진 모습에 마음이 아팠다.'[403] 기록에 따르면 그해 6월 2일 전주성을 지키던 관군이 회선포를 동학혁명군에 발사해 수백 명을 사살했다.[404] 전 세계적으로 보기 드문 명품 무기들이 무기고에 나뒹굴거나 백성 살상용으로 사용된 것이다.

### 왕십리의 반란, 임오군란

국왕 주변에 우글거리는 민씨들은 단군 이래 최악의 탐관오리들이었다. 1882년 세금과 쌀을 다루는 선혜청장 민겸호는 선혜청 예산을 각출해 칙사 접대용 예산 7,000냥과 왕실 혼인비 12만 냥에 보탰다. 그런데 구식 군대 병사들 월급은 13개월이 밀려 있었다. 병사들 항의에 민겸호가 한 달 치 월급을 지급했다. 봉투를 열어보니 썩은 쌀이었다.

6월 5일 이를 항의하는 하사관급 병사 4명이 옥에 갇혔다. 병사들은 대개 왕십리와 이태원에 살고 있었다. 모두 급료로 먹고 사는 직업군인들이었다. 이튿날 이들이 처형된다는 소문에 왕십리 사람들이 '늙은이 어린이 할 것 없이 모두' 입성했다.[405]

이들은 사대문 안 민씨네 집들을 다 불태우고 대원군을 앞세워 궁궐로 들어갔다. 대원군은 "군사를 진정시키기가 극히 어려우니 선혜청 창고를 열어야 한다"고 했다. 그러자 민비가 물었다. "무위영 포군에 명해 반란군을 도륙할 수는 없는가." 이 말을 들은 병사들은 "앉아서 죽을 수는 없으니 1만 병사들이 모두 총과 검을 들고 궁궐로 들어가 민겸호를 죽이자"라고 결의했다.[406] 다음날 병사들은 선혜청장 민겸호를 죽였다. 민겸호는 왕비 민씨의 오빠다.

고종과 민씨 정권은 청나라 천진에 출장 중이던 어윤중과 김윤식에게 알려 "대원군이 주모자"라고 주장하며 군사를 청했다. 청 황실에게 황금 같은 기회였다. 천하를 잃고 근대 세계 속에서 방황하던 청나라는 조선 정부의 군사 요청을 통해 사라진 천하 조공 질서 재건을 노렸다. 청 정부는 즉각 군대를 군함에 태워 조선으로 보냈다.

### 반동의 역사, 식민 조선

군사를 이끌고 온 영국 유학파 마건충은 7월 13일 대원군을 용산 청군 병영으로 유인했다. 아무것도 모르는 대원군에게 마건충은 "황제가 책봉한 국왕에게 반역한 죄인"이라고 선언하고 그를 천진으로 끌고 갔다. 예순둘 먹은 대원군은 다리에 힘이 빠져버렸다. 마건충 옆에 있던 젊은 무관이 그를 부축했다.

15일 밤 청군은 왕십리와 이태원을 포위하고 군인 신분증을 가진 자는 모조리 죽이거나 체포했다. 조선 군사들은 '힘이 부쳐 기진맥진할 때까지 싸우다 잡힐 지경에 이를 때마다 칼로써 배를 갈라 창자가 드러났으나 죽음을 두려워하지 않았다.'[407] 석 달 뒤인 10월 17일 조선과 청은 '조중상민수륙무역장정朝中商民水陸貿易章程'을 맺었다. 전문은 '조선은 오랫동안 제후국임은 다시 의논할 여지가 없다'로 시작했다. 제목도 국가 간 '조약'이 아니라 규정을 뜻하는 '장정'이었다.

이후 청일전쟁이 터진 1894년까지 조선은 실질적으로 청나라 식민지가 되었다. 왕 노릇을 한 자는 대원군을 부축했던 무관 원세개였다. 사람들은 그 10년을 무의미한 태평성대라고 불렀다. 1880년대는 일본이 부국강병을 위해 국내 경제 개발과 근대정치 시스템 구축에 국력을 쏟고 있던 시기였다. 근대 서구 제국과 일본이 조선에 무신경하던 그 시기에 조선 권력층은 청에 종속됐다. 민씨 세력은 청나라를 등에 업고 온갖 악행이라는 악행을 다 저지르며 '단군 이래 최악의 부패정권'이라는 낙인을 스스로 찍고 말았다. 근대화에 대해서는 아무 개념도 생각도 아이디어도 정책도 없이 세월을 낭비하고 만 것이다.

조선 근대사에 가장 길고 가장 어리석게 허송세월한 시기가 바로 이 시기다. 타국이 근대화에 박차를 가하고 있을 때 조선은 그 기회를 스스로 상실하고 역사의 진행 격차를 더 벌리고야 말았다.

그 꼬라지를 보다 못한 젊은 혁명가들이 목숨을 걸고 난을 일으키니 이게 1884년 '갑신정변甲申政變'이다. 내건 기치는 당연히 '반청反淸 자주'와 '부패 민씨정권 타도'였다.

## 목숨을 건 조선의 혁명가들

일본에 요시다 쇼인과 조슈 5걸이 있었다면 이에 버금가는 조선의 개혁 지사들은 유대치劉大致와 박규수朴珪壽와 북촌北村 5걸이다.

유대치는 광교에 살던 역관 겸 의술가였다. 한양 유씨라는 말도 있고 강릉 유씨라는 말도 있다. 역관인 오경석과 교류하며 한역 서양 서적을 통해 개화에 눈을 뜬 사람이었다. 박규수는 북학파 실학자 박지원의 손자였다. 그가 살던 서울 북촌 집은 개화를 꿈꾸는 청년들의 사랑방이었다.[408]

그 사랑방에 유대치의 제자들이 몰려들었다. 제자들은 주로 북촌 노론 양반집 자제들이었다. 김옥균金玉均이 그랬고 박영효朴泳孝가 그랬다. 옆집에 살던 홍영식洪英植도 그랬다. 조선 최초 유학생 유길준兪吉濬 또한 박규수의 제자였다. 서광범徐光範은 친척 서재필徐載弼을 데려와 함께 공부를 했다.

그 풍경을 훗날 신채호는 상상력을 발휘해 이렇게 표현했다.

김옥균이 일찍 우의정 박규수를 방문한즉 박씨가 그 벽장 속에서 지구의地球儀 일좌一座를 내어 김씨에게 보였다. 박씨가 지구의를 한 번 돌리더니 김씨를 돌아 보며 웃어 가로되 "오늘에 중국이 어데 있느냐, 저리 돌리면 미국이 중국中國이 되며 이리 돌리면 조선이 중국이 되여 어느 나라든지 중中으로 돌리면 중국이 되나니, 오늘에 어데 정한 중국이 있느냐?" 하니 김씨, 박씨의 말에 크게 깨닫고 무릎을 치고 일어났더라.[409]

그리고 신채호가 한 줄 덧붙였다.

'이 끝에 갑신정변이 폭발되었더라.'

1883년 미국을 방문한 보빙사 일행. 앞줄 왼쪽이 홍영식, 두 번째가 민영익, 세 번째가 서광범. 뒷줄 가운데가 유길준이다. 홍영식과 서광범은 갑신정변의 주동자였고 민영익은 그 정변의 타도 대상이었다. 홍영식은 무참히 살해됐다. 유길준은 그때 미국 유학 중이었다. /미 위스콘신 밀워키대학 도서관

뜻밖에도, 조선왕조를 성리학의 굴레 속에 위축시켰던 노론老論 명문가 사랑방에서 바로 그 노론 안동 김씨 청년이 대각성大覺醒을 한 것이다.

### 5년을 앞당긴 약속

1882년 조선과 미국이 조미수호통상조약을 맺었다. 이듬해 조약 체결을 기념하는 방문단이 미국으로 떠났다. '보빙사'라 불리는 이 팀에는 유길준이 포함돼 있었다. 방문단이 일본에 도착했을 때 유길준과 김옥균과 홍영식이 만났다. 홍영식은 보빙부사였고 유길준은 수행원 겸 유학생이었다. 김옥균은 고종 명으로 일본에 체류 중이었다.

그때 이들은 '개혁대의에 관해 의미심장한 대화를 나누었다.' 세 사람

은 장차 5년 후 개혁을 위한 모종의 거사를 벌이기로 약속했다. 그에 대비해 김옥균은 재정, 군사를 홍영식은 국내에 진주한 외국 군대 철퇴에 관한 일을 맡기로 했다. 유길준은 학문연수에 치중하기로 약속했다.[410]

유길준이 하버드대 진학을 앞둔 1884년 12월 15일, 동급생이 〈뉴욕타임스New York Times〉를 건네줬다. 기사 제목은 '무정부 상태의 조선'이었다. 내용은 동료들의 혁명 실패였다.

왜 5년 뒤 약속을 앞당겼는가. 1884년 5월 베트남에서 청나라와 프랑스 사이에 청불전쟁이 벌어졌다. 청 정부는 조선에 주둔해 있던 청군 3,000명 중 1,500명을 빼내 베트남으로 투입했다. 북촌 5걸에게 이 군사력 공백기는 매력적인 상황이었다.

그해 9월 21일 김옥균이 미국공사 푸트를 만나 청불전쟁에 대하여 이야기를 나눴다. 김옥균은 "우리나라의 독립할 기미가 어찌 이때에 있다 하지 않겠는가?"라는 등 말을 하고 갔다.[411] 10월, 청나라가 청불전쟁에서 패했다. 조선에서 군사정변이 벌어져도 패한 청나라가 섣불리 조선에서 활동을 하지 않으리라고 판단했다. 말 그대로, 전술적인 호기였다.

무엇보다 이들은 고종을 내세워 개혁을 하려 했으나 개혁 대신 권력을 끝없이 탐했던 고종에게 더 이상 기댈 수 없다고 판단했기 때문이었다. 이미 김옥균은《조선개혁의견서》라는 저술에서 이렇게 선언했다.

청나라 속국이라 스스로 불러온 사실이 참으로 부끄럽다. 나라가 떨쳐 일어나지 못한 원인이 바로 여기에 있다. 굴레를 벗어던지고 독립하여 완전 자주국이 되어야 한다. 하지만 저들을 섬기는 현재 정부 인사들로는 절대 불가능한 일이다.[412]

11월 29일, 저녁 김옥균은 푸트를 다시 만나 정변을 의논했다. 이에 푸트는 "뜻있는 사람들을 널리 모아 조용히 시기를 기다리되 급히 앞으로 나아가 도리어 개화하는 길에 방해가 되지 않도록 하라"고 권고했다.[413] 김옥균은 그 말이 옳다고 답했다. 하지만 이미 행동은 결정돼 있었다.

미국공사관에서 나온 김옥균은 곧바로 경복궁으로 가 고종을 만났다. 그 자리에서 김옥균은 고종으로부터 혁명에 대한 긍정적인 언질을 받았다. 회고록에는 이렇게 기록돼 있다.

주상께서는 "경이 품고 있는 마음을 내가 잘 알겠다. 무릇 국가 대계에 관계되는 일은 위급할 때에 경의 대책에 일임할 터이니 경은 다시 의심하지 말라" 하셨다. 나는 대답하기를, "신이 비록 감당할 수 없사오나 오늘밤의 성교聖敎가 간곡히 귀에 남아 있사온데, 어찌 감히 저버리겠습니까. 원하옵건대 전하께서 친히 쓰신 칙勅을 주시면 항상 몸에 지니고 다니겠습니다" 하니, 주상은 기꺼이 쓰시고 보압寶押을 그으신 뒤 옥새를 눌러주셨다. 나는 그것을 절하고 삼가 받았다. 먼동이 튼 뒤 물러나왔다.[414]

김옥균 본인이 쓴 회고록이니 왜곡이 없을 리는 없다. 하지만 무언가 혁명에 대한 고종의 지지가 있었음은 틀림없다. 그리고 닷새가 지난 12월 4일 밤 김옥균이 이끄는 북촌 5걸이 행동을 개시한 것이다.

### 무기고 속의 녹슨 총

1884년 양력 12월 4일 저녁 9시, 서울 종로 우정국 개국파티에서 시작된 정변은 6일 오후 7시 30분 창덕궁 동쪽(현 혜화동) 북묘北廟 앞에서 끝났다. 46시간이었다. 자체 병력은 일본 공사관 병력과 김옥균 주선으로 일본 도야마 육군학교를 다녀온 사관생도들과 평민 수십 명이었다. 서재필도 그중 하나였다. 믿는 무기는 오직 하나, 궁궐 수비대 무기였다.

혁명가들 머릿속에는 박영효가 평소 훈련시켰던 궁궐 수비대 친영군 병력 1,000명과 그 동안 고종이 들여왔던 소총이 들어 있었다. 고종 부부를 경우궁으로 데려갔다가 다시 창덕궁으로 들어온 일행은 5일 밤 친영군 무기고를 열었다. 김옥균은 경악했다.

소총을 일일이 꺼내 살펴보니 '각영各營에서 보유하고 있는 총과 칼이란 죄다 녹슬어서 처음부터 탄환을 장전할 수 없는 형편이었다. 그래서 각 사관들에게 병정을 데리고 총을 모두 분해하여 소제하게 하였다.'[415] 2년 전 임오군란 때 파악됐던 부실한 무기 관리 실태가 전혀 개선되지 않고, 오히려 악화돼 있었던 것이다. 김옥균 일기에는 '여러 가지 일을 다 적을 수는 없다'고 덧붙여 적혀 있다.

사관들이 총기를 분해하고 있는 사이 혁명세력은 혁명 정강을 발표했다. 1조는 '대원군을 즉각 환국케 하고 청나라에 대한 사대, 조공 허례를 폐지한다'였고 2조는 '문벌 폐지와 인민평등권 제정, 실력과 재능에 의해 인재를 등용한다'였다.[416]

1884년 갑신정변 후 일본으로 망명한 갑신정변 주인공들. 왼쪽부터 박영효, 서광범, 서재필, 김옥균. 반청(反淸) 자주와 반(反) 부패를 내건 혁명이었지만 여건과 준비 부족으로 46시간 만에 실패로 끝났다. 또 다른 주역 홍영식은 고종을 북묘까지 호위했다가 청나라 군사에게 난자당해 죽었다. 박영효는 훗날 친일파로 돌아섰고 서광범은 미국에서 죽었다. 서재필은 미국인이되었다. 김옥균은 1894년 고종이 보낸 자객 홍종우에게 암살당했다. 김옥균의 시신을 능지처참한 뒤 고종은 이를 축하하는 대사면령을 내렸다.

총을 모두 분해하고 생도들이 녹을 벗겨내고 있는 바로 그때 궐 밖에서 총탄이 쏟아졌다. 따로 피신해 있던 왕비 민씨가 부른 청나라 병사 1,500명이었다. 그러자 일본 공사 다케조에가 일본군 철수를 선언했다. 남은 조선군은 '총을 모두 분해한 터라 모두 맨손으로 도망쳤으니, 계책이 나올 수 없었다.'[417] 고종은 궁을 떠나겠다고 선언하고 혜화동에 있는 북묘[418]로 피신했다. 그곳에서 고종은 미리 와 있던 아내 민씨와 재회했다. 홍영식은 북묘까지 고종을 수행했다가 청나라 부대에게 난자당해 죽었다.

민간에 대한 세금 징수에서 군사 비리까지, 부패는 혁명가들 예상보다 깊고 넓었다. 부패정권이 쌓아놓은 부패의 늪에 혁명가들이 빠지고 만 것이다. 반청 자주의 기치는 그 청나라 무력 앞에 무릎을 꿇었고 반부패의 기치는 부패 앞에서 좌절했다. 혁명은 실패했다.

혁명이 실패한 더 큰 이유는 혁명파의 미숙한 과격성과 고종의 변심이었다. 고종 면전에서 혁명파는 고종 최측근들을 무자비하게 살해하고 만 것이다.

임오군란 이후 청일전쟁까지 조선 국왕을 뛰어넘는 권력을 휘둘렀던 원세개. /미국 의회도서관

김옥균 등이 생도 및 장사들을 시켜 좌영사 이조연, 후영사 윤태준, 전영사 한규직, 좌찬성 민태호, 지중추부사 조영하, 해방 총관 민영목, 내시 유재현을 앞 대청에서 죽이게 하였다. 상께서 연거푸 "죽이지 말라! 죽이지 말라!"고 하교하시는 말씀이 있기까지 하였으나, 명을 듣지 않았다.[419]

명분이 앞서도 현실과 마주치면 눈이 돌아가는 법이다. 메이지유신을 치러낸 일본 지사들은 그 '눈이 돌아가는' 충동을 억눌렀다. 조선 혁명가는 그러지 못했다. 혁명가도 고종도. 혁명 수괴 김옥균에게 동의 문서까지 써준 왕이었지만, 그게 전부였다.

## 혁명가들의 최후

갑신정변과 관련돼 체포된 사람은 23명이었다. 20명은 처형되고 2명은 유배형을 받았다. 한 명은 고문사했다. 박영효의 형 영교와 다른 행동대원은 살갗과 뼈와 살을 조금씩 도려내는 능지처참형을 받았다. '능지凌遲'는 천천히 살갗을 도려내는 형이고 '처참處斬'은 목을 자르는 형벌이다.

집은 부수고 연못을 만들었다. 홍영식 아버지 전 영의정 홍순목은 손자, 며느리와 함께 약을 먹고 자살했다. 북촌 5걸을 길렀던 박규수 집 옆집인 홍영식의 집은 병원으로 바뀌었다. 우정국 거사 때 칼에 맞아 죽을 뻔했던 거물 민영익을 살려준 미국 의사 호러스 알렌Horace Newton Allen에게 고종이 선물했다. 서광범의 아버지 전 이조참판 서상익은 감옥에서 죽었다. 서재필의 아버지 서광언과 어머니는 자살했다.

박영효 아버지 박원양은 손자를 죽이고 자살했다. 굶어죽었다는 기록도 있다. 훗날 어윤중과 김윤식은 박원양 시신을 묻어주고서 100일이 넘도록 한성 밖 성곽 아래에서 용서를 빌어야 했다. 이들의 자살은 사회적 타살의 성격이 매우 강했다.[420] 급진 개화파는 완전히 도륙됐다.

충남 아산에 있는 김옥균 가묘. 관에는 김옥균의 머리카락이 들어 있다.

정변 보름 전까지 거사를 상의했던 스승 유대치는 제자 오세창을 데리고 종적을 감췄다. 전남 장성 송산마을에 있는 한 묘 옆에는 '백의 유대치 월헌 홍규白衣劉大致月軒洪奎'라는 비석이 서 있다. 마을 원로 유관종(2019년 현재 79세)은 "우리 할아버지 어릴 때도 있었던 '삼일천하 할아버지'의 묘"라고 기억했다.

홍영식을 제외한 혁명가 4명은 일본으로 망명했다. 서재필과 서광범은 훗날 미국으로 갔다.

### 도해포적사 지운영

고종은 망명객 목숨도 놔두지 않았다. 이미 정변 진압 직후 고종은 "간담이 떨려 생각조차 할 수 없으니 처분하라"고 명을 내려놓은 터였다.[421]

1885년 11월 이조참판 민병석은 통리군국사무아문 주사 출신 사내 지운영을 자객으로 보냈다. 그가 소지한 문서에는 '도해포적사渡海捕賊使'

라는 직함과 고종 도장이 찍혀 있었다. '바다를 건너 도적을 잡는 관리'
라는 뜻이다. 이를 눈치 챈 김옥균이 일본 신문에 항의 상소문을 올렸다.

이와 같은 경솔한 일을 행하여 국체國體를 손상시키고 성덕聖德을 더럽히는
것을 돌아다보시지 않으시는가? (민씨들 가운데) 많은 무리들은 나라를 파
는 죄인으로서, 혹은 청국 관리 힘을 빌어서 우리 국권을 짓밟고자 하는
자도 있으며, 그 밖의 허다한 죄는 일일이 들어 말할 수 없을 정도다. 폐하
도 신과 의논하며 이를 없앨 계획을 세웠고 신도 또한 감읍해 아뢴 일이
있었다. 이 간사한 무리를 없애지 않는다면 폐하가 망국의 군주를 면하시
지 못하시겠기에 목숨을 바치고 일을 행했던 것인데 신을 역적으로 지목
하는 것은 무슨 까닭인가.[422]

– 〈지운영 사건 규탄 상소문〉

1886년 6월 10일 여론에 밀린 고종은 지운영을 왕명 사칭죄로 유배

전남 장성 송산마을에 있는 '백의 유대치' 묘. 마을 사람들은 이 묘가 갑신정변 주역의 스승 유대치의 무덤이라
고 믿고 있다.

보냈다가 6개월 뒤 석방했다. 김옥균은 1894년 음력 2월 22일(양력 3월 38일) 고종의 자객 홍종우에 의해 청나라 상해에서 죽었다. 김옥균의 시신은 3월 9일 서울로 돌아와 양화진에서 능지처참됐다.

4월 26일 충청관찰사는 김옥균 친부 김병태의 목을 베었다.[423] 김옥균 친어머니는 딸과 함께 약을 먹고 자살했다. 다음날 고종은 "역적의 괴수를 추륙追戮하여 귀신과 사람의 분이 풀렸다"며 이를 축하하는 대사면령을 내렸다.[424]

훗날 서재필은 혁명 실패 이유를 이렇게 분석했다.

동서양을 막론하고 민중의 조직적인 후원 없이 선구자 몇 사람만으로 성취된 개혁은 없다. (우리) 독립당은 계획이 부실하기도 했지만 무엇보다도 제일 큰 패인은 그 계획에 까닭도 모르고 반대하는 일반 민중의 무지몰각無知沒覺이었다.[425]

엘리트주의에 젖은 오만한 분석이었다.

냉철한 분석이기도 했다. 주자 이외 학문을 이단이라 규정하고 다양성을 일체 허용하지 않고 살아온 500년 역사가 만든 결과였다.

'호민'을 산속으로 숨게 만든 성리학적 체제가 강철처럼 단단하고 무거웠던 것이다. 총이 부패로 녹슬던 갑신년 겨울, 영민해야 할 조선 대중은 스스로 영민함을 자각하지 못하고 여전히 겨울잠을 자고 있었다.

'조선은 찬란했던 500년 역사를 통해 백성의 호전 정신을 뿌리 뽑는데 모든 힘을 쏟아 너무나도 대성공을 거두었다.'
— 윤치호,《국역 윤치호일기》, 1919년 2월 22일

# 껍데기 대한제국

> "내가 일찍이 구만리를 돌아다녀 보고 위아래 4000년 역사를 보았지만
> 한국 황제와 같은 사람은 처음 보았다."
> 이 말을 한 사람은 구한말 조선에서 활동한 사업가 겸 의사 겸 외교관 호러스 알렌이다.
> 칭찬인가, 조롱인가. 그 앞 문장에 답이 있다. "한국 국민은 가련하다[韓民可憐]."⁴²⁶

> 16세기 코페르니쿠스가 잉태한 과학혁명과 18세기 미국 독립혁명과
> 19세기 서구 산업혁명의 혜택을 흠뻑 받은 이 미국 지식인이
> "처음 봤다"며 탄식한 인격체는, 조선 26대 군주 고종이다.
> 서기 1543년 지동설과 철포와 백운동서원에서 출발한 우리네 시간 여행 종착지다.

## 절멸된 개화파, 멸종된 인재

1894년 고부 군수 조병갑이 물세를 받아먹다가 농민들에게 혼쭐이 났다. 사태 수습을 위해 조정에서 파견한 안핵사 이용태가 농민들을 위협하다가 혁명으로 번졌다.

문란한 삼정을 수습하기는커녕, 조선 정부는 민란을 진압하기 위해 청나라에 군사를 청했다. 아이디어는 일찌감치 1년 전 고종이 냈고⁴²⁷ 실행에 옮긴 자는 병조판서 민영준이었다. 민영준은 조선을 지배하고 있던 원세개에게 군사를 청했다.⁴²⁸ 이후 청나라와 일본이 조선에서 전쟁을 벌였다. 청이 퇴각하고 일본이 이겼다. 임오군란 때 조선 권력층이 끌어들였던 청나라는 12년 만에 물러났다. '천하天下'라는 동아시아 질서는 붕괴됐다. 도덕과 권위가 아니라 힘이 힘인 세상, 세계世界가 도래했다.

### 살해된 민비와 아관에서의 1년

1895년 10월 8일, 경복궁 건청궁에서 왕비 민씨가 일본인 패거리에게 살해당했다[429]. 친일 개혁 정부가 들어섰다. 친일이었으나, 매국은 아닌 개혁 정권이었다. 고종은 경복궁에 치를 떨었다. 생명의 위협도 느꼈다. 그리하여 이듬해 2월 11일 아침 단행한 조치가 '아관파천俄館播遷'이었다. '러시아공사관으로 왕이 도망갔다'는 뜻이다.

1897년 2월 20일까지 아관에서 보낸 1년을 오로지 기록으로만 본다.

러시아공사관 도착 첫날 고종은 유길준과 조희연과 장박, 권영진, 이두황, 우범선, 이범래와 이진호 체포령을 내렸다. 을미사변 주동자로 낙인찍힌 자들이다. 을미사변 이후 내각 총리였던 김홍집 또한 체포하려 했으나, "하늘의 이치가 매우 밝아서 역적의 우두머리는 처단되었다."[430]

김홍집은 거리에서 시민들에게 맞고 찢겨 죽었다. 탁지부대신 어윤중은 보은으로 도주하다가 용인에서 역시 맞아죽었다. 갑신정변 때 처단된 급진개혁파에 이어 온건개화파들이 아관파천 기간 중 모두 척살됐다. 이로써 조선에 남은 개화파들은 절멸됐다.

13일 '안심하고 생업에 종사하라'고 포고령을 내린 고종은 닷새째인 2월 16일 "경운궁(덕수궁)과 경복궁 수리가 끝나는 대로 환궁 여부를 확정하겠다"고 했다. 그해 8월 10일 고종은 "궁내부와 탁지부가 경운궁을 수리하되 간단하게 하도록 하라"고 명했다.

간단하지 않았다. 23일에는 경복궁에 있던 왕비 민씨 빈전과 왕들 초상화를 모신 진전을 경운궁으로 옮기라고 명했다. 조선 왕실은 '이미 파천 전부터 명례궁(明禮宮, 경운궁) 수선 공사에 착수했다.'[431]

3월 11일 고종은 러시아 황제 대관식에 민영환을 파견했다. 3월 29일 미국인 모스에게 경인철도 부설권을 양여했다. 4월 17일 역시 미국인 모스에게 평안도 운산금광 채굴권을 양여했다. 4월 22일 러시아인 니시켄스키에게 함경도 경원과 종성 사금광 채굴권을 양여하고 7월 3일 프랑스 기업 그리러사社에 경의선 철도 부설권을 양여했다. 9월 9일 러시아 상인 브리네르가 설립한 합성조선목상회사合成朝鮮木商會社에 압록강 유역과 울릉도 벌목伐木과 양목養木 권한을 허락했다.

그 사이 고종은 경운궁에 가서 '위험하다는' 일본 공사를 접견했다.(1896년 음5월 16일《고종실록》, 음6월 6일《승정원일기》) 이듬해 1월 18일 일본황태후가 죽었다. 고종은 19일부터 27일까지 상복喪服을 입었다.[432] 그러니 일본을 피해 망명했다는 말은 어불성설이다.

고종이 한 일은 황제로 등극해 머물 황궁 설계와 이권 양여가 전부였다. 조선팔도 금은보화가 1년 만에 골수까지 파헤쳐져 팔려나갔다.

### 대한제국 선포와 원구단

경복궁을 떠난 지 만 1년 9일 만인 1897년 2월 20일 고종이 궁궐로 돌아왔다. 처음 떠났던 경복궁이 아니라 러시아공사관 코앞인 경운궁이었다. 폭풍우가 몰아치듯 조선왕국 정치, 외교, 경제, 사회가 격동했다.

그 해 10월 12일, 조선국 26대 왕 고종은 국호를 '대한제국'으로 바꾸고 초대 황제로 전격 등극했다. 이날 황제는 경운궁 동쪽에 있던 포덕문을 나와 동쪽 언덕을 향했다. 동쪽 언덕은 지금 소공동이다. 언덕에 설치된 원구단圜丘壇에서 황제는 하늘에 황제 등극을 알렸다. 중국에 사대하며

서울시청 동쪽 소공동에는 대한제국 황제가 하늘에 제사를 지내던 '원구단(圜丘壇)'이 있었다. 청(淸)으로부터 독립한 나라임을 하늘에 고하던 제단(祭壇)이다. 1897년 세워진 원구단은 13년 뒤인 1910년 총독부 소유 부동산으로 인계됐고 3년 뒤 제단은 철거돼 조선철도호텔이 들어섰다. 사진은 하늘신과 조선 태조 위패를 모셨던 황궁우(皇穹宇)다. 제단 본전인 원구단은 사진 오른편 웨스틴조선호텔 자리에 있었다. 황궁우 뒤편 롯데호텔(흰 건물) 자리에는 1934년 일본 자본가 노구치 시다가후가 지은 반도호텔이 있었다.

하늘에 직접 제사를 올리지 못했던 조선이 원을 푼 날이었다. 그 날, 500년 만에, 조선에 하늘이 열렸다. 가을날 화요일이었다. 폭우가 쏟아졌다.

그날을 서재필은 〈독립신문〉에 이렇게 묘사했다. '조선 사기에 몇만 년을 지내더라도 제일 빛나고 영화로운 날이 될지라.'[433] 명에 이어 청나라에까지 머리 조아리며 살던 나라였으니 자주독립을 꿈꿨던 혁명가 서재필에게는 기뻐해야 마땅한 날이었다.

개혁파 지식인 윤치호는 냉정했다. '세계 역사상 이보다 더 수치스러운 황제 칭호가 있을까(Has the title of Emperor been so disgraced as this

대한민국 징비록

ever before in the history of this world?)'**434**

## 폭풍 속 조선, 천제를 올리다

임오군란…갑신정변…청일전쟁…을미사변…아관파천…. 19세기 중반 이후 조선에 벌어진 일들은 제목만 봐도 위급하다. 그 와중인 1894년 5월 10일 고종은 사대의 상징인 창덕궁 대보단에 세자와 함께 제사를 지냈다.**435** 대보단에 모신 세 황제 가운데 왕권이 막강했던 명 태조 홍무제에 올리는 제사였으니, 풍전등화 같은 나라를 짊어져야 할 고종이 지키려 한 가치는 국권이 아니라 '왕권'이었다. 1897년 2월 러시아공사관에서 경운궁으로 돌아온 고종은 스스로 황제국임을 선포하고 원구단에서 하늘에 이를 고했다. 이보다 2년 전 당시 학부대신 이도재는 이렇게 상소했다.

> 허명虛名이나 차리는 말단적인 일은 몇 년을 두고 나라가 부유해지고 군사가 강해지기를 기다릴 것이다. 서양에서 동양을 노리고 있는 때에 형식이나 차리는 일이 어찌 시급한 일이겠는가.**436**

이도재는 이 상소와 함께 사표를 던졌다. 매천 황현은 황제 즉위식과 원구단 제사를 두고 이렇게 평가했다.

> 어째서 군이 궁궐을 수리하여 새롭게 조성하는 공사를 했다는 말인가. 혹자는 "(경복궁과 창덕궁) 두 궁궐이 외국 공관에서 다소 멀리 떨어져 있어 의외의 변란이 발생할까 두렵다. 그러니 새로운 궁궐을 짓지 않을 수 없다"라고 하기도 한다. 그런데 정말로 변란이 일어난다면 새로운 궁궐만 어찌 천상天上에 있을 수 있겠는가.**437**

요컨대, 독립과 부강을 위한 방법이 글러먹었다는 말이다. 조선, 대한제국 권력자는 부강과 독립 대신 허세虛勢를 택했다.

### "군복은 외제로"

1897년 10월 15일 대한제국 선포 사흘 뒤 탁지부대신 박정양이 의정부찬정 심순택에게 5만 원 지급 요청 업무 연락을 띄웠다. '(즉위식) 제반비용을 결재해야 하는데, 금고가 텅 비었으니 이 어찌 군색하지 않으리오.'[438] 이에 앞서 10월 7일 박정양이 보낸 또 다른 업무 연락 제목은 '황제 도장 제작용 황금 1,000냥 구매 요청'이었다. 비용은 4만 5,000원이었다. 그해 대한제국 세출 예산 419만 427원 가운데 52만 원이 국채였다.

한번 솟구친 허세는 꺾일 줄 몰랐다. 고종은 군복에 쓸 철모를 독일 세창양행을 통해 수입했다. 대한제국은 이 철모를 대량으로 주문했다.[439] 1900년 육군참장 백성기가 상소했다. "우리나라 군복을 꼭 외국에서 사와야 하겠는가?"[440] 1903년 대한제국 세입 예산은 1,076만 6,115원이었다. 이 가운데 98만 8,250원이 그해 갚아야 할 빚이었다.

### 가난한 제국, 갑부 황제

1899년 6월 22일, 고종은 국방부 격인 군부와 별도로 황제 직속 군사조직인 원수부를 창설했다. 황제가 의정부를 거치지 않고 군사, 경찰을 부릴 수 있는 장치였다. 원수부 건물은 황궁인 경운궁 대한문 옆에 설치됐다. 각 부서장인 총장은 의정부 대신보다 위였다. 고종은 원수부와 군부에 해마다 예산의 40퍼센트를 투입해 군을 육성했다. 그 군이 담당한 업무는 황궁 경비와 활빈당 척결과 소요 진압이었다. 1899년부터 1904년까지 6년 동안 군부대신은 25명이 바뀌었다. 평균 재임 기간은 87.6일이었다.[441] 원수부 각 총장도 고종 마음대로 수시로 교체됐다.

고종의 어가 행렬 사진. 당시 주한 미국 공사 알렌이 가지고 있던 이 사진에서 고
종은 선글라스를 끼고 대한제국 황궁인 경운궁 옆을 지나며 카메라를 바라보고 있
다. 그가 권력을 탐하는 과정에서 국고와 무기고는 텅 비었다. 인재는 모두 사라지
고 주변에는 간신배가 우글거렸다. 국부, 국력, 인적 자원이 고갈된 상태에서도 황
제는 권력을 놓으려 하지 않았다. /동은의학박물관

　　황실 재정을 담당하는 내장원 권한도 대폭 확대됐다. 홍삼, 광산 사업
수익은 물론 동학혁명의 원인이던 각종 잡세도 전격 부활시켜 내장원이
거둬들였다. 관세까지 탁지부에서 빼내 황제 직속으로 만들려던 시도는
당시 세관 고문인 영국인 브라운이 반발해 실패했다.

　　그리하여 대한제국 황제는 내장원을 통해 물고기, 소금, 선박, 인삼, 땔
감, 풀, 갈대, 소나무, 밤, 대나무는 물론 완도 우뭇가사리와 서천 연어와
동해안 함경북도 염전까지 세금으로 거두게 되었고 팔도 광산에서 나오
는 돈은 대부분 황제 차지가 되었다.[442]

　　돈을 만드는 전환국 또한 내장원 소속으로 만들었다. 쓸 돈이 떨어지

면 황제는 전환국에서 돈을 찍어서 이를 자기 개인금고인 '별고別庫'에 채워 넣었다. 대한제국기에 전환국이 발행한 돈은 모두 1,803만 원이었다.[443] 내장원경 이용익은 1899년 이래 1904년까지 삼정감독(홍삼), 광무감독(광산)을 겸직했다. 황실을 견제해야 할 탁지부 협판(차관급)도 겸직했다. 황실 금고는 잡식성이었고 천하무적이었다.

1899년 10만 1,431냥이던 내장원 수입은 1901년 158만 606냥으로, 1904년 3,004만 2,433냥으로 300배 올랐다. 지출 가운데 황제 고종이 영수증 없이 쓸 수 있는 내입금 또한 1899년 2만 5,847냥에서 1904년 1,030만 9,631냥으로 400배 올랐다. 1902년 전환국에서 찍어낸 백동화는 280만 원이었다. 이 가운데 150만 원이 황제 별고로 들어갔다. 황실 업무비 소관 부서인 궁내부 별고에도 40만 원이 입고됐다.[444] (1894년 갑오개혁으로 도입된 새 화폐단위 '원'의 가치는 옛 화폐단위 '냥'의 다섯 배였다. 즉, 1원이 5냥이었다. 내장원은 옛 화폐를 여전히 사용했다.)

대신 나라 살림은 거덜났다. 국가 예산을 집행하는 탁지부는 수시로 군인과 경찰에 줄 월급이 없어서 전환국에서 거듭 돈을 빌려야 했다.[445]

그 쪼들리는 살림으로 대한제국은 전기를 가설하고 전철을 놓고 학교를 설치했다. 장한 일인가? **한 정권이, 국가가 당연히 해야 할 바를 한다고 해서 이를 칭찬한다면 잘못이다.** 근대화 시기에 법제를 정비하고 정부 조직을 개편하는 조치는 칭찬의 대상이 아니라, 당연한 일이다. 이를 하지 않으면 비판을 받아야 한다. 경부고속도로를 시속 200킬로미터로 역주행하면서 무사고로 부산에서 서울까지 달리는 데 성공했다면, 그 기사를 모범운전자로 포상할 것인가 아니면 소시오패스로 처벌할 것인가. 대한제국과 고종은 그 짓을 매일같이 자행했다.

그런 와중인 1904년 2월 29일 황궁인 경운궁이 화재로 전소됐다. 함녕전 온돌 공사 때 붙은 불이 궁궐 전역을 휩쓸었다. 이에 특진관 이근명이 "처소를 다른 궁으로 옮기시라"고 하자 고종이 답했다. "비록 곤궁하지만 이 궁궐을 반드시 중건해야 한다."[446]

그 비상식적인 지도자에게 중추원 의관 안종덕이 상소를 했다. 안종덕은 "경복궁과 창덕궁이 있는데 왜 경운궁을 중건하는가." 그리고 안종덕이 황제를 이렇게 비웃었다.

"환난이 생길 때마다 왕께서 내린 밝은 조서가 몇천 몇백 마디인지 모를 정도입니다. 이번에도 청렴과 근면과 공정과 신의를 시행하시겠다고 하셔서 두 손으로 받들고 아홉 번 머리 조아려 읽으며 크게 탄복했습니다. 제대로 시행만 하신다면 역대로 다섯 분밖에 안 계시던 훌륭한 황제가 늘어나 여섯이 되겠군요."[447]

말로만 개혁을 외치는 지도자에게 '과연 이번에는 똑바로 하겠소이까' 하고 던진 비아냥이었다.

열흘 뒤 봉상사 부제조 송규헌이 작심을 하고 일격을 날렸다.

"군신상하가 바삐 뛰어도 두려운데 대궐을 수리나 하고 있는가. 저 간신들을 다 처벌하고 공사를 중단하라."

귀는 열리지 않았다. 비상식적인 판단에 의해 중건이 결정되고 2년 뒤 공사가 완료됐다. 중건 공사비용은 모두 795만 2,764냥 4전(신 화폐 159만 550원)이었다. 1906년 대한제국 세출예산은 796만 7,388원으로, 공사비

아버지 대원군에 이어 고종 본인이 중건을 완성한 조선 법궁 경복궁. 중건에는 800만 냥이 들었다. 고종은 대한제국 황궁으로 경복궁 대신 경운궁(덕수궁)을 선택했다. 1904년 경운궁 또한 불이 나자 795만 냥을 들여 중건했다.

는 국가예산의 20퍼센트였다.[448]

　가난한 왕국 국왕은 기어코 제국을 건설했다. 가난하기 짝이 없는 제국 황제는 거듭해서 궁궐을 수리하고 불탄 궁궐을 다시 만들라고 명령했다.

　돈 들여 키운 군사는 황궁 수비와 치안에 투입됐다. 백성 기름과 피를 쥐어짠 세금은 황실 주머니로 들어갔다. 갑신년과 병신년에 죽여 버린 개혁파 인재들은 돌아오지 않았다. 전제군주 황제는 모든 것을 다 소유했다. 황제 눈에 든 근왕파들이 요직을 차지하고 서로 싸우며 '주식회사 대한제국'을 경영했다. 참으로 허세였다.

### 독립협회의 붕괴와 좌절된 대중의 각성

　1896년 서재필이 망명지 미국에서 귀국했다. 미국 국적을 가진 계몽주의자 필립 제이슨으로 귀국했다. 1884년 갑신정변 실패를 "까닭도 모르고 반대하는 일반 민중의 무지몰각 때문"이라고 했던 그였다.

　왜 대중은 무지몰각했는가. 1884년. 서점 한 군데도 없고 정부가 펴내

대한민국 징비록

는 언문책이라곤 삼강오륜 같은 유교 교리서만 있던 때였다. 1876년 강화도조약 후 수신사들 보고서는 비단 장정본으로 만들어 곧바로 왕실 도서관으로 들어가던 시절이었다. 아무도 개화를 읽을 수 없었고, 대중에게 개화는 악惡이었다.

일본 근대화는 대중이 개화를 알았기에 가능했다. 일본에서는 개화파 후쿠자와 유키치의 《서양사정》(1866) 초판이 15만 부가 팔렸고 《학문을 권함》(1872)은 해적판을 포함해 300만 부가 팔렸다.[449] 1871년 겨울 미국과 유럽으로 떠났던 이와쿠라사절단은 7년 뒤 《미구회람실기米歐回覽實記》라는 100권짜리 보고서를 만들어 '국민의 일반적 이익과 개발을 위해' 공개 출판했다. 적합한 일본어가 없어 그림을 많이 쓴 덕에 오히려 대중의 이해가 쉬웠다. 게다가 모두 한문이 아닌 일본어였다. 메이지시대 일본인들은 언문일치 문체를 개발해 서구 문물을 번역해냄으로써 일본식 근대를 완성해냈다.[450]

강화도조약 이후 조선 정부가 일본에 파견한 사신단은 1876년, 1880년 수신사와 '신사유람단'이라 불렸던 1881년 극비 조사시찰단이다. 이들 또한 귀국 보고서를 제출했다. 조사시찰단 단장 격이었던 이헌영은 고종에게 이렇게 보고서를 올렸다.

오늘날의 일본은 국토와 인민 이외에는 옛 것이라고는 하나도 없습니다.[451]

천지개벽을 목격한 엘리트가 올린 보고서였다. 하지만 보고서들은 국왕이나 일부 위정자들이 정책을 결정할 때 참고자료로 이용되고 곧바로 규장각 서고로 들어갔다.

지금도 규장각 서고에 있는 보고서들은 독서의 흔적이 보이지 않는, 손때가 묻지 않은 비단장정 수서본이 전부다. 조사시찰단의 조사朝士들이 쓴 일본 견문 보고서 대부분은 고종의 개인장서인 집옥재 도서로 보관됐다.[452] 조사시찰단 일원인 유길준이 1895년 일본에서 펴낸《서유견문》은 1896년 아관파천 이후 그가 역적으로 몰리면서 금서로 지정됐다. 대중은 개화 정보로부터 격리돼 있었다.

그런 조선에, 이제 필립 제이슨이 벼르고 별렀던 조선 혁명의 때가 도래한 것이다. 1896년 서재필은〈독립신문〉을 만들었고, 무악재에 있던 청나라 사신 영접용 영은문을 헐고 독립문을 세웠다. 이를 위해 만든 단체가 '독립협회'였다. 1897년 대한제국이 서고 이듬해 3월 독립협회는 종로에서 만민공동회를 개최했다. 무지몰각을 역사적으로 강요받던 대중들을 각성시킬 공간이었다.

어쩌면 그때가 조선에 마지막 기회였는지도 모른다. 만민공동회는 백

1차 수신사 김기수가 귀국 후 남긴 보고서《수신사일기》. 근대 문명이 준 충격이 기록돼 있지만 고종과 고위 관료들 외에는 그 누구도 보지 못했다(왼쪽). 이와쿠라사절단이 남긴 100권짜리《미구회람실기》. '대중에게 개화의 실상을 알리기 위해' 펴낸 보고서다(오른쪽).

정까지 참가해 연일 자발적으로 열렸다. 한글 신문과 토론을 통해 대중은 개화가 악이 아님을 깨달았다. 세상은 바야흐로 "몇 명의 박영효, 몇 명의 서재필이 있는지 모를 만큼[不知幾泳孝幾載弼]" 각성을 하고 있었다.[453]

가장 혁명적인 주장은 의회인 중추원 설립과 자유 민권이었다. 시대정신을 담은 사회 체제였지만, 가난을 억누르고 제국을 독점한 권력자 고종에겐 위험천만한 주장이었다.

1898년 10월 28일, 일부 대신이 참가한 관민공동회가 열렸다. 그런데 그날 '입헌군주정'이 튀어나온 것이다. 헌법으로 황권을 제한하자는 논의에 고종과 수구세력이 즉각 행동했다.

군부대신 민병석과 탁지부대신 민영기가 자금 2,000원을 들여 독립협회 파괴를 선동했고[454] 그해 12월 25일 독립협회는 폭력적으로 해산됐다. 만 2년이 못 되는 개혁의 기회는 사라졌다. 순식간에 세상은 '최악의 패거리가 구성한 반反 개혁적 정부'가 장악했다.[455] 서재필은 그해 5월 14일 가족과 함께 인천항을 통해 미국으로 돌아갔다. 독립협회 해산 이후 서재필을 사형시키라는 상소가 빗발쳤다.

## 황제의, 오직 황제를 위한

의회와 입헌제 주장을 파괴시킨 고종은 곧바로 황제권 강화작업에 돌입했다. 1899년 4월 고종은 갑오경장 때 폐지된 연좌제 부활을 시도했다. 국내는 물론 일본으로 망명 중인 개화파 국사범을 멸족시키겠다는 의도였다. 이는 6월 주재 외국 공사들의 일치된 반대로 무산됐다.[456] 하지만 반개혁 작업은 집요하고 신속했다.

6월 23일 고종은 제국 법률 제정 작업을 명했다. 7월 2일 황명에 의해 설치된 '법규교정소'는 8월 17일 첫 법령을 내놨다. '대한국국제大韓國國制', 대한제국의 헌법이다.

제국 건국 2년 만에 나온 이 헌법 1조는 '자주독립'을 규정했다. 그리고 2조부터 끝항 9조까지는 황제에 관한 조항이다. '대한제국은 전제정치다', '대황제는 무한 군권 향유', '신민은 황제 군권 침손 금지', '황제의 육해군 통솔, 계엄권', '황제의 법률 제정, 집행권', '황제의 행정부 관할권'에서 '황제의 조약 체결 및 선전포고권'까지 몽땅 황제의 권리였다. 고종이 그리도 바라 마지않던 절대 전제권이, '단 한 달 보름 만에' 법적으로 확보된 것이다.

10년 걸려 헌법을 연구하고 제정하고 반포한 일본 메이지 정부와 너무나도 달랐다. 내용 또한 너무나도 달랐다. 메이지 근대 일본은 삼권 분립을 비전으로 내걸었지만, 고종은 조선 그 어떤 역대 왕도 즐기지 못한 절대 권력을 독점한 일인독재를 법률로 규정해버렸다.

### 강제 중단된 연명치료

조선은 왕도정치를 표방하고 건국된 국가였다. 왕권과 신권臣權이 조화를 이루며 세상을 다스리는 이상사회 건설이 목표였다. 16세기 서원 설

1910년 8월 30일자 〈한성신문〉. 전날까지 〈황성신문〉이었던 이 신문은 한일병합조약과 함께 '한성신문' 제호를 바꾸고 총독부 통제를 받게 됐다.

대한민국 징비록

립과 함께 권력은 서서히 신권 중심으로 변해갔다. 임진왜란 후 광해군
이 실권하고 권력은 서인西人에게 넘어갔다. 17세기 서인 가운데 송시열
이 이끈 노론老論으로 권력이 넘어갔다. 노론 독재 200년 만에 19세기 풍
양 조씨와 안동 김씨 두 가문家門에 권력이 넘어갔다.

그리고 고종이 친정을 하면서 권력은 민씨 단일 가문에게 집중되더니
마침내 대한제국과 함께 권력은 오로지 황제 한 명에게 집중됐다.

왕도에서 사림으로, 사림에서 노론으로, 노론에서 가족으로, 가족에서
일인 독재로 권력이 집중되는, 반反 시대적인 흐름 속에 조선왕조 위로
세월이 갔다.

하필이면 그 마지막 권력자가 옹졸하고 부패하고 이기적이어서, 권력
의 날파리들은 황제로부터 모든 것을 다 빼내고 신흥 권력인 일본에 빌
붙어버린 것이다. 국가 지도자가 왕권王權을 위해 국권을 내팽개친 사이
벌어진 일들이었다.


근대화를 주도해야 할 인재는 도륙됐고, 군사력은 허무하리만치 나약
했으며 공업과 상업은 피폐하였다. 껍데기만 남은 그 제국 황실에서 남
은 것은 황제 혼자밖에 없었다. 그때 일본이 중환자실 문을 벌컥 열고 들
어와 500년째 연명치료 중이던 조선으로부터 산소 호흡기를 제거해 버
린 것이다.

# 명품 고물 군함 양무호와
# 허세의 군주

### 황태자, 생일잔치를 청하다

1901년 12월 11일, 황태자 이척李坧이 황제 고종에게 상소를 했다.

"내년은 부황 폐하가 51세가 되고 왕위에 오른 지 40년이 되는 경사스러운 해옵니다. 소자가 동짓날에 모든 관리를 거느리고 축하를 올리도록 허락함으로써 하찮은 성의나마 조금이라도 펼 수 있게 하여 주시기 바라나이다."

파티까지는 아니더라도 송덕문 정도는 받아주시라는 것이다. 이에 고종은 "크게 벌이자는 것이 아니니 특별히 허락한다"고 겸손하게 상소를 받아들였다.[457]

훗날 황제가 될 황태자는 이후 두 주일 동안 문무백관과 함께 네 번씩

이나 "이 김에 잔치도 벌이자"고 청했다. 고종이 대답했다. "지금 백성이
처한 처지에서 헤아리면 짐의 마음이 편안하겠는가?"

다들 백성을 생각하는 군주라 생각하는 순간 황제가 말을 이었다.

"내년 가을에 해도 결코 늦지 않다."[458]

백성들 눈이 있으니 미뤄뒀다가 내년에 파티를 벌이겠다는 말이었다.
이후는 일사천리였다.

다음날 경운궁 중화전에서 황태자는 황제에게 송덕문을 올렸다. 이 중
화전은 현재 중화전 옆에 있는 즉조당卽阼堂이다. 고종은 1897년 10월 7
일 그가 정전으로 쓰고 있던 즉조당을 태극전太極殿으로 개명했다. 닷새
뒤 황제가 된 고종은 이듬해 2월 13일 태극전을 다시 중화전中和殿으로 개
명했다.[459] 지금 중화전은 1902년 10월 19일 공식 완공됐다. 세상만사 바
쁜 일이 천지인데, 고종은 건물 작명 작업에 몰두하고 있었다. 음력 정월
초하루인 1902년 2월 8일, 고종은 옛 중화전에서 망육순(望六旬, 51세)과
즉위 40주년 축하를 받고 사면령을 반포했다. 허세 가득한 날들의 시작
이었다.

대한제국 황제 고종과 황태자 이척(순종). /국립고궁박물관

## 황제, 즉위 기념식을 명하다

2월 8일 축하식이 끝났다. 2월 18일 고종은 황태자로부터 새로운 존호尊號를 받았다. 새 존호는 '건행곤정 영의홍휴乾行坤定 英毅弘休'. 이로써 고종 황제 존호는 '통천융운조극돈륜정성광의명공대덕요준순휘우모탕경응명입기지화신열외훈홍업계기선력건행곤정영의홍휴統天隆運肇極敦倫正聖光明功大德堯峻舜徽禹謨湯敬應命立紀至化神烈巍勳洪業啓基宣曆乾行坤定英毅弘休'가 되었다. 48자다. 순조 77자, 영조 70자에 이어 세 번째로 긴 존호다. 고종 사후 존호는 열두 글자가 추가돼 60글자가 됐다.

3월 5일 존호를 받은 기념으로 황제는 또 사면령을 반포했다. 이날 고종이 내린 조칙에는 백성을 생각하는 마음이 그득했다.

백성이 굶주리고 나라 저축이 거덜 나서, 근심 걱정으로 비단옷에 쌀밥이 편안치 않지만 억지로 따랐으니 짐이 실로 부끄럽게 여겼다.[460]

그런데, 사람들은 또 속았다. 2주일이 지난 3월 19일 고종은 '올 가을에 등극 40년 경축 예식을 거행하려고 한다'고 조령을 내린 것이다. 게다가 황제는 절차를 의정부와 궁내부, 예식원, 장례원에서 마련하라는 명도 함께 내렸다. 고종 황제 본인이 내린 결정이었지 아래 관리들이 올린 아이디어가 아니었다. 백성을 걱정한다는 고종의 말은 중추원 의관 안종덕이 힐난했던 '몇천 몇백 마디 밝은 조서'에 불과했다.

## 파티 메들리

3월 29일 왕족인 완평군 이승은이 황제에게 기로소耆老所에 들라고 상소했다. 나이 칠십을 기耆라 하고 여든을 로老라 한다. 기로소는 관료들 가운데 기로한 자들을 예우하는 기관이다. 기로소는 지금 서울 세종로사거

대한민국 징비록

리 교보빌딩 부근에 있었다. 왕은 달라서, 태조는 예순에 숙종은 쉰아홉, 영조는 쉰하나에 기로소에 들었다.

그 예를 따라 고종도 들라는 청이었다. 나흘 뒤 황태자가 기로소 입소와 함께 입소 잔치를 상소했다. 입소 잔치 이름은 '양로연養老宴'이다. 황제는 입소 요청은 받아들이고 잔치는 거절했다. 4월 13일 황태자 이척이 "떳떳한 규례이니 빠뜨릴 수 없는 일"이라며 다시 잔치를 청했다. 고종은 '간략하게 치르라'며 받아들였다.461 결정은 즉각 시행됐다.

5월 4일 오후 1시 고종이 지붕이 누런 황제 가마를 타고 경운궁 대안문大安門(현 대한문)을 나왔다. 황토현(현 동화면세점 일대) 신작로에는 군병이 완전군장으로 도열했다. 군악대가 나발과 북을 연주했다. 기로소 행사를 마친 황제는 오후 4시 환궁했다.462 다음날 황제는 세 번째 사면령을 반포했다.

그달 30일 아침 경운궁 함녕전에서 잔치가 벌어졌다. 다음날 아침 또 잔치가, 밤에 또 잔치가, 6월 1일 아침과 밤 또 잔치가 열렸다. 잔치는 6

'모든 것을 내려놓은' 태황제 고종. /국립고궁박물관

일, 18일에 또 열렸다. 19일 밤에는 제국 영빈관인 대관정大觀亭(현 프라자호텔 뒤편)에서 '각 공사, 영사와 신사를 청하여 기악으로 잔치를 벌였다.'[463] 궁궐 잔치에는 평양, 선천, 진주와 서울에서 무용과 음악을 맡은 기생 80명이 동원됐다. 매천 황현에 따르면 궁내부에서는 잔치를 위해 프랑스제 촛대와 밥그릇을 구입했다.

그 해 굶주린 경기도민들이 파주에 있는 인조릉 장릉 송림을 침범해 나무껍질을 모두 벗겼다. 능병들은 이를 막지 못했다. 송림 밑에서 쭈그리고 앉아 죽은 사람이 줄을 잇고 있었다.[464]

황실이 양로연을 치르면서 연일 북을 치고 풍악을 즐기자 사람들은 궁중으로 기와조각을 던졌다. 고종은 신하가 잔치 자리를 옮길 때까지 투석投石이 있었던 사실도 몰랐다.[465]

충신은 나라를 위해 목숨을 바치고 간신은 목숨을 위해 나라를 버린다. 간사한 지도자도 마찬가지다. 한 나라 지도자가 나라를 망가뜨리기로 작정을 하면 망국은 순식간이다. 동서고금에 한 조직이 붕괴되는 가장 직접적인 원인은 부패腐敗다. 조직과 공동체 대신 권력 스스로를 향한 탐욕이 낳은 산물이다. 불행하게도, 하필이면 그때 지도자였던 고종이 그랬다.

## 평양행궁과 기념비각

"동서양 나라들 중에 수도를 두 개 두지 않는 나라가 없나이다. 황제 폐하께서 세우신 터전은 크고 원대하여 옛날보다 뛰어나건만 유독 이 제도만은 아직 시행하지 못하였나이다." 기로소 입소 사흘 전 특진관 김규홍이 상소했다. 궁궐을 하나 더 짓자는 건의였다. 고종은 "별도로 편의 여부를 물어서 처분을 내리겠다"고 답했다.[466]

닷새 뒤 고종이 말했다. "짐이 이에 대해 생각해 온 지가 오래되었다.

평양은 기자箕子가 정한 옛 도읍으로, 예법과 문명이 여기서 시작되었다. 더구나 그곳 백성이 모두 바라고 기꺼이 호응하는 데에야 더 말할 나위가 있겠는가." 고종은 행궁 건설비용으로 50만 냥을 평양으로 내려보냈다.[467]

양로 잔치가 한창이던 6월 3일 평양 행궁이 착공됐다. 6월 23일 궁궐 이름은 '풍경궁豊慶宮'으로 정했다. 규모는 360칸이었다.

고종 즉위 40주년 기념비 설립도 진행됐다. 1902년 9월 '조야송축소'라는 관변 조직이 주도한 이 이벤트를 통해 이듬해 2월까지 공무원 1,770명으로부터 3만 원이 걷혔다.[468] '군수가 부호를 택하여 강제로 모금하기도 했고 군수가 착복하기도 했다.'[469] 1903년 9월 2일 기로소 앞에 기념비각이 설치됐다. 이게 서울 세종로사거리에 서 있는 '기념비전紀念碑殿'이다.

황제 등극 40주년 기념비전.

원구단 북동쪽 현 롯데호텔 자리에 돌로 만든 북 '석고石鼓' 건립 모금 운동도 벌어졌다. 고종 탄생일인 양력 8월 28일에는 만수성절이라는 이름으로 또 잔치가 벌어졌다.

### 칭경 40주년 기념식

즉위 40주년 기념식 공식 명칭은 '어극 40년 칭경예식御極四十年稱慶禮式'이다. 1902년은 1863년 고종이 우리나라 나이 열한 살에 왕위에 올라 황제로 40년을 맞은 해였다.

고종은 이 해 10월로 예정된 축하연을 각국 사절이 참석한 국제행사로 치르려고 했다. 메인행사인 칭경 40주년 기념식은 10월 18일, 외부인사 초청행사인 외진연은 10월 19일, 궁중 내부행사인 내진연은 10월 22일로 예정됐다.

몇 차례 연기됐던 내외 잔치는 10월이 아닌 12월 3일 한 달 보름 전 완공된 경운궁 중화전에서 외진연을 시작으로 성대하게 거행됐다. 관청들은 문을 닫았고 상점들은 태극기를 게양했다. 7일에는 경운궁 관명전에서 내진연이 거행됐다. 잔치는 14일까지 관례에 따라 낮밤으로 이어졌다. 이에 앞서 대한제국 황실은 10월 19일 새 중화전 완공을 선포하고 이를 기념해 또 한 번 대사면령을 내렸다. 중화전을 신축한 이유는 간단했다.

"이렇게 해야만 임금의 지위가 더없이 엄하여 높고 낮은 구별을 보일 수 있기 때문이니라."[470]

하지만 10월 18일에 열릴 예정이었던 메인행사인 기념식은 끝내 열리지 않았다. 그해 여름 콜레라가 대한제국을 덮쳐버린 것이다.

## 창궐한 콜레라, 나랏돈 100만 원

'태양이 어떻게 생겼는지 거의 잊어버릴 지경이다. 콜레라는 원산의 말할 수 없는 오물, 이름 없는 악취와 지독한 날씨 때문에 노동 현장을 강타한 것 같다.'[471] 이미 여름부터 창궐한 콜레라는 팔도를 휩쓸었다. 제국 정부는 이로 인해 기념식 행사를 거듭 연기했다. 메인이벤트는 결국 해를 넘겼다.

메인행사인 즉위 기념식은 1903년 4월 30일로 최종 연기됐다. 하지만 이 또한 연기할 수밖에 없었다. 20일을 앞둔 4월 10일 일곱째 아들 이은 李垠이 천연두에 걸린 것이다.

결국 대한제국 정부는 공을 들였던 칭경 기념식 행사를 취소하고 각국 정부에 이를 통고했다. 행사를 위해 지방에서 불렀던 임시혼성여단 부대도 해산하고 원대복귀했다. 이듬해 2월 러시아와 일본 사이에 러일전쟁이 터졌다. 대한제국은 남의 전쟁터로 변했다. 칭경 기념식은 완전히 무산됐다. 평양 행궁도 미완으로 끝났다.

1902년 8월 10일, 칭경예식사무소가 의정부에 보낸 공문에는 칭경행사 비용이 100만 원으로 나와 있다.[472] 1902년 대한제국 총예산은 758만 5,877원(세출 기준)이었다.[473] 나랏돈 13.2%가 허공으로 사라졌다. 평양 행궁은 1913년 병원으로 변했다.

1904년 중추원 의관 안종덕이 "폐하의 마음에 신의가 부족해 걱정"이라며 "썩어빠진 내장원과 원수부를 없애라"고 상소했다.[474] 열흘 뒤 봉상사 부제조 송규헌이 상소했다. "간신 10명이 조정 대신을 돌아가며 하고 있다."

간신 중에는 동학혁명 당시 안핵사 이용태(내부대신)도 있었고 무당 진령군에 빌붙어 권세를 누리던 이유인(궁내부 특진관)도 있었다. 고종은

"옳지만 시의時宜도 생각해야 한다"고 답했다. 상황이 상황이라 할 수 없다는 뜻이다.

그래서 나라가 부강해졌는가. 그래서 나라에 위엄威嚴이 섰는가. 조선이 건국되고 58년이 지난 1450년 세종 32년 집현전 부교리 양성지가 상소를 올렸다.

모름지기 (적에게) 한번 대승大勝해야 옳을 것이옵니다. 저들이 우리 병력이 서로 대적할 수 있다는 것을 알게 된 연후에야 감히 가볍게 군사를 일으키지 못하게 만들어 나라를 지킬 수 있습니다.[475]

실질을 추구하고 강병과 부국을 한 연후에 위엄은 저절로 생긴다는 뜻이었다. 나랏돈을 13% 쓰면서 잔치를 벌인다고 부강해지지 않는다는 충언이었다. 하지만 450년 뒤 생일잔치를 권한 아들이나 기념식을 명한 아비는 위엄 따위 위엄 있는 말을 알지 못했다.

### 군함 양무호

1903년 1월 25일 대한제국 군부대신 신기선이 일본 미쓰이물산과 군함 인수 계약을 체결했다. 군함 이름은 훗날 '양무호揚武號'라고 지었다. 석 달 만인 4월 15일 양무호가 인천 제물포항에 입항했다. 규모는 3,000톤이 넘었고 배에는 80밀리미터 대포 4문과 5밀리미터짜리 소포 2문이 장착돼 있었다.

제국주의 세력이 호시탐탐 대한제국을 노리던 때이니 군비 증강은 필연이었다. 그해 7월 군부대신 윤웅렬이 황제 고종에게 상소했다. "당당한 우리 대한제국은 삼면이 바다인데도 해군 한 명, 군함 한 척이 없어 오랫

동안 이웃 나라의 한심스럽다는 빈축을 사고 있으니 이보다 수치스러운 것이 있겠습니까?"[476] 16세기 말 이순신이 만든 조선 해군을 부활시키자는 이야기였다.

그런데 여론이 이상했다. '시국을 불작시면 시급한 일을 정리하지 않아 위급하게 되었으니 군함 같은 일은 때를 기다려도 늦지 않으리라.'[477] 황현이 쓴 '매천야록'을 본다.

고물인 데다가 누수까지 되어 빨리 항해할 수 없었으므로 일본인을 고용하여 수선 작업을 벌이는 바람에 전후에 걸쳐 거액의 비용이 소모되었다.[478]

고물을 샀다는 것이다.

'소문을 들은즉, 정부에서 일본인과 계약하고 군함 한 척을 구입한다는데, 그 가격은 오십여만 원이라 하고 신품 여부와 톤수는 아직 모른다더라.'

1903년 2월 9일자 〈황성신문〉은 정부가 비밀리에 추진해오던 군함 도입 계획을 특종으로 보도했다. 이미 1월 25일 군부대신 신기선이 일본 미쓰이물산과 군함 도입 계약을 완료한 상태였다. 3월 18일 이 신문은 '황제 폐하가 군함을 양무라고 명명했다'고 전했다. 원래 이름은 '가치다테마루勝立丸'이며 총톤수 3,435톤에 263마력짜리 엔진을 달고 있다는 기사도 튀어나왔다. 4월 15일, 계약 석 달 만에 군함이 인천 제물포에 입항했다.

그런데 이상한 소문이 돌았다. '신제품이 아니오, 기십 년 전 일본의 고물인데 누차 파손돼 일본 해상에 세워뒀던 배를 정부가 고가에 매입했더라. 해군이 사용하려면 본래 연로하고 파손된 물건이라 곤란하다더라.'[479]

며칠 뒤 황성신문 기자가 배에 올랐다. '본래 영국에서 제조한 것인데 일본에서 구매한 지 8년이라. 소문과 대단히 다르게 극히 완전 양호하여 우리 한국에 처음 있는 신함新艦이니 굉장하더라.'[480]

중고품이지만 신동급이라는 말이었다. 군졸 처소와 식당, 기계, 공구, 의약, 전등, 측량 기구, 병기, 무장 등 군함이 갖출 바를 완비하고 양총 150정, 칼 100자루, 육혈포 22정, 대포 4문, 소포 4문도 기자 눈에 완벽해 보였다.

겉은 그러했다.

## 명품으로 치장한 군함

다음은 1903년 1월 25일 군부대신 신기선과 미쓰이물산을 대신한 임시대리공사 하기와라 모리이치荻原守一가 맺은 계약 부속 명세서 일부다.[481]

'군기軍器는 적당히 완비할 일'
'순양함 혹은 연습함의 목적에 변통變通함을 위함'
'황실 경절慶節 때 봉축'
'식당에는 미려美麗한 서양 요리 기구 30인분'
'침구寢具는 화려華麗한 서양 물품으로 완비'
'일체 무기는 적당히 탑재'
'예포禮砲 연습용 공탄과 소총 탄환도 적당히 둘 일'

'융통해서 쓰려는[變通, 변통]' 목적이었으니 대한제국 정부는 이 배가 신품이 아니었음을 알고 있었다는 뜻이다. '미려한 서양 요리 기구'와 '화려한 침구'가 조건이었으니 군사 전용선을 주문한 것도 아니었다. 무기는 '적당히' 완비하고 예포용 공포탄 또한 적당히 두라 했으니 더욱 엉

1903년 대한제국과 일본 미쓰이물산이 맺은 군함 '양무호' 계약서. '군기는 적당히' '즉위 40주년용 접객실 특설' '미려한 서양 요리 기구 30인분' 따위가 계약 조건이었다.

성했다.

양무호 가격은 '일화 55만 엔', 110만 원이었다. 그해 대한제국 군부 예산은 세출 기준으로 412만 3,582원이었다. 중고라는 사실을 알면서 써 재긴 돈이 그러했다. 한 해 국방예산 26.7%를 투입한 배가 군함으로 봐 줄 수 없는 고물덩이요 그나마 덕지덕지 분칠한 가짜 군함이었다.

지금이라면 방산 비리로 줄줄이 사법 조치될 일이었으나 만사형통으로 넘어간 이유가 있었으니, 명세서 둘째 항목에 세 줄로 적혀 있는 조건 덕분이다.

'접객실을 특설하여 대한국 황실 경절 때 봉축에 공할 일.'

당시 주한 미국공사 호러스 알렌은 이렇게 기록했다.

1903년 1월 군부대신 신기선이 약 55만 원(엔) 상당 전함을 일본으로부터

황제 등극 40주년 기념식이 예정됐던 경운궁 중화전. 막대한 돈을 들인 행사였지만 전염병으로 행사는 취소됐고, 나라는 사라졌다.

구입하는 발주 계약을 체결함. 이는 어극 40년 칭경예식을 위해 발주한 것임.[482]

양무호는 해군과 무관했다. 자주국방과도 무관했다. 군부대신이 주장한 '삼면이 바다인 당당한 제국'과도 무관했다. 오로지 40주년을 맞은 고종 황제 폐하 등극 기념식에 황제를 선상에 앉혀놓고 예포 몇 방 쏘려는 게 고물 중의 상고물 양무호를 수입한 이유였다.

기왕에 거액으로 구입한 배이니 기념식에라도 썼다면 다행이었으되, '군함 양무호'는 그 어느 바다에도 떠다닌 적이 없었다. 칭경기념식이 완전 취소된 뒤, 미쓰이물산은 제물포에 정박해 있는 양무호의 관리비와 원금, 이자를 줄기차게 요구했다. 해군 창설도 없던 일이 됐다.

1903년 1월 대한제국은 일본 미쓰이물산으로부터 '군함' 양무호(揚武號)를 구입했다. 포 4문을 단 케케묵은 화물선이었다. 이 110만 원짜리 배는 그해 4월로 연기됐던 고종 즉위 40년 기념식용 의전함이었다. 군함으로 사용하려는 의도는 애당초 없었다. 그해 대한제국 군사 예산이 412만 원이었다. 사진은 1907년 부산세관 선원훈련선으로 전용된 양무호. /해군사관학교박물관

1909년 11월 29일 대한제국 정부는 경매를 거쳐 양무호를 일본 오사카의 하라다상회原田商會에 매각했다. 110만 원짜리 군함 낙찰 가격은 4만 2,000원이었다.[483] 양무호는 가난한 대한제국 곳간을 바닥까지 싹싹 빗자루로 훑어내고 사라졌다.

1895년도 조선정부 세입예산은 480만 9,419원이었다. 세출예산은 631만 6,831원으로 150만원이 적자였다. 정부는 이 부족분을 국채와 기타 방법으로 보충했다.[484] 청일전쟁 이후 1907년 현재 대한제국이 일본에 진 빚은 1,300만 원이었다.[485]

일본은 이 빚을 조선에게 을사조약을 강요하는 중요한 근거로 사용했다. 각성한 조선 대중이 국채보상운동을 벌였으나 소용없었다. 지도자가 속을 다 파먹고 껍데기만 남은 나라를, 각성한 대중은 눈물과 분노로 바라보았다.

세월이 갔다. 껍데기 제국 위로 세월이 갔다. 바람이 불었다. 바람은 폭풍이 되고 어느새 폭풍은 태풍으로 변해 있었다. 돌이킬 수 없었다. 변화를 거부한 500년 세월의 역습逆襲이었다.

9장
/
옹졸한 멸망

# 직무 유기범

— ● —

## 1887년 8월~1905년 12월

1887년 8월부터 1905년 12월까지 18년 4개월 동안 일본 주재 조선공사관에 부임한 조선과 대한제국 공사는 모두 8명이다. 첫 공사는 부패의 화신이자 외교에 무지한 민영준이었다. 이들이 현지에 재임했던 기간은 6년 9개월로 임기의 3분의 1밖에 되지 않았다.[486] 임명되지 않거나 임명됐어도 부임하지 않은 공사도 있었다. 조선 권력집단은 제국주의 국가로 변신 중인 일본 정세를 전혀 파악하려 하지 않았다.

초대 주일조선공사 민영준. 민영준은 훗날 '민영휘'로 개명했다.
사진은 《조선귀족열전》(조선연구회, 1910) 135쪽에 실린 '자작 민영휘 씨'.

# 이상한 나라의 앨리스

—— • ——

## 1905년 9월 29일

1905년 7월 29일, 미국 순회사절단장 육군장관 하워드 태프트와 일본 총리대신 가쓰라 다로가 도쿄에서 밀약을 맺었다. 두 나라는 미국은 필리핀을, 일본은 조선을 식민지로 만드는 데 합의했다. 9월 19일 조인을 마치고 일본을 떠난 미국 사절단이 대한제국 인천항에 입항했다. 사절단 일원인 미 대통령 루스벨트의 딸 앨리스 루스벨트는 황실로부터 국빈으로 성대한 환영을 받았다.[487]

고종과 민비릉인 홍릉 석물에 앉아 있는 앨리스 루스벨트. /미국 코넬대학교 희귀문서 도서관

# 을사조약
— ● —
## 1905년 11월 17일

1905년 11월 17일, 경운궁 중명전에서 2차 한일협약, '을사조약'이 체결됐다. 전날 밤 일본 전권대사 이토 히로부미에게 고종이 말했다. "의정부에 의견을 물어야 한다." 이토가 말했다. "조선은 전제군주정이 아닌가. 폐하가 결정하면 그게 법이다." 전제군주 고종은 할 말이 없었다. 대한국 국제에는 모든 주권은 황제에게 있다고 규정돼 있었다. 전제군주 고종에게 대신들이 몰려왔다. 농상공부대신 권중현이 말했다. "'황실 안녕과 존엄에 손상 없도록 한다'는 내용이 없으니 넣도록 하자." 고종이 말했다. "과연 그렇다. 그 말이 참으로 좋다." 대신들이 일제히 "하지만 조약은 '불가不可'라는 두 글자로 거부하겠다"고 했다. 체결 거부의 의지로 중무장한 대신들에게 황제가 급하게 말했다.

"방금 전 내 뜻을 말했으니 모양 좋게 조처하라."[488]

조약은 '황실 존엄 유지 조항'을 넣고 황제의 뜻대로 모양 좋게 통과됐다.

11월 27일 궁내부 특진관 조병세가 "조약을 폐지하고 역적을 처단하라"고 상소했다. 황제는 "크게 벌일 일이 아니니 귀가하라"고 답했다.[489] 을사오적 대신들은 "이후에도 폐하는 거듭된 우리 면담 요청을 목이 아프다며 거부했다. 우리는 명령대로 했을 뿐"이라고 항의했다.[490]

황궁 옆에 공사관을 설치했던 그 어떤 나라도 조약이 불법이라고 비난하지 않았다. 난파선에서 쥐가 빠져나가듯, 정동에서는 서양 공사관들 철수 러시가 일어났다. 11월 24일 고종이 '큰형Elder Brother'[491]이라고 불렀던 미국이 일착으로 일본 정부에 철수 의사를 밝혔다.[492] 한성에서 가장 화려했던 정동이 순식간에 텅 비었다. 의리를 내던지고 국익을 좇았던 열강들은 1년이 못 돼 돌아왔다. 1906년 7월 28일 영국이, 9월 11일에는 미국이 옛 공사관 자리에 영사관을 개설했다. 정동은 다시 붐볐다.

중명전 1층 을사조약 전시실.

# 조롱당하다

— • —

## 1907년 7월 4일

1907년 7월 고종이 네덜란드 헤이그 만국평화회의에 밀사를 보낸 사실이 공개됐다. 7월 4일 조선 통감 이토 히로부미가 해군사령관을 대동하고 인천항에 도착했다. 경운궁에서 고종을 만난 이토가 이렇게 말했다.

"일본에 저항하려면 은밀히 하지 말고 부디 대놓고 하시라. 우리가 적수가 돼 드리겠다."[493]

조롱이었다. 일본에 공공연하게 맞설 돈도 군사도 인재도 없는 황제에 대한 조롱이었다. 오로지 황제만 남은 제국의 종언이었다. 그 달 18일 그황궁에서 고종은 황제 자리에서 내려왔다.

8월 1일 대한제국 군대가 해산됐다. 대한제국 소령 박승환이 자결했다. 남대문에서 전투가 벌어졌다. 임진왜란 이후 한일 정규군이 최초로 맞붙은 시가전이었다. 전투는 반나절 만에 일본군 승리로 끝났다.

그해 12월 어느 날 을사조약이 체결됐던 중명전에서 을사조약과 정미조약을 체결한 대신들이 일본으로 유학을 가는 황태자 은과 기념사진을 찍었다. 아들을 떠나보내는 옛 황제가 촬영 장면을 구경했다. 사진가도, 내각도 황제에게 비켜달라고 하지 못했다.

1907년 12월 일본으로 떠나는 고종 막내아들 영친왕 이은이 당시 내각과 기념사진을 찍었다. 윗줄 왼쪽부터 임선준(내부대신), 이재곤(학부), 이완용(총리), 이병무(군부), 조동윤(배종 무관장), 조중응(법무), 아랫줄 왼쪽부터 고영희(탁지부), 이윤용(궁내부), 영친왕, 민병석(시종원 경), 송병준(농상공부). 오른쪽 귀퉁이에 평복을 입은 사내는 고종이다. 〈일본의 조선(日本之朝鮮)〉에 실린 사진이다. 촬영 장소는 을사조약이 체결됐던 중명전이다. /국립고궁박물관

# 태황제께서 크게 기뻐하였다

### 1909년 7월 5일

1909년 7월 5일 초대 통감 이토 히로부미가 일본으로 돌아가며 태황제 고종을 알현했다. 비가 내렸다. 고종이 시제詩題를 내리니 이토와 후임 통감 소네 아라스케, 이완용 따위가 시를 썼다. 이완용이 쓴 마지막 연은 '양지일가천지춘兩地一家天下春', '두 땅이 한 집 되니 천하가 봄이로구나'였다.

1935년 덕수궁 정관헌 옆에 시를 새긴 비석이 건립됐다. 비석 뒷면에는 '태황제께서 크게 기뻐하였다[大加嘉賞, 대가가상]'고 새겨져 있었다.[494] 해방과 함께 비석은 땅에 묻혔다.

1908년 2월 왕비 민씨 시신이 불탔던 경복궁 녹산에서 사슴들이 굶어 죽었다.[495] 3월 8일 경복궁이 민간에 유료 개방됐다.[496] 2년 뒤 경복궁 전각 일체가 민간에 매각됐다.[497] 5개월 뒤 나라가 사라졌다. 세련되고 정교한 방식으로 망하는 방법을 추구하던 조선 권력자들은 마침내 그 방법을 찾아냈다. 일본은 그들의 손목을 낚아채 절벽 아래로 던져버렸다.

'합방기념시비'. / 국립중앙박물관

# 닫혀버린 하늘

---•---

## 1910년 8월 29일

대한제국은 하늘에 황제국을 고하고 11년이 지난 뒤에야 사대의 상징
인 '대보단大報壇'을 폐쇄했다.[498] 그리고 2년 뒤 1910년 경술년 8월 29일
일본이 대한제국을 접수했다. 일본 천황은 고종에게 '도쿠주노미야 이태
왕德壽宮李太王', 순종에게 '쇼토쿠노미야 이왕昌德宮李王'이라는 칭호를 주고
일본 황족과 화족 사이 지위를 부여했다.[499]

'한일병합조약'은 전문 9조였다. 3조는 '한국 황제, 태황제, 황태자와
황실 가족의 지위와 존칭, 위신과 명예를 보장하고, 이에 충분한 경제적
지원을 한다'고 규정했다. 4조는 '기타 한국 황족과 후손에 대해 상당한
명예와 대우, 경제적 지원'을 규정했다. 조약에 따라, 대한제국 황실은 신
분과 재산을 그대로 보장받았다.

이듬해 총독부는 원구단 건물과 부지를 인수했다.[500] 1913년 원구단이
철거되고 조선철도호텔이 들어섰다. 둥근 제단은 사라지고 원구단은 호
텔 정원으로 변했다. 하늘이 사라졌다.

서원書院을 택했던 서기 1543년 이후 조선 권력집단에게는 그 굴레를
던질 기회가 여러 차례 있었다. 마지막 지도자 고종은 기회 대신 권력을
택했다. 갈비뼈 몇 개 부러지고 근대화의 충격에서 회복할 수 있었던 조
선 왕국은 멸망했다. 전쟁은커녕 총 한번 쏴보지 않고 조용히, 옹졸하게
멸망했다.

THE KOREAN DANCER DANCING TO
THE SWEET MUSIC ON THE GREEN LAWN.
背芝の上に囃子床しき妓生の舞

악단 공연장이 된 원구단. /국립민속박물관

# 개방과 각성

### 나무늘보

안빈낙도 하려면 나무늘보처럼 살면 된다. 여러 나라 언어로 '나태하다'는 단어로 쓰이는 나무늘보는 세상에서 제일 게으르고 느린 동물이다. 근육량이 적어서 에너지 소비를 줄이기 위해 동작도 느리게 진화했다. 하루에 나뭇잎 세 장만 먹어도 생존이 가능하다. 대신 하루 18시간 잠을 잔다. 전력질주하면 최고속도는 시속 200미터다. 근육도 없고 그나마 맛도 없어서 남들보다 사냥감이 될 일도 적다. 안빈낙도의 전형이다. 선비다.

그런데 우기雨期가 길어져 체온이 떨어지면 나무늘보는 그 나뭇잎 세 장을 소화하지 못해 배부른 채 죽는다. 정글에 불이 나면 도망가다가 불타 죽는다. 조르주 루이 르클레르크 드 뷔퐁Georges Louis Leclerc Comte de Buffon이라는 긴 이름을 가진 19세기 프랑스 동물학자는 "자연이 유일하게 불

친절하게 만든 피조물이며 인간에게 선천적인 불행이 뭔지 보여주는 동물"이라고 했다.[501]

나무늘보는 평상시에 무사안일하기에는 딱 좋은 캐릭터지만 환경이 급격하게 변화하는 격동기에는 무능력한 동물이다. 조선이 그랬다.

### 미래를 위한 반성

반성은 불쾌하다. 하지만 반성을 하면 객관적인 자신감을 얻을 수 있다. 방향과 비전 설정이 잘못됐음이 원인임을 알고 이를 조정하면 된다. 권력집단이 똑바로 직시하고 직립해서 직진하면 되는 것이다. 잘못 노력했으니 제대로 노력하면 된다는 이야기다. 이게 류성룡이 징비록을 쓴 이유다. 반성은 '징비'고, 징비는 '자성'이다.

노력했는데 안 되더라, 라고 하면 이는 자학이다. 자학하면 미래가 없다. 자학보다 더 나쁜 것이 자만이다. 자만은 눈을 가리고 귀를 가리고 오로지 입만 귀까지 찢어지도록 벌려놓는다. 그러면 미래는 암담하다. 옆 정글로 도망가다 불에 타 죽는다.

이제, 반성을 해본다.

### 구한말 풍경

한국은 지금 비록 쇠미해지기는 했지만 4000년이나 된 오랜 나라다. 우리 나라(일본) 상대上代의 개화를 이끈 나라라고 하면 반드시 볼만한 것이 많으리라고 생각한다.[502]

1893년 조선을 여행했던 일본 문인 겸 관료 혼마 규스케本間九介가 쓴 글이다. '상대'는 서기 794년 일본이 교토京都로 천도하기 전까지 시대를 가리킨다. 한국 삼국시대까지 척박했던 일본을 개화시킨 한국 문화에 대한 기대감을 규스케는 그리 표현했다. 1년 동안 조선을 샅샅이 유람하고 난 뒤 규스케는 이렇게 쓴다.

문물, 제도, 기계, 공예 하나같이 조선에는 시선을 끌만한 것이 없다. 우리로 하여금 거의 아프리카의 내지 여행을 연상시키는 것은 대체 무엇인가.

일본 문인 혼마 규스케, 폴란드계 러시아 문인 바츨라프 세로셰프스키, 미국 기자 겸 소설가 잭 런던 같은 외국인이 몇 년 시차를 두고 관찰한 조선 풍경은 아래와 같다.[503]

불결은 조선의 명물이다. 음식물 조리하는 모양을 볼 때는 어떠한 호걸이라도 수저를 드는 데 주저하지 않을 수 없다. 손님이 가래를 뱉을 때는 앉아 있던 멍석을 들고 그 아래에 뱉고 콧물이 떨어질 때는 손을 비비고 바로 벽에 바른다. 저들에게 별로 이상한 일이 아니다.[504]

거리 한가운데에는 웅덩이가 있거나 구정물이 흐르고 있다. 또 아주 역한 냄새를 풍기는 곳도 있다. 채소 쓰레기, 오물, 개나 고양이, 새의 사체 등이 담장 밖으로 버려져 있어 서울의 낙후한 지역을 산책하기란 아주 불쾌한 일이다.[505]

고대 일본을 활짝 개화시킨 문명국이 극빈국으로 몰락해 있는 것이다. 신분 차별과 이에 따른 국부國富의 몰락은 측은할 정도로 기이했다. 세로셰프스키는 이렇게 기록했다. '좋은 물건을 만들던 예술가와 장인들이 한때 존재하긴 했다. 하지만 보수는커녕 제대로 잘 만들어지지 않았다며 괴롭히고 벌주는 게 보통이었다. 그래서 "우리는 지식과 기술 때문에 망한 사람들이다. 그러니 차라리 무지랭이 농부로 남아 살거라"하며 기술을 전수하지 않았다.'[506]

그 가난하고 모순된 나라에서, 조선인은 무기력하기까지 했다.

혹독한 한국에서 조선인의 노력에 의해 일반적인 농작 고도한계선과 쌀의 성장한계선은 천혜를 입은 일본보다 높아지게 되었다. 다만 바람과 추위, 눈보라를 굴복시킨 끈기와 불굴의 용기를 지닌 한국인이 왜 관리들의 횡포와는 맞서 싸우지 않는지가 이상할 따름이다.[507]

조선인의 용모는 섬세하다. 그러나 중요한 것이 빠져 있다. 힘이다. 예전에는 용맹을 떨쳤지만 수세기에 걸친 집권층 부패로 용맹성을 잃어버리게 된 것이다.[508]

세로셰프스키는 잔인한 결론을 내렸다.
'한국 사회는 마치 오래 앓아 욕창이 생긴 몸처럼 조금만 바깥바람을 쐬어도 바짝 움츠러든다.[509]

왜 그랬을까.
**변화를 거부한 멍청한 역대 지도자들과, 그들이 완벽한 사상 통제책으로 이뤄낸 호민**豪民**의 부재 탓이다.** 백성의 무지를 위해 그들이 사용한 이데올로기는 성리학이었다. 그리고 스스로도 무지 속에 파묻혔다. 대종교 창시자인 선비 이기李沂(1848~1909)는 이렇게 말했다.

선비 노릇도 못하고 농사꾼도 못 되고 상인과 공인이 되려고 해도 되지 못하였다. 비록 국가가 오늘처럼 되지 않았어도 우리들은 이미 쓸모없는 사람이다.[510]

선비가 되라고 가르쳤던 옛 학문이 쓸모없는 학문이었다는 반성이다. 이기가 옛 학문이 가진 병폐로 든 세 가지 폐단은 사대주의와 불공평한 교육기회, 그리고 신분 차별이었다.

그런데 이 세 가지 폐단은 그 유래가 500년이나 되었으므로 사람들도 아무렇지 않게 여기게 되었다. 나 또한 그들과 같이 한 자리에서 술에 취해 있다가, 마시는 술이 적어 조금 먼저 깨었다. 하지만 배운 게 쓸모가 없으니 모든 노력이 실패로 돌아간 것이다.

조금 일찍 각성해 뭘 어찌해보려 해도 그가 가진 지식과 세계관은 아무짝에도 쓸모가 없었다. 개방과 교류가 없는 500년, 외부 충격을 거부한 세월 500년이 만든 결과다. 1876년 젊은 일본 외교관 모리 아리노리가 청나라 원로 이홍장에게 한 말을 다시 음미해본다.

**"남의 나라 장점이 보이면 일본은 어떻게든 배워서 따라한다. 그게 일본의 미풍양속이다."**

임진왜란 후 일본인들은 조선통신사로부터 하나라도 배우기 위해 몰려들었다. 통신사들은 팔이 아파 울고 싶을 정도로 글을 써줬다. 대신 통신사들은 찬란한 소중화 자랑에 열중했다. 그들의 학문적 수준이 조선을 능가하면서, 일본인은 더 이상 통신사를 찾지 않았다. 조선과 일본의 미풍양속은 그렇게 달랐고 결과도 달랐다.

게다가 일본 지도자들은 목숨을 바쳤다. 러일전쟁 종군 기자 잭 런던은 이렇게 기록했다. '지구 멸망론만이 일본인들을 멈출 수 있다. 애국은 그들의 신앙이어서 다른 민족이 신을 위해 죽듯이 그들은 조국을 위해 목숨을 바친다.[511]

나라가 망하고 아주 훗날 1919년 3월 1일 오후 2시 각성한 조선인들이 서울 탑골공원에서 독립선언서를 낭독했다. 그때 공원에 있던 영남 선비 심산 김창숙 일행이 이렇게 기록했다.

선언문 말미에 연서한 33인의 성명을 살펴보았다. 유림단 이름만 빠져 있었다. 선생의 마음 부끄럽고 원통하기 짝이 없었다. 동행했던 김정호가 울음을 터뜨리니 옹기중기 모여 섰던 군중들이 야유와 비난을 쏟아 부었다. "저놈들이 통곡은 왜 하는가? **나라를 망쳐놓고 모든 죄악은 다 조성해 놓은 놈들**이면서 독립운동에는 한 놈의 콧등도 구경할 수 없더니 이제 무슨 낯을 들고 통곡이 무슨 놈의 통곡이냐!"[512]

**그 죄악은 네 가지다.**
부국과 강병과 공정한 기회 보장과 공정한 분배를 책임지는 국가 지도자로서, 역대 조선 권력집단은 **부국을 하지 않았다.** 성리학 지식 권력인 사대부와 왕실 유지를 위해 잉여이익을 만들 수 있는 일체 산업을 억압했다.

**강병을 하지 않았다.** 도덕주의와 관념론에 매몰돼 덕치를 만덕의 근본이자 실천 강령으로 삼았다. 일본이라는 오랑캐에게 문을 닫아버리면 무사하리라 믿었다.

**공정한 기회를 보장하지 않았다.** 지구상 최악이라 할 수 있는 자민족

노예제를 영속화했다.

**공정한 분배를 책임지지 않았다.** 탐관오리의 학정을 방치하고 모든 자원은 권력층이 독점했다.

이 만악萬惡의 근원이 '성리학'이다. 10세기 송나라 때 탄생과 동시에 폐기된 윤리학에 현실을 꿰맞췄다. 탈레반과 무엇이 다른가.

### 진보의 수단, 개방과 다양성과 각성

역사의 갈림길에는 세 가지 이정표가 늘 서 있었다. 첫째, **개방과 교류**다. 역사는 폐쇄된 공동체의 발전을 허용하지 않았다. 공동체들은 다른 공동체와 교류함으로써 스스로 품질을 올려왔다. 조선 지도자들은 개방과 교류를 거부했다. 다른 문명세계가 새로운 이념과 새로운 문물에 문을 열던 때, 조선 지도자들은 공동체를 외부로부터 폐쇄해버리고 체제 유지용 이념에 맞춰 국가를 세팅해버렸다. 중국 이외의 나라가 조선 앞바다에서 자기들끼리 조선을 놓고 쟁패하던 그 순간까지 조선 지도자들은 무슨 일이 벌어지고 있는지 알지 못했다. 오랑캐는 오직 일본뿐이었고, 그래서 일본만 막아내면 그 어떤 나라든 두렵지 않다고 자신했다.

이게 서기 1543년 몇 달 사이에 벌어진 코페르니쿠스의 지동설 발표와 다네가시마 도키타카의 철포 수입과 주세붕의 백운동서원 설립의 의미다.

둘째, **다양성**이다. 교류의 상징 데지마出島를 통해 들어온 유럽 문명 란가쿠蘭學는 일본 지성계를 근본적으로 바꿔놓았다. 지성 혁명은 실생활 혁명과 다가올 변혁에 대한 준비로 연결됐다. 서원에서 잉태된 성리학적 국가 시스템은 지식독점을 통해 유지됐다. 다양성의 인정은 지식독재의 붕괴를 의미했다. 학문의 자유, 지성知性의 자유는 억압됐다.

대한민국 징비록

셋째, **대중의 각성**이다. 유럽과 일본은 교류를 통해 얻은 종합영양제로 대중을 각성시켰다. 조선 대중은 각성이 불가능했다. 역대 조선 권력 집단은 대중의 각성을 두려워하고, 따라서 각성화를 거부했다. 삼강오륜과 충성심을 민초 뿌리까지 거름으로 썼을 뿐이다.

임진왜란, 인조반정, 정조의 개혁, 아편전쟁, 고종 친정과 두 차례 양요와 강화도조약, 그리고 갑신정변과 독립협회…. 결정적인 기회가 여러 차례 찾아왔다. 그때마다 조선 권력자들은 그 기회를 발로 차버렸다. 위기가 찾아왔을 때 뭐가 위기인지 인지할 능력이 없었다. 그 기회를 일본 권력자들은 하나도 빼놓지 않고 주워서 주머니에 넣었다. 위기가 찾아왔을 때 일본은 위기임을 알았고, 신속하게 대처했다. 기회와 위기에 대한 대처 방식은 똑같은 패턴으로 반복됐다.

개방과 교류, 다양성과 대중의 각성. 이 네 가지 단어에 임하는 지도자의 자세가 한 나라 백성을 고난으로 이끌었고 한 나라 백성을 부강한 나라로 이끌었다. 유럽은 말할 필요도 없다. 이게 서기 1543년에 벌어진 세 가지 사건과 21세기 대한민국을 연결하는 '징비懲毖의 열쇠'다.

## 부활한 대한민국

지도자들이 500년 동안 쌓아놓은 적폐 속에서 조선은 식민지로 전락했다. 해방과 함께 조선은 다시 전쟁터로 변했다. 그런데 그 악다구니 폐허 속에서 대한민국이 부활했다.

**부활은 기적이 아니다. 명쾌한 이유가 있다. 개방과 교류와 다양성과 지도자와 시민의 각성이다.** 사명감 가득한 신생국가 대한민국 지도자들은 실리를 위해 나라 문을 열고 다양한 학문을 진흥하고 인재를 길렀다. 한번 열린 나라 문을 통해 글로벌 네트워크가 형성되고, 그 네트워크를 통해 안보와 경제 성장의 토대가 들어왔다.

인재들은 간신배처럼 목숨을 위해 나라를 팔아먹지 않고 나라를 위해 목숨을 걸고 일했다. 메이지시대 '사이후이死而後已의' 결기가 현대 대한민국에 퍼진 것이다. 그리하여 단군 이래 단 한 번도 존재하지 않았던 부국강병의 국가 대한민국이 탄생했다. 그 나라에 지금 우리가 산다.

### 신新 구한말시대

그런데 세상이 다시 어지럽다. 부도난 집안을 일으키는 가장의 심정처럼, 이 나라 혹은 이 나라 기업, 이 나라 가정의 지도자들은 다시 한 번 사업이 파탄 난 슬픔을 잊고 미래를 다시 설계해야 할 시대를 맞게 되었다. 이름 하여 '신 구한말시대'다.

냉전시대, 미국은 자본주의 시장을 소비에트 소련으로부터 보호하기 위해 북대서양조약기구NATO에 무한대로 돈을 퍼부어 대 소련 방어망을 구축했다. 한 국가가 부담할 수 없는 엄청난 군사 네트워크 속에서 미국은 서부 유럽과 동남아시아, 그리고 극동아시아를 지켜줬다. 유무상 원조를 통해 신생 독립국에 도로를 깔아주고 건물을 세워주고 학교를 세워줬다. 말을 안 들으면 정권을 갈아버리기도 했다. 미국의 안보라는 최종 목적을 위해 자기와 무관한 국가의 안보까지 덤으로 보호한 것이다.

자국 이익을 위해 미국이 수행한 고비용 작업이 하나 더 있다. 석유다. 미국은 전 세계에서 석유를 가장 많이 소비하는 나라다. 그 석유를 확보하기 위해 미국은 독재 여부를 막론하고 중동국가를 지원하고 중동에서 퍼져나가는 유조선 항로를 군사력으로 보호했다. 그 덕에 아시아에서 석유 최대 소비국인 일본과 한국은 안전하게 운송된 석유로 생산과 소비를 증대해왔다.

1989년 베를린 장벽 붕괴와 함께 냉전이 끝났다. 미국은 돈을 쓸 이유가 사라졌다. 미국은 더 이상 대한민국을 공짜로 지켜주지 않는다. '미국 본토에 미사일만 쏘지 않으면 그만'이라고, 미국 대통령 트럼프는 공언한다. 이제 대한민국 정부는 미국이 분담했던 안보비용을 세금으로 장만해야 한다. 북한에게 미사일을 쏘지 말라는 훈계는 얼토당토않다. '쎈 놈'이 이긴다.

20세기 후반, 미국 대륙 지하에서 '셰일가스'가 발견됐다. 석유와 같은 화석연료다. 석유 물류비용과 예측 불가능한 중동 유가 압박에서 벗어나기 위해 미국 대기업들은 이 셰일가스 상품화를 위해 무던 연구를 했다. 그 결과 미국인은 셰일가스로 생산한 석유를 저렴한 가격에 소비할 수 있게 되었다. 2015년, 미국은 전통적으로 유지해왔던 석유 수출 금지령을 해제했다. 미국은 이제 자기네가 필요한 에너지원을 자급자족하는 나라가 되었다.

더 이상 서방세계는 석유 운송항로를 공짜로 이용할 수 없게 됐다는 뜻이다. 미국 대통령 트럼프가 한국에게 페르시아만 유조선 보호비용을 분담하라고 요구하는 이유가 이것이다.

안보 보호막이 사라졌다. 고도성장을 뒷받침해줬던 석유도 끝났다. 대한민국 군사 안보와 경제 안보 비용이 급격하게 증가한다는 뜻이다. 세계는 자신의 힘으로 스스로를 지켜야 하는 구한말 시대로 돌아간 것이다. **세상은 각자도생**各自圖生**이다.**

그럼에도 대한민국 지도자들은 그나마 유지되던 한일간 군사정보보호협정(GSOMIA, 지소미아)을 파기해버렸고 일본 시장을 닫아버렸다. 신미양요 3년 뒤인 1874년 "양놈들 장점과 단점을 남김없이 잘 알고 있고, 군사력은 임진왜란 때보다 낫다"[513]며 나라 문을 닫은 그날에서 한 발짝도 나가지 못했다.

한국은 뭍에서 한 번도 이겨본 적 없는 중국과 바다에서 한국보다 월등히 뛰어난 일본 사이에 끼어 있다.

이 새로운 구한말에, 그 지도자들이 대한민국을 지켜내야 한다. 150년 전, 멀리는 500년 전 그때 지도자들이 내렸던 무사안일한 결정을 흉내낸다면, 대한민국 미래는 무참하다.

이제 결론이다. 책머리에 썼던 그 결론이다.

**'쎈 놈이 이긴다.'**

**쎈 놈이 되려면 깨어야 한다.** 사이후이의 결기로, 세상에 대해 각성을 하고 적확한 시기에 적확한 판단으로 곧바로 실천에 옮길 때, 이긴다.

이 나라 지도자들이 철포와 교류는 필요 없고 끝까지 하늘이 돈다고 착각하며 세상에서 우리만 잘났다고 우기고 나라를 이끈다면 대한민국은 멸망한다. 아니 나라가 멸망하기 전에, 대한민국 호민에 의해 무능한 지도자들이 단죄되지 않을까 한다. 그리고 호민들은 나라 재건을 위해 또 자기희생의 길을 걸어야 하고.

우리는 원래 용맹했고, 우리네 훌륭한 예술가와 장인들은 좋은 물건을 만들었다. 우리는 원래 바람과 추위와 눈보라를 굴복시킨 끈기와 불굴의 용기를 가진 사람들이었다. 멈춰 있는 고대 일본 역사에 숨결을 불어넣어준 찬란한 문명국이었다. 이제 다시 한 번 '**각성**覺醒'을 통해 그 상실했던 모든 것들을 부활시킬 일만 남았다. 무능한 권력자들이 초래한 식민과 전쟁의 역사를 딛고, **각성한 호민이 만든 대한민국을 이어가자.**

# [ 주석 ]

브리핑 ———

1　Krzysztof Mikulski, 〈Nicolaus Copernicus: Life and Work〉, District Museum in Torun, 2014, p.59
2　다네가시마 히사토키(種子島久時), 《철포기(鐵砲記)》, 1606
3　《경복궁영건일기》, 1865년 9월 2일
4　주세붕(周世鵬), 《죽계지(竹溪志)》, 〈서문(序)〉

1장 ———

5　Robert Huish, 《The Historical Gallery Of Celebrated Men Of Every Age And Nation: Exhibiting A Splendid Series Of Authentic Portraits》, 《Cervantes de Saavedra》, 1830, p.3
6　권홍우, 《부의 역사》, 인물과사상사, 2017, p.28
7　홍익희, 《유대인 이야기》, 행성B잎새, 2013, p.326

2장 ———

8　기독교 구약 〈민수기〉 20장 10절
9　기독교 구약 〈여호수아〉 10장 11절
10　기독교 구약 〈여호수아〉 10장 12절
11　Barbara Somerville, 《Nicolaus Copernicus: Father of Modern Astronomy》, Compass Point Books, 2005, p40
12　니콜라우스 코페르니쿠스, 《천구의 회전에 관하여》 서문, 1543
13　니콜라우스 코페르니쿠스, 《천구의 회전에 관하여》 서문, 1543
14　Hans Blumenberg, 《The Genesis of the Copernican World》, MIT Press, 1987, p.293
15　Colin J Humphreys 등, 〈Solar eclipse of 1207 BC helps to date pharaohs〉, Astronomy & Geophysics, Vol.58, Issue 5, 2017
16　〈NATURE〉 Vol.551 Editorials, 2017
17　다네가시마 히사토키(種子島久時), 《철포기(鐵砲記)》, 1606
18　《철포기》, 1606
19　Delmer Brown, 〈The Impact of Firearms on Japanese Warfare 1543-98〉, The Far Eastern Quarterly Vol.7, No.3, 1948
20　Rebecca Catz, 〈A Translation of Three Chapters from the Peregrinação of Fernão Mendes Pinto〉, Portuguese Studies Vol.4, 1988, p.55~83. 포르투갈 기록에 따르면 철포를 판매한 모랑숙사와 희리지다타맹태는 1542년 믈라카 해협 샴 왕국에서 무단 탈출한 프란시스코 제이모토(자이모투)와 안토니오 다 모타였다. 철포가 30만 정이나 된다고 보고한 핀투는 이 제이모토(자이모투)와 다 모타의 상사였다. 많은 사람들은 핀투가 두 사람의 공을 빼앗아 자기가 한 일인 양 떠벌였다고 추정한다.
21　신경(申炅), 《재조번방지(再造藩邦志)》 2, 1693

22  Delmer Brown, 앞 논문, 1948

23  Delmer Brown, 앞 논문, 1948

24  1555년 5월 21일 《명종실록》

25  1555년 6월 17일 《명종실록》

26  1589년 7월 1일 《선조수정실록》

27  신경(申炅), 《재조번방지》 2, 1693

28  류성룡, 《서애선생문집》 16권, 〈잡저〉, '기조총제조사(記鳥銃製造事)'

29  1479년 2월 26일 《성종실록》

30  류성룡, 《징비록》, 역사의아침, 2007, p. 48

31  1593년 11월 12일 《선조실록》

32  1593년 같은 날 《선조실록》

33  Noel Perrin, 《Giving up the Gun》, David R. Godine Publisher, 1979, p. 3~4

34  재레드 다이아몬드, 《총, 균, 쇠》, 문학사상사, 2005, p. 375

35  주세붕(周世鵬), 《죽계지(竹溪志)》, 〈행록 후〉, '목사 안위에게 보낸 편지'

36  1542년 5월 15일 《중종실록》

37  《죽계지(竹溪志)》, 〈서문(序)〉

38  《죽계지(竹溪志)》, 〈서문(序)〉

39  1489년 11월 14일 《성종실록》

40  1542년 1월 4일 《중종실록》

41  1428년 8월 21일 《세종실록》

42  같은 날 《세종실록》

43  1445년 10월 6일 《세종실록》

44  1548년 9월 11일 《명종실록》

45  1504년 5월 18일 《연산군일기》

46  1504년 8월 17일 《연산군일기》

47  1504년 8월 17일 《연산군일기》

48  1525년 1월 23일 《중종실록》

49  1542년 1월 19일 《중종실록》

50  최완기, 〈朝鮮 書院 一考: 成立과 發達을 중심으로〉, 역사교육 18권, 1975

51  이황, 《근재집(謹齋集)》, '방백 심통원에 올리는 편지(與沈方伯通源 書)'

52  1550년 2월 11일 《명종실록》

53  최완기, 〈조선조 서원 성립의 제문제〉, 한국사론 8집, 1982

54  1644년 8월 4일 《인조실록》

55  1657년 6월 21일 《효종실록》

56  남하정, 《동소만록(桐巢漫錄)》(1740), 도서출판 혜안, 2017, p. 389

57  한국학중앙연구원, 한국민족문화대백과

58  정만조, 〈한국 서원의 역사〉, 한국학논총 Vol. 29, 2007

59  도산서원 홈페이지

60  1792년 4월 4일 《정조실록》

61  도산 시사단 비명(陶山試士壇碑銘)

3장 ——

62  1448년 9월 13일 《세종실록》

63  1445년 3월 30일 《세종실록》

64  《세종실록》 156권, '칠정산내외편(七政算內外篇)' 서

65  1437년 4월 15일 《세종실록》: '上以奉天時下以勤民事'

66  1437년 4월 15일 《세종실록》

67  1434년 10월 2일 《세종실록》

68  김돈(金墩), '앙부일구명(仰釜日晷銘)'

69  1438년 1월 7일 《세종실록》

70  1432년 10월 30일 《세종실록》

71  1443년 1월 14일 《세종실록》

72  1598년 12월 22일 《선조실록》

73  1652년 9월 4일 《효종실록》

74  1550년 11월 6일 《명종실록》

75  1433년 9월 16일 《세종실록》

76  1442년 5월 3일 《세종실록》

77  이긍익(李肯翊), 《연려실기술(燃藜室記述)》 별집 7권, 〈관직전고(官職典故)〉

78  전상운, 《한국과학사》, 사이언스북스, 2000, p.116~117

79  1438년 1월 7일 《세종실록》

80  1852년 6월 7일 《승정원일기》

81  1930년 6월 8일 《매일신보》

82  정우봉, 〈일본통신사 박안기의 생애와 에도 지식인과의 교류에 대하여〉, 고전문학연구, 2015

83  1713년 윤5월 15일 《승정원일기》: '今則有器而不知所用 甚可惜也'

84  Lee, Hun-Chang, 〈When and how did Japan catch up with Korea?: A comparative study of the pre-industrial economies of Korea and Japan〉, CEI Working Paper Series, Hitotsubashi University, 2007

85  김혜정, '천문분야지도와 박안기', 2010년 3월 30일 〈경인일보〉 칼럼

86  본문 2장. 〈모든 것은 그 해에 시작되었다〉 - '1543년 일본, 지구를 돌아온 철포 두 자루' 참조

87  1503년 5월 18일 《연산군일기》

88  1540년 7월 25일 《중종실록》

89  1542년 4월 24일 《중종실록》

90  같은 해 6월 10일 《중종실록》

91  같은 해 7월 17일 《중종실록》

92  에도시대 이와미은광 기록을 모은 《긴잔규키(銀山舊記)》

93  무라이 쇼스케(村井章介), 《이와미은산과 세계사의 성립》, 2007

94  1539년 8월 10일 《중종실록》

95  1539년 8월 19일 《중종실록》

96  1429년 8월 18일 《세종실록》

97  1409년 윤4월 28일 《태종실록》

98  1409년 5월 25일 《태종실록》

99  1424년 7월 8일《세종실록》

100  1429년 12월 6일《세종실록》

101  1432년 11월 18일《세종실록》

102  1480년 6월 4일《성종실록》: '명하여 중국 조정에 들어간 처녀(處女)와 중국 사신의 족친에게 노비(奴婢)를 더 주는 일을 의논하게 하였다'

103  1600년 4월 24일《선조실록》

104  1740년 11월 20일《영조실록》

105  1836년 5월 25일《헌종실록》

106  이배용,《한국 근대 광업 침탈사 연구》, 일조각, 1997, p.5

107  이배용, 위 책, p.6

108  H. Whigham,《Manchuria and Korea》(1904), F Harrington,《God, Mammon & the Japanese》, 1941, p.127 재인용

109  《The Travels of Marco Polo》, Book 3 Chapter 2, Henry Yule 번역

110  정확하게는 동인도 선교수도회의 순찰사다. 예수회 순찰사는 하비에르 이후 광대하게 넓어진 선교 영역을 담당하는 현장 총장직이다.

111  루이스 프로이스,《일본사(오다 노부나가와 도요토미 히데요시는 어떤 인물인가)》, 위더스북, 2017, p.46

112  노성환, 〈일본 나가사키현의 조선인 천주교도에 관한 연구〉, 일어일문학 49집, 2011

113  루이스 프로이스, 앞의 책, p.102

114  조선 실학자 이덕무 문집《청장관전서》(1759)에 '정한 밀가루 한 되와 백설탕 두 근을 달걀 여덟 개로 반죽하여 구리남비에 담아 숯불로 색이 노랗도록 익히되 대바늘로 구멍을 뚫어 불기운이 속까지 들어가게 하여 만들어 꺼내서 잘라 먹는데, 이것이 가장 상품이다'라고 소개된 '가수저라(加須底羅)'는 바로 포르투갈에서 일본에 들어와 일본화 된 계란빵 '카스텔라'다. 한양대 교수 정하미에 따르면 '1682년 조선통신사들은 카스텔라를 비롯한 '남만 과자'를 일본측으로부터 접대받았다.'(정하미,《일본의 서양문화 수용사》, 살림출판사, 2005, p.36)

115  루이스 프로이스,《일본사(임진왜란과 도요토미 히데요시)》, 부키, 2003, p.84

116  발리냐노가 순찰사로 일하면서 일본 기리시탄 수는 3만 명(1570)에서 15만 명(1582)으로 급속하게 늘어났다. (김혜경, 〈왜란 시기 예수회 선교사들의 일본과 조선 인식〉, 교회사연구 제49집, 2016)

117  김혜경, 〈발리냐노의 덴쇼소년사절단의 유럽 순방과 선교 영향〉, 선교신학 52집, 2018

118  김혜경, 앞 논문, 2018

119  김혜경, 앞 논문, 2018

120  김혜경, 앞 논문, 2016

121  김성일,《해사록(海槎錄)》행장

122  루이스 프로이스, 앞의 책 p.378

123  김성일,《해사록(海槎錄)》

124  루이스 프로이스, 앞의 책, 2003 p.181

125  루이스 프로이스, 앞의 책, 2003 p.269, 270

126  루이스 프로이스, 앞의 책, 2003 p.405

127  1591년 3월 1일《선조수정실록》: '億齡聞蘇明言來年將假途 入犯上國 卽具以啓聞 朝議大駭 卽啓遞之'

128  같은 날《선조수정실록》: 임진왜란 개전 초 사관들이 실록을 기록할 사초(史草)를 버리고 도주하

는 바람에 훗날 사료를 다시 모아 쓴 기록이 《선조수정실록》이다. 수정실록은 정확한 날짜가 없이 한 날짜로 몰아서 쓴 사건이 많다.

129 이이, 〈진시폐소〉, 1582

130 임석윤, 〈일본 그리스도교회사〉, 대한예수교장로회총회출판국, 2011, p. 152~153, 김혜경, 앞 논문, 2016 재인용

131 1592년 5월 1일 《선조수정실록》: '상이 이르기를, "내부(內附)하는 것이 본래 나의 뜻이다."'

132 김혜경, 2016 재인용

133 루이스 프로이스, 《일본사(임진난의 기록-루이스 프로이스가 본 임진왜란)》, 살림출판사, 2016, p. 139

134 1593년 4월 6일 《선조실록》

135 1593년 10월 22일 《선조실록》

136 김혜경, 앞 논문, 2016


4장 ———

137 야마와키 도요(山脇東洋), 《장지(藏志)》, 1759

138 《하멜 표류기 The Journal of Hendrick Hamel》, 헤니 사브니에 번역, www.hendrick-hamel. henny-savenije.pe.kr/holland5.htm에서 인용

139 《하멜 표류기 The Journal of Hendrick Hamel》

140 1669년 10월 5일 나가사키 상관이 바타비아 총독에 보내는 서한

141 피에르 샤르레비우스, 《일본의 역사와 일본 개론》(1736), 가일스 밀턴, 《사무라이 윌리엄》, 생각의나무, 2003, p. 298 재인용

142 가일스 밀턴, 《사무라이 윌리엄》, 생각의나무, 2003, p. 154

143 스기타 겐파쿠(杉田玄白), 《난학사시(蘭學事始)》(1815), 이종찬, 《난학의 세계사》, 알마, 2014, p. 43

144 스기타 겐파쿠, 《난학사시》, p. 36

145 야마와키 도요, 《장지(藏志)》, 1759

146 이종찬, 《난학의 세계사》, 알마, 2014, p. 256

147 신유한, 《해유록(海游錄)》, 1719 11월 4일: '大坂書籍之盛實爲天下壯觀'

148 스기타 겐파쿠, 《해체신서(解體新書)》(1774), 한길사, 2014, p. 71

149 후쿠자와 유키치, 《난학사시 재판 서문》, 이종찬, 《난학의 세계사》, 알마, 2014, p. 116 재인용

150 스기타 겐파쿠, 《해체신서》, 한길사, 2014, p. 81

151 1777년 2월 24일 《정조실록》

152 홍한주, 《지수염필》, 진재교, 《국가권력과 지식, 정보》, 2009. 11.25 재인용 http://www.itkc. or.kr/bbs/board.do?id=75&bcIdx=7&menuId=128#1, 2019년 6월 24일 확인

153 1791년 11월 12일 《정조실록》

154 김옥주, 〈에도 말 메이지 초 일본 서양의사의 형성에 대하여〉, 의사학 제20권 제2호, 2011

155 전 일본 천황 아키히토(明仁), 〈SCIENCE IN JAPAN: A HISTORICAL VIEWPOINT-Early Cultivators of Science in Japan〉, Science 258, 1992

156 다키 가쿠다이(瀧鶴臺), 《장문계갑문사(長門癸甲問槎)》, 裏

157 1623년 3월 14일 《인조실록》

158 송시열, 《송자대전》 5권, 〈기축봉사〉, 1649

159 정하미, 〈조선통신사의 교토 체재와 조선인가도〉, 일본어문학 68집, 2015

160 임수간, 《동사일기(東槎日記)》, 〈곤(坤)〉, '해외기문', 1711

161 이상 아라이 하쿠세키(新井白石), 《신정백석전집(新井白石全集)》, 〈강관필담(江關筆談)〉

162 임수간, 《동사일기(東槎日記)》, 〈곤(坤)〉, '강관필담(江關筆談)', 1711

163 신유한, 《해유록(海游錄)》下, 〈문견잡록〉, 1719

164 김선희, 〈일본 유자의 자국의식과 조선〉, 한국실학연구 9권 9호, 2005

165 《문회필록(文會筆錄)》, 김선희, 2005 재인용

166 淺見絅齋集, 《淺見先生學談》

167 조엄, 《해사일기》, 1764년 6월 18일

168 조엄, 《해사일기》, 1763년 8월 3일

169 나카이 지쿠잔(中井竹山), 《초모위언(草茅危言)》, 김선희, 2005 재인용

170 다키 가쿠다이, 《장문계갑문사(長門癸甲問槎)》, 폼(槖)

171 임채명, 〈장문계갑문사의 필담을 통해 본 조일 문사의 교류〉, 일본학연구 27집, 2009

172 다나카 쓰네요시(田中常悅), 《화한창화부록(和韓唱和附錄)》, '의문7조', 김형태, 〈통신사 의원필담
에 구현된 조일 의원의 성향 연구〉, 재인용

173 기타야마 쇼(北山彰), 《계단앵명(雞壇嚶鳴)》, 김형태, 〈필담을 통한 조일 의원간 소통의 방식〉 재인용

174 데지마 주재 독일인 의사 켐퍼, 《江戶參府旅行日記(강호참부여행일기)》, 1911

175 오이시 마나부, 〈일본 근세도시 에도의 기능과 성격〉, 도시인문학연구 1호, 2009

176 신유한, 《해유록》, 1719 9월11일


5장 ———

177 1925년 1월 2일자 〈동아일보〉, 독립운동가 신채호, '낭객의 신년만필'

178 지두환, 《조선시대 사상사의 재조명》, 역사문화, 1998, p.45

179 지두환, 앞의 책, p.62

180 1583년 6월 19일 《선조실록》 등

181 지두환, 앞의 책, p.68

182 1592년 12월 19일 《선조실록》

183 1596년 3월 25일, 11월 1일 《선조실록》 등

184 문일평, 《호암사론사화선집》, '소하만필(銷夏漫筆) 초(抄)', 현대문학사, 1996, p.375

185 1636년 11월 8일 《인조실록》

186 1637년 2월 19일 《인조실록》

187 1633년 2월 11일 《인조실록》

188 1636년 3월 1일 《인조실록》

189 《청태종실록》권14 천총7년 6월 18일, 박현모, 〈10년 간의 위기: 정묘·병자호란기의 공론정치 비
판〉, 한국정치학회보 제37집 제2호, 2003 재인용

190 《인조실록》 인조대왕행장

191 1659년 3월 11일 《효종실록》; 송시열, 《송자대전》 7권, 〈악대설화(幄對說話)〉

192 1652년 7월 22일 《효종실록》

193 1654년 2월 29일 《효종실록》

194 1659년 3월 26일 《효종실록》

195 송시열,《송자대전》5권,〈기축봉사(己丑封事)〉, 1649

196 정약용,《다산시문집》2권, '임금이 대보단 제사 때 지은 시에 차운하다[奉和聖製親享大報壇韻]'

197 정조,《홍재전서》7권, '황단 제삿날 숙종, 영조 두 임금 시에 차운하다[皇壇親享日敬次兩朝御製韻]'

198 《송자대전》부록 제12권,〈연보〉

199 1704년 1월 10일《숙종실록》

200 1704년 3월 19일《숙종실록》

201 계승범,《정지된 시간-조선의 대보단과 근대의 문턱》, 서강대학교출판부, 2011, p.77

202 1704년 12월 21일《숙종실록》

203 1749년 3월 1일《승정원일기》

204 1749년 3월 23일《영조실록》

205 이욱,〈조선후기 전쟁의 기억과 대보단 제향〉, 종교연구 42, 2006

206 1776년 10월 27일《정조실록》

207 《송자대전》122권,〈서(書)〉, '누군가에게 보내는 편지[與或人]': 원문은 '주자를 공격하는 한 가지 만으로 사문난적(斯文亂賊)이 된다는 것쯤은 알고 있네[攻朱子一事 爲斯道亂賊則知之矣]'다. '사 문난적'은 '아름다운 유학을 어지럽히는 도적'이라는 뜻이다.

208 《송자대전》18권, '진주자봉사주차차의차(進朱子封事奏箚箚疑箚)', 1683

209 권상하, '송우암수명유허비(宋尤庵受命遺墟碑)'

210 《백호전서》,〈부록〉2, '행장上'

211 《송자대전》, 연보 1684년 5월 5일

212 《송자대전》, 연보 1658년

213 《송자대전》78권〈서(書)〉, '한여석(韓汝碩)에게 답함' 1688년 7월

214 《명재유고》1권, 연보1 1674년

215 《송자대전》4권, '무제(無題)'

216 '대청황제공덕비', 속칭 '삼전도비'

217 1638년 11월 28일, 1639년 6월 26일《승정원일기》등: 인조로부터 함께 비문 작성을 명령 받은 형 조판서 이경전은 '사람이 어리석고 실성해 술병이 들었다'며 거부했다. 전 판서 장유는 직함과 이 름을 빼먹는 꼼수를 부렸다(장유는 청나라로 끌려갔던 며느리가 그해 3월 송환되자 '조상에 함께 제사를 받들 수 없다'며 정부에 이혼 허가를 요청했던 인물이다). 전 부사 조희일은 글을 졸렬하게 써서 고의 탈락했다. 강경파 척화론자 신익성은 각자(刻字) 감독관으로 임명되자 "오른팔이 마비 돼 수저를 못 든 지 반년"이라며 거부했다.

218 《백헌집》부록1, 연보

219 1645년 10월 9일《인조실록》

220 《송자대전》137권,〈영부사 이공궤장연 서(領府事李公几杖宴 序)〉

221 1669년 4월 3일《현종실록》

222 1669년 4월 14일《현종실록》

223 《송자대전》70권,〈송도원에게 답함[答宋道源]〉

224 《송자대전》부록15, 어록2

225 1683년 2월 2일《숙종실록보궐정오》

226 1703년 4월 17일《숙종실록》

227 1791년 10월 24일《정조실록》

228 정조, 《홍재전서》 10권, 〈만천명월주인옹자서(萬川明月主人翁自序)〉, 1798

229 1791년 10월 24일 《정조실록》

230 1529년 5월 25일 《중종실록》

231 강명관, 《조선시대 책과 지식의 역사》, 천년의 상상, 2013, p.305

232 이이, 《율곡전서》 15권, 〈학교모범(學校模範)〉

233 강현구, 〈16세기 성균관 학령의 변화 연구〉, 2012

234 1529년 5월 25일, 5월 26일 《중종실록》 등

235 1789년 11월 17일 《정조실록》

236 정약용, 《경세유표》 1권, 〈춘관예조〉 3, '홍문관'

237 1788년 8월 3일 《정조실록》

238 1792년 10월 24일, 10월 25일 《정조실록》 등

239 《홍재전서》, 〈일득록〉 5, '문학' 5, 1797

240 이덕무, 《청장관전서》, 〈아정유고〉 3권, '검서청기(檢書廳記)'

241 《홍재전서》 177, 〈일득록〉 17, '훈어' 4

242 모리스 쿠랑, 《조선서지학》(1896), 김우경, 《조선문화사서설》, 범우사, 1995, p.115 재인용

243 혼마 규스케, 《조선잡기》(1894), 김영사, 2018, p.181

244 1906년 4월 15일 《고종실록》

6장 ———

245 주경철, 〈네덜란드 동인도회사와 아시아 교역: 세계화의 초기단계〉, 미국학 28권 0호, 2005

246 Nicholas Terpstra, 《Religious Refugees in the Early Modern World》, Cambridge University Press, 2015, p.2

247 본문 1장. 〈탐욕의 대륙 유럽〉 - '대항해 시대' 참조

248 낭트칙령

249 리보중, 《조총과 장부》, 글항아리, 2018, p.303

250 강진아, 〈동아시아의 개항: 난징조약에서 강화도조약까지〉, 현대사광장 7호, 2016. '(당연히)'는 필자.

251 하정식, 〈아편전쟁과 조선, 일본〉, 근대중국연구 2권0호, 2001

252 하정식, 앞 논문, 2001

253 하정식, 앞 논문, 2001

254 井手裕美, 〈日本の英語教育―英和辞書の変遷遷〉, 太成学院大学紀要 論文 第17巻, 2015

255 江越弘人, 《幕末の外交官 森山栄之助》, 弦書房, 2008, 일본 위키피디아(ja.wikipedia.org/wiki/森山榮之助) 재인용

256 나카자와 칸나(中澤甘栄), 〈ハノイの昼下がり〉, 翻譯者の目線, 일본번역자협회, 2016

257 1801년 10월 30일 《순조실록》

258 1809년 6월 26일 《순조실록》

259 정약전, 《표해시말》

260 1840년 3월 25일 《일성록》, 동지겸사은사 서장관 이정복: '충청도 홍주 영국배' 이야기는 본문 7장. 〈일어서는 일본〉 - '목숨을 건 개국, 목숨을 건 쇄국' 참조

261 1841년 3월 19일 《일성록》: '雖不至大段爲患騷擾則不少矣'

262 1841년 12월 6일 《승정원일기》, 하정식, 〈아편전쟁과 조선, 일본〉, 2001 재인용

263 1842년 4월 9일《일성록》

264 1843년 3월 29일《일성록》

265 1844년 2월 6일《일성록》

266 하정식, 앞 논문, 2001

267 1845년 3월 28일《승정원일기》

268 岡田晃,《明治日本の産業革命遺産》, 集英社, 2018, p.101

269 岡田晃, 앞의 책, 2018, p.98

270 岡田晃, 앞의 책, 2018, p.98

271 본문 4장.〈요동치는 천하〉- '일본의 비상구 데지마出島' 참조

272 近藤正高, '日本人が撮影した最古の現存写真',〈문예춘추〉온라인 2017년 11월 2일, https://bunshun.jp/articles/-/4726

273 岡田晃, 앞의 책, 2018, p.101~102

274 松本源次,《炎の里有田の歴史物語》, 第六章　幕末から廃藩置県までの有田 1.幕末時有田焼の流通, 1996 , http://www47.tok2.com/home/yakimono/honoo/06-01.htm

275 2003년 5월 18일〈佐賀新聞〉, '改革ことはじめ'20 '蘭学から英学へ'

276 아리타초,《아리타정사(有田町史)》, 도업편1, 1985, p.438

277 松本源次,《炎の里有田の歴史物語》, 第六章　幕末から廃藩置県までの有田 1.幕末時有田焼の流通, 1996 , http://www47.tok2.com/home/yakimono/honoo/06-01.htm, 2019년 7월 5일 확인

278 《하가쿠레(葉隠)》3서간 381수

279 게이넨(慶念),《조선일일기(朝鮮日日記)》1597년 11월 19일,《임진왜란종군기》, 경서원, 1997, p.112

280 《지리찬고(地理纂考)》, 정광,〈일본 소재 한국학자료의 현황과 활용방안〉, 이화여자대학교 한국문화연구원 제1회 한국학포럼 발표요지, 2005

281 《다쿠가와고문서(多久家古文書)》, 노성환,〈일본 아리타의 조선도공 이참평에 관한 연구〉, 일어일문학 제62집, 2014

282 《山本神右衛門重澄年譜》, 노성환, 2014

283 하기야키(萩焼): 일본 3대 다완의 하나. 으뜸은 교토 라쿠야키 다완, 둘째는 하기야키 다완이며 셋째는 가라쓰 다완[一樂二萩三唐津]이라는 말이 있다.

284 노성환,〈일본 하기의 조선도공에 관한 일고찰〉, 일어일문학 제47집, 2010

285 《지리찬고》, 정광, 앞 논문, 2005

286 森淳,《이삼평과 아리타 백자의 발전》, 미술사연구, 1992

287 와타나베 요시로,〈히젠(肥前) 도자기의 해외수출과 나가사키항〉, 로컬리티 인문학 10, 2013

288 2019년 현재 아리타에서 작업 중인 14대 이삼평은 조선백자와 유사한 '고이마리(古伊万里)' 자기를 재현 중이다.

289 와타나베 요시로, 앞 논문, 2013

290 와타나베 요시로, 앞 논문, 2013

291 아쿠츠 마리코(阿久津マリ子),〈19世紀後半の伊万里焼生産におけるヨーロッパの影響〉, アルザス日欧知的交流事業 日本研究セミナー「明治」報告書19, 2009

292 '히바카리(火ばかり)': '오로지 불만'이라는 뜻이다. 정유재란 때 피랍된 도공의 손, 그들이 가지고 온 유약과 조선 태토(胎土)를 사용하고, 가마만 일본에서 만들어 제작한 초기 자기라는 뜻이다. 이후 대마도에서 조선 흙을 대량으로 수입해 일본 내 도요지에 판매해서 만든 자기도 '히바카리'라 불

린다. 흔히 한국 언론이 말하듯, '민족주의적 감성'이 가득한 명칭이 아니라 일본 미술사적 용어다.

293 岡田晃, 앞의 책, 2018, p. 31
294 松本源次, 《炎の里有田の歴史物語》, 幕末時有田焼の流通 1996 , http://www47.tok2.com/home/yakimono/honoo/06-01.htm, 2019년 7월 5일 확인
295 1607년 1월 4일 《선조실록》
296 손승철, 〈조선통신사의 피로인 쇄환과 그 한계〉, 전북사학 42호, 2013
297 이작광 4대손 작성 〈전기(傳記)〉, 노성환, 〈일본 하기의 조선도공에 관한 일고찰〉, 일어일문학 제47집, 2010
298 1783년 1월 1일 《정조실록》
299 이하 내용은 박종인, 《땅의 역사》1 '책가도의 비밀', 상상출판사, 2018을 보완했다.
300 1428년 7월 19일 《세종실록》
301 1466년 6월 7일 《세조실록》
302 《대전통편(大典通編)》, 공전(工典) 경공장(京工匠) 사용원(司饔院): 대전통편은 1785년 《경국대전》과 《속대전》을 통합한 법령집이다. 즉, 최소한 1785년까지 사기장 정원은 380명으로 유지됐다는 뜻이다.
303 1618년 윤4월 3일 《광해군일기》
304 1626년 윤6월 13일 《승정원일기》
305 1634년 5월 18일 《승정원일기》
306 1637년 윤4월 18일 《승정원일기》 등
307 1726년 10월 13일 《영조실록》
308 1733년 12월 21일 《비변사등록》
309 1756년 1월 16일 《영조실록》, 《영조대왕행장》
310 1755년 9월 14일, 1764년 9월 23일 《영조실록》
311 1762년 9월 17일 《영조실록》
312 1518년 5월 28일 《중종실록》
313 1783년 1월 1일 《정조실록》
314 1472년 7월 27일 《성종실록》
315 1795년 8월 6일 《정조실록》
316 1697년 윤3월 6일 《승정원일기》
317 1769년 2월 26일 《영조실록》
318 성대중, 《청성잡기》 4권, '초관(哨官) 홍건(洪楗)의 기개와 영조'
319 김건태, 〈이황이 가산 경영과 치산 이재〉, 퇴계학보 130권, 2011
320 이황, '아들 준에게 주는 편지[寄子寯], 《도산전서》 4권 p. 240, 김건태, 2011 재인용
321 이황, '아들 준에게 주는 편지[寄子寯], 《도산전서》 4권 p. 240, 김건태, 2011 재인용
322 정진영, 〈조선시대 향촌 양반들의 경제생활〉, 고문서연구 50호, 2017
323 《퇴계선생언행록》 6권 '실기(實記)', 정진영 2017 재인용
324 《영남고문서집성》1, '가옹 상평서(家翁 上平書)', 정진영, 2017 재인용
325 박제가, 《북학의》 내편, '시장과 우물', 돌베개, 2016, p. 135
326 야사가와 노리타카, 《부산요와 일본다완》(1930), 어드북스, 2012, p. 127

7장 ———

327  김기수, 《일동기유(日東記游)》 2권, '문답(問答) 9칙'

328  김기수, 《일동기유(日東記游)》 4권, '육군성 정조국을 관람한 기록'.

329  허동현, 〈19세기 한일 양국의 근대 서구 문물 수용 양태 비교연구〉, 동양고전연구 24호, 2006

330  1832년 7월 21일 《순조실록》

331  Hugh Hamilton Lindsay, 〈Report Of Proceedings On A Voyage To The Northern Ports Of China, In The Ship Lord Amherst〉, London : B. Fellowes, 1833 , p.246: '검토 결과, 더 이상 (교역 요청을 해봤자) 글러먹어 보인다(On considering, it appeared evidently fruitless to attempt to push this point further).'

332  1832년 12월 25일(1833년 양력 2월 14일) 《순조실록》

333  1866년 1월 11일 《고종실록》

334  강상규, 〈대원군의 천주교 탄압에 대한 정치학적 고찰〉, 정신문화연구 30권 1호, 2007

335  1866년 7월 8일 《고종실록》

336  1866년 9월 11일 《고종실록》

337  1866년 11월 5일 《고종실록》

338  1866년 10월 15일 《고종실록》

339  Elliot Griffis, 《Corea The Hermit Nation》, Charles Scribner's Sons, 1882, p.416

340  Winfield Schley, 《Forty-five Years Under The Flag》, D Appleton & Company, 1904, p.95

341  《Marine Amphibious Landing in Korea 1871》, 1966, p.14: '미 해병대 대위 매클레인 틸턴이 아내에게 보낸 편지(1871년 6월 27일)'

342  1874년 6월 25일 《승정원일기》

343  1871년 4월 25일 《고종실록》

344  허동현, 〈19세기 한일 양국의 근대 서구 문물 수용 양태 비교연구〉, 동양고전연구 24호, 2006

345  이영석, 〈이와쿠라사절단이 바라본 영국의 산업도시〉, 사총 80호, 2013

346  다나카 아키라, 《메이지유신과 서양 문명》(2003), 소화, 2013, p.17

347  《미구회람실기》 2권, 1878, p.49, 이영석, 〈이와쿠라 사절단이 바라본 영국의 산업도시〉, 2013 재인용

348  다나카 아키라, 《메이지유신과 서양 문명》(2003), 소화, 2013, p.74

349  최연식 등, 〈이와쿠라 사절단이 본 서양: 모방과 습합〉, 동서연구 25권 2호, 2013

350  1872년 9월 5일 〈더 타임즈The Times〉, 이영석, 〈이와쿠라 사절단이 바라본 영국의 산업도시〉, 2013 재인용

351  이치사카 다로(一坂太郎), 《高杉晋作と長州》, 吉川弘文館, 2014,

352  一坂太郎, 앞의 책, 2014, p.7

353  다카스기 신사쿠, 《遊淸五錄(유청오록)》, 一坂太郎, 《高杉晋作と長州》, p.32 재인용

354  이광훈, 《조선을 탐한 사무라이》, 포북, 2018, p.198

355  三宅紹宣, 《薩長同盟》, 萩ものがたり, 2018, p.25~34

356  미타니 히로시, 〈메이지유신의 해부–비교사적 관점에서〉, 일본역사연구 43집, 2016

357  George Macartney, 《Some account of the public life, and a selection from the unpublished writings of the earl of Macartney》 Vol 2, T. Cadell and W. Davies, 1807, p.398~399

358  周程, 《中日現代化過程中觀念冲突之一斑:以李鴻章与森有礼在直隷総督府的論戰为中心》, '安徽史學', 2017

359 첸강(錢剛) 등, 《유미유동》, 시니북스, 2005, p. 281~291

360 허동현, 〈동아시아 제국의 개항과 근대국민국가의 수립과 좌절〉

361 《동문휘고》4 '왜정(倭情)'

362 1874년 음력 6월 25일 《승정원일기》


8장 ─────

363 1771년 6월 2일 《승정원일기》

364 1444년 2월 20일 《세종실록》

365 성종 때 조정 고위 관료들이 기생 어우동과 놀아난 성 스캔들. 야사에는 성종 자신도 어우동 사건에 개입돼 있다고 한다.

366 《경국대전》〈예전〉 장권조

367 1511년 10월 20일 《중종실록》

368 1771년 5월 23일 《승정원일기》

369 이건창, 《혜강 최공전》, '명미당산고' 10권(2002), 이민희, 〈조선과 중국의 서적중개상과 서적 유통 문화 연구〉, 동방학지, 2008 재인용

370 조수삼(1762~1849), 《추재집(秋齋集)》7권, '전기수(傳奇叟)'

371 1790년 8월 10일 《정조실록》

372 전기수 살인사건은 《청장관전서》20권, 〈아정유고〉 12, '은애전(銀愛傳)'에 상세하게 나와 있다. 참 딱하지 않은가. 청장관전서는 바로 정조가 광대로 길렀던 간서치 이덕무의 책이다.

373 Nil Pektaş, 《The Beginning of Printing in The Ottoman Capital》, Osmanlı Bilimi Araştırmaları, XVI/2, 2015

374 Şükrü Hanioğlu, 《A Brief History of the Late Ottoman Empire》, Prinston University Press, 2008, p. 38

375 본문 4장. 〈요동치는 천하〉 - '일본의 비상구 데지마出島' 참조

376 마루야마 마사오 등 《번역과 일본의 근대》, 이산, 2000, p. 31

377 김학순, 〈에도시대 상업서적 문화와 서적 중개상〉, 일본문화학보 81집, 2019

378 신유한, 《해유록》, 1719년 11월 4일: '大坂書籍之盛實爲天下壯觀'

379 허균, 《호민론(豪民論)》, 〈성소부부고(惺所覆瓿藁)〉 11권, '문부(文部)'

380 류현국, 〈동아시아에 있어 서양인 선교사들이 개발한 한글활자〉, 한국상품문화디자인학회 논문집 38권, 2014

381 강명관, 〈근대계몽기 문예운동의 시각: 근대계몽기 출판운동과 그 역사적 의의〉, 민족문학사연구 14권, 1999

382 1895년 11월 15일 《고종실록》; 《고종시대사》 3집 1895년 11월 15일

383 김옥균, 《갑신일록(甲申日錄)》(1885), 건국대학교출판부, 1979, p. 100

384 1800년 9월 23일 《순조실록》

385 1811년 윤3월 16일 《순조실록》

386 정약용, 《다산시문집》 4권, '애절양(哀絶陽)'

387 《동래부계록(東萊府啓錄)》 1872년 5월 27일

388 《조선교제시말》 3권, 국역 '을병일기', 국립중앙도서관, p. 61

389 1873년 11월 5일 《고종실록》: 정확하게는 '대왕대비께서 수렴청정을 그만두신 뒤 전하께서 모든

정사를 직접 보신 일은 온 나라 사람들이 다 알고 있으니 이제 와서 다시 알릴 필요는 없다'이다.

390  1866년 2월 13일, 2월 26일 《고종실록》

391  1873년 10월 25일 《고종실록》

392  1873년 11월 5일 《승정원일기》

393  황현, 《매천야록》1집, '강화도 무위영의 철폐'

394  1875년 5월 10일 《고종실록》

395  국사편찬위, 《한국사》 16, '강화도조약의 체결'

396  황현, 《매천야록》1집, '강화도 무위영의 철폐'

397  신헌, 《심행일기(沁行日記)》, 푸른역사, 2010, p.300

398  1876년 2월 6일 《승정원일기》

399  G. Gilmore, 《Korea From Its Capital》, Presbyterian board of publication and Sabbath-school work, 1892, p.235

400  무기 쇼핑이 궁금하다면 본문 8장. 〈붕괴되는 조선〉 - '명품 고물 군함 양무호와 허세의 군주' 참조

401  《증보문헌비고》 122권 병고14 p.32, 김종원, 〈임오군란 연구〉, 국사관논총 44집, 1994 재인용

402  총독부 《경성부사》(1934), 서울역사편찬원, 2012, p.585

403  카르네프 외 4인, 《내가 본 조선, 조선인》(1896), 가야넷, 2003, p.106

404  황현, 《오하기문(梧下記聞)》, '오동나무 아래에서 역사를 기록하다', 역사비평사, 2016, p.164

405  김종원, 〈임오군란 연구〉, 국사관논총 44집, 1994

406  박주대, 《나암수록(羅巖隨錄)》 3책, '선혜청 분요(宣惠廳 紛擾)'

407  마건충, 《동행삼록(東行三錄)》 임오년 7월 15일, 18일: 김종원, 앞 논문, 1994 재인용

408  이광수, 〈박영효씨를 만난 이야기-갑신정변 회고록〉('동광' 1931년 3월호), 《갑신정변 회고록》, 건국대학교 출판부, 2016, p.220

409  신채호, 《지동설의 효력》(1928), 단재신채호전집편찬위원회 편, 《단재신채호전집》 7, 독립기념관 한국독립운동사연구소, 2008, p.634~635

410  정용화, 《문명의 정치사상: 유길준과 근대 한국》, 문학과지성사, 2004, p.76

411  《국역 윤치호》 영문 일기1, 1884년 9월 21일

412  김옥균, 《조선개혁의견서》, 《김옥균 전집》, 아세아문화사, 1979, p.110, 111

413  《국역 윤치호》 영문 일기1, 1884년 11월 29일

414  김옥균, 《갑신일록(甲申日錄)》(1885), 건국대학교출판부, 1979, p.72

415  김옥균, 《갑신일록》, p.100

416  김옥균, 《갑신일록》, p.98

417  김옥균, 《갑신일록》, p.104

418  임오군란 때 장호원으로 피신한 민비에게 "환궁이 머지 않았다"고 예언해 환심을 샀던 무당 진령군의 사당이다. 진령군과 그 측근 이유인은 민비와 고종의 비호 속에 국정을 농단했던 인물들이다.

419  1884년 10월 18일(양력 12월 5일) 《고종실록》

420  박은숙, 《김옥균 역사의 혁명가, 시대의 이단아》, 너머북스, 2011, p.130~135

421  1884년 10월 21일 《고종실록》

422  김옥균, 《지운영 사건 규탄 상소문》, 《김옥균 전집》, p.141~148

423  《갑오실기(甲午實記)》, '동학혁명기록'上, 1894년 4월 26일

424  1894년 4월 27일 《고종실록》

425  서재필, 〈회고 갑신정변〉(1935년 1월 1일~2일 '동아일보'), 《갑신정변 회고록》, 건국대학교 출판부, 2016, p. 238, 239

426  황현, 《매천야록》 4권, 1905년, '미국공사 모건의 부임'

427  1893년 3월 25일(양력 5월 10일) 《고종실록》: "다른 나라의 군사를 빌려 쓰는 것은 역시 각 나라마다 전례가 있는데, 어찌 군사를 빌려다 쓰지 않는가?"

428  《갑오실기》 5월 1일(양력 6월 4일): 당시 민영준은 세금을 담당하는 선혜청장이었고, 동학 농민군은 민영준 처단을 해산 조건으로 내걸었다. 이에 모든 대신이 반대하자 민영준은 영돈영부사 김병시에게 청병 여부를 물은 뒤 '긍정적인 의미로' 고종에게 이를 전해 재가를 받았다. '주한일본공사관기록'에 따르면, 양력 5월 26일쯤 민영준과 원세개는 청군 파병을 합의했다. ('駐韓日本公使館記錄' 1권, '全羅道 亂民鑢定을 위해 淸國政府에 援兵을 청한 件')

429  이 사건에 '시해(弑害)'라는 단어가 주로 사용된다. 하지만 '시해'는 한 조직에서 낮은 계급에 있는 인물이 높은 계급을 살해한다는 뜻이니 민비 사건에는 맞지 않는 단어다. '살해'가 맞다.

430  1896년 2월 11일 《고종실록》

431  《주한일본공사관기록》 9권, '기밀 본성왕래(本省往來)' 1896년 2월 13일

432  이상 1896~1897년 《고종실록》

433  1897년 10월 14일 〈독립신문〉 사설

434  윤치호, 《국역 윤치호일기》 1897년 10월 12일

435  1894년 5월 10일 《승정원일기》

436  1895년 11월 16일 《고종실록》

437  황현, 《매천집》, '국사에 대해 논한 상소 남을 대신하여 짓다[言事疏代시]'

438  《각사등록 근대편》, 各部請議書存案 3, 1897년 10월 15일, '隆號吉日時 諸般需用與各項役費  預算外支出請議書'

439  1899년 대한제국을 방문한 독일 하인리히 왕자 증언, 이경미, 〈사진에 나타난 대한제국기 황제의 군복형 양복에 대한 연구〉, 한국문화 50호, 2010 재인용

440  1900년 4월 17일 《고종실록》

441  장영숙, 〈고종의 정권 운영과 민씨척족의 정치적 역할〉, 한국학 Vol. 31, 2008

442  이윤상, 〈대한제국기 황제 주도의 재정 운영〉, 역사와 현실 26호, 1997

443  이영훈, 〈大韓帝國期 皇室財政의 기초와 성격〉, 경제사학 제51호, 2011

444  《고종시대사》 5집, 1902년 12월 31일

445  1903년 1월 6일 등 〈황성신문〉

446  1904년 2월 29일 《승정원일기》

447  1904년 7월 15일 《고종실록》

448  《경운궁중건도감의궤》 上, '재용(財用)'

449  마루야마 마사오 등, 《번역과 일본의 근대》, 이산, 2018, p. 106

450  허동현, 〈19세기 한일 양국의 근대 서구 문물 수용 양태 비교연구〉, 동양고전연구 24호, 2006

451  이헌영, 《일사집략(日槎集畧)》 천(天) 1881년 8월 30일

452  이태진, 〈고종시대사의 재조명〉, 태학사, 2000, p. 300~303, 허동현, 〈19세기 한일 양국의 근대 서구 문물 수용 양태 비교연구〉, 2006 재인용

453  1898년 11월 23일 《승정원일기》

454  1898년 12월 24일 《고종실록》

대한민국 징비록

455  윤치호, 《국역 윤치호일기》 1899년 1월 23일

456  《주한일본공사관기록》 13권, '기밀 본성왕(機密 本省往)' 1899년 6월 15일

457  1901년 12월 11일 《고종실록》

458  1901년 12월 23~25일 《고종실록》

459  1897년 10월 7일, 1898년 2월 13일 《고종실록》

460  1902년 3월 5일 《고종실록》

461  1902년 4월 13일 《고종실록》

462  1902년 5월 5일 〈황성신문〉

463  1902년 6월 21일 〈황성신문〉

464  황현, 《매천야록》 3권, '경기도의 기근'

465  황현, 《매천야록》 3권, '기로사(耆老社), 양로연회의 투석(投石)'

466  1902년 5월 1일 《고종실록》

467  1902년 5월 14일 《고종실록》

468  1903년 2월 27일 〈황성신문〉

469  황현, 《매천야록》 3권, '고종 경축연 보조금 징수'

470  1902년 10월 19일 《고종실록》

471  윤치호, 《국역 윤치호일기》 1902년 9월 7일

472  《각사등록 근대편》, 各部請議書存案 21, '稱慶禮式時各項費를 預算外支出請議書 第六十九號'

473  《고종시대사》 5집 1902년 2월 7일

474  1904년 7월 15일 《고종실록》

475  1450년 1월 15일 《세종실록》

476  1903년 7월 29일 《고종실록》

477  1903년 6월 1일 〈황성신문〉, '군함 사건을 논함'

478  황현, 《매천야록》, '1903년 일본군함 양무호 구입'

479  1903년 4월 25일 〈황성신문〉

480  1903년 5월 4일자 〈황성신문〉

481  《주한일본공사관기록》 19권, '군함 양무호 매입(軍艦揚武號賣込)'

482  호러스 알렌, 김원모 편역, 《근대한국외교사연표》(1904), 단대출판부, 1984, p.205

483  1909년 11월 11일 〈대한매일신보〉

484  1895년 11월 15일 《고종실록》

485  1907년 2월 21일 〈대한매일신보〉, '국채 1300만원 보상 취지'


9장 ———

486  한철호, 《한국근대 주일한국공사 파견과 활동》, 푸른역사, 2010, p.290~293. 반면 조선에 부임한 역대 일본공사들은 조선 실정에 익숙하고 란가쿠와 포술 같은 서양 학문과 기술, 근대적 실무에 능통한 인물이었다. (한철호, 〈개화기(1880~1906) 역대 주한 일본공사의 경력과 한국 인식〉, 한국사상사학 25권, 2005)

487  《주한일본공사관기록》 25권, '본성왕(本省往)', '한성 정계의 상황 보고' 1905년 9월 25일

488  1905년 12월 16일 《고종실록》 '학부대신 이완용 등이 사직을 청하다'

489  1905년 11월 27일 《고종실록》

490  1905년 12월 16일 《승정원일기》

491  1897년 9월 13일 '알렌이 국무부에 보낸 편지', 〈한미관계 자료집〉 Vol 3, p. 245

492  서영희, 〈대한제국의 보호국화와 외교타운 정동의 종말〉, 서울역사박물관 국제심포지엄 '정동
     1900: 대한제국 세계와 만나다', 2011

493  구즈우 요시히사(葛生能久), 《日韓合邦秘史(일한합방비사)》上, 黑龍會出版部, 1926, p. 281~282

494  오다 쇼고(小田省吾), 《덕수궁사(德壽宮史)》, 이왕직(李王職), 1938, p. 75

495  1908년 2월 12일 등 〈대한매일신보〉

496  3월 10일 같은 신문

497  1910년 3월 27일 〈황성신문〉

498  1908년 7월 23일 《순종실록》

499  1910년 8월 29일 《순종실록부록》: 경운궁은 이때부터 덕수궁이라 불렸다.

500  1911년 2월 20일 순종 4년 《순종실록부록》


에필로그 ———

501  Georges Louis Leclerc Comte de Buffon, 《The natural History of Quadrupeds》 Vol 3, Thomas
     Nelson and Peter Brown, 1830, p. 53

502  혼마 규스케, 《조선잡기》(1894), 김영사, 2018, p. 24

503  혼마 규스케는 1893년, 세로셰프스키는 러일전쟁 직전인 1903년 조선을 여행했고 잭 런던은 러일
     전쟁 종군기자였다. 이 외국인 지성들을 '오리엔탈리즘 시각에서 조선을 깎아내리는 여행가들'이라
     고 폄하한다면, 이 책을 읽을 자격이 없다. 그런 독자는 정신승리로 만족하는 성리학 탈레반이다.

504  혼마 규스케, 앞의 책, p. 289

505  바츨라프 세로셰프스키, 《코레야 1903년 가을》(1903), 개마고원, 2006, p. 387

506  바츨라프 세로셰프스키, 앞의 책, p. 308

507  바츨라프 세로셰프스키, 앞의 책, p. 125

508  잭 런던, 《조선사람 엿보기》(1904), 한울, 2011, p. 61

509  바츨라프 세로셰프스키, 앞의 책, p. 310

510  이기, '일부벽파론(一斧劈破論)', 《해학유서(海鶴遺書)》, 1908

511  잭 런던, 앞의 책, p. 182

512  김창숙, 《심산 김창숙 선생 투쟁사 벽옹일대기》, 태을출판사, 1965, p. 66, 67

513  1874년 6월 25일 《승정원일기》